축복의학교 행복한 교장

지 은 이 | 강성화
펴 낸 이 | 김원중

편   집 | 구선희, 이민수
디 자 인 | 김윤경
제   작 | 허석기
관   리 | 김선경

초판인쇄 | 2012년 4월 25일
2쇄발행 | 2012년 6월 15일

출판등록 | 제301-1991-6호(1991.7.16)

펴 낸 곳 | (주)상상나무
            도서출판 상상예찬
주   소 | 서울시 마포구 상수동 324-11
전   화 | (02)325-5191
팩   스 | (02)325-5008
홈페이지 | http://smbooks.com

ISBN   978-89-93484-40-3 (03230)

값 13,000원

축복의 학교 행복한 교장

강성화 지음

머리말

2002년 3월 드림팀을 이끌고 고양외고를 시작한지 올해로 10년이 되었다. 언뜻언뜻 떠오르는 큰일만 생각해도 그동안 참 많은 일들이 있었다.

2002년부터 5년간의 이야기를 담은 『아침 7시, 특목고는 기도중』을 2007년에 펴냈는데, 그로부터 다시 5년이 흐른 2012년에 그 후의 이야기를 들려드릴 수 있게 되어 기쁘다.

사실 이 책은 2010년 1월부터 시작하여 봄에 완성할 예정이었다. 공교롭게도 2010년 1월부터 신흥학원에 어려운 일들이 닥치면서 4월 5일 전격적으로 신흥대학 사무국장으로 발탁되는 바람에 고양외고를 떠나게 되었고, 쓰던 글을 중단할 수밖에 없었다. 신흥대학의 비상체제 속에서 다양한 많은 일들을 해결하느라 눈코 뜰 새 없이 바쁜 일상 때문에 원고를 마무리 지을 엄두조차 내지 못했다.

그런데 2011년 11월 18일 신흥대학에서 이유없이 갑자기 직권면직되는 일이 벌어졌다. 놀랍고도 충격적인 상황이었다. 11월 22일부터 12월 31일까지 40일 동안 기도의 동역자들과 함께 하나님의 뜻을 찾으며 작정기도를 드렸는데, 2012년 1월 새해가 되어서야 이 상황이 모처럼 내게 주어진 안식의 시간이라는 사실을 깨닫게 되었다.

미국 일리노이 대학으로 유학을 떠나 남편과 함께 귀국하기까지 13년 동안 공부하고 직장생활하고 세 자녀를 낳아 기르며 개척교회 목사 사모일을 감당하는 바쁜 나날의 연속이었다.

1998년 1월에 귀국하여 3월에 새로운 일을 시작하기까지 2개월이

축복의학교 ★ 행복한 교장

내게 주어진 첫번째 안식이었는데 이번에는 다시 13년이 지난 후 두번째로 허락하신 안식의 시간이라는 생각이 들었다.

하나님은 아무리 힘들어도 힘겹다는 이유로 사표를 제출할 수 없는 나의 성격을 알기에 강제면직을 시켜서라도 나를 쉬게 해 주셨나보다, 자위하면서 하나님이 하시는 일들을 믿음으로 바라보리라 결심했다. 그러자 당황스러움과 억울함, 불안감과 분노 등에서 해방되어 평안을 얻었고, 마무리 짓지 못한 두 번째 책을 완성해야겠다는 의욕도 생겼다.

2012년 3월은 고양외고 설립 10년이 되는 해이다. 10주년을 축하하기 위해 몇 가지 행사를 준비하면서 '10년사'도 발간하는데 내게 원고 수정을 요청해 왔다. 교사와 학생, 학부모들이 하나님과 더불어 함께 했던 원고 속의 이야기가 너무나 감동적이었다.

10년사 속에 이런 보석 같은 글들이 있다는 것을 얼마나 많은 사람들이 알 수 있을까라는 안타까운 마음이 들었다. 그래서 나의 두 번째 책에 10년사에 소개된 글 일부를 함께 나누면 훨씬 좋을 것이라는 생각이 들었고, 그동안 엄두를 못 냈던 원고를 꺼내어 마무리 작업에 들어갔다.

하나님의 은혜로 책을 마무리 지을 수 있었다. 굽이굽이 매 고비마다 도와주셨던 하나님의 은혜에 깊이 감사드린다. 또한 이 고생스러운 여정에 기꺼이 함께 해 주었던 고양외고 모든 식구들에게 진심으로 감사를 드린다.

특히 워드작업을 해준 우옥균 선생님, 유상미 선생님, 한미경 선생님, 변혜미 선생님께 감사드린다. 방학 중임에도 불구하고 휘갈겨 쓴 내 원고를 또박또박 워드로 작업해 준 덕택에 빠르게 책이 진행될 수 있었다.

첫 번째 책『아침 7시, 특목고는 기도중』에 이어 두 번째 책에도 깊은 관심으로 함께 해 주신 상상나무출판사 김원중 사장님과 구선희 편집자님께도 감사드린다.

어떤 고난과 어려움도 묵묵히 곁에서 위로하며 함께 감당해 주는 사랑하는 남편 김병철 박사와 엄마의 아픔을 해피엔딩이 되리라는 믿음으로 받아주는 현기, 현정, 진기에게도 감사를 드린다.

연약한 자를 들어서 사용하시며 우리의 작은 신음에도 응답하시는 하나님의 놀라운 은총이 이 책을 읽는 모든 분과 고양외고 식구들에게 충만하게 임하기를 기도드린다.

2012. 4. 7. 부활절을 앞두고

강 성 화

  고양외고 두 번째 이야기를 펴내신 강성화 교장선생님께 진심으로 축하드리며, 정말 존경스럽게 생각한다.

  2001년 4월경 내가 재임하고 있는 고양시장실로 찾아오신 강 교장선생님의 첫인상은 수줍게 천진난만한 표정으로 어려운 말을 억지로 꺼내듯 머뭇거리면서도 당찬 모습이었다.

  벽제고등학교를 외국어고등학교로 전환하겠다는 의사를 내비치며 조심스럽게 말씀하셨을 때, 나는 용기를 불어넣으면서 거리감 없이 이야기를 할 수 있는 분위기 조성을 위해 이렇게 말씀드렸다.

  "아! 그것 참 좋은 생각이네요. 제가 서울 구의동에 살았는데 중곡동 대원외국어고등학교가 급격히 1류 고등학교로 변신하고, 정릉동 대일외국어고등학교도 급성장하는 것을 목격했습니다. 막내아들이 대일외고 일본어과를 졸업했답니다. 제가 무엇을 도와 드릴까요?"

  강 교장께서는 바로 대답하셨다.

  "본교 고양외고 교육관으로 미래관이 필요한데 우선 15억 원이 필요합니다. 고양시에서 5억 원을 보조해주시면 경기도 교육청에서 5억 원, 재단에서 5억 원을 충당하려 합니다."

  내가 경기도 교육청 교육감한테 직접 전화하여 협조를 부탁하자, 조성윤 교육감은 즉답으로 긍정적 답변을 하셨다. 그리하여 강 교장선생님의 뜻을 펼쳐 실천하시고, 일류대학에 많은 학생들을 입학시켜 고양시 교육계 명성을 드높여달라고 당부드렸다.

  그때만 해도 특목고인 외국어고등학교의 강점을 지방자치단체가 제대로 파악하지 못할 때였다. 나는 강 교장선생님과 헤어지고 나서 바로 해당국·과장에게 벽제고등학교를 외국어고등학교로 전환하는 데 예산은 물론 행정적 지원도 긍정적으로 적극 지원하라고 지시했다.

그런데 지역의 한쪽에서는 외국어고등학교로 전환하게 되면 그 지역 일반고등학교가 줄어들기 때문에 반대의 목소리가 있었다. 나는 조성윤 교육감에게 "조금도 주저하지 말고 적극적으로 지원해 주시고, 만일 일반고등학교가 필요하면 새로 신설하도록 해달라"고 당부드렸다. 그렇게 함으로써 지역도 살아나고 고양외고 역시 명성을 떨치기 시작했다.

그 후 나는 시장직을 마치고 나서도 고양외고에 깊은 관심을 갖고 입학식이나 졸업식에 지속적으로 참관하며 관심을 기울였다. 좋은 학생들을 모집하려면 생활관 확보가 우선되어야 하므로 부지 마련의 필요성에 한씨 문중 임야에 대해 문의한 바도 있었다.

그러한 이야기 등을 강 교장께 말씀드리면 "하나님께 기도하고 있습니다. 잘 되겠지요"라며 시종일관 기도를 통해 소망이 실현되기를 바라는 듯했다. 그래서 나는 "강 교장은 하나님 힘에 의존하시는군요"하며 강 교장선생님에 대한 신뢰가 더 높아지게 되었다.

강 교장께서는 미션스쿨 고양외고의 설립 이념이 '하나님을 사랑하고 이웃을 사랑하는 미래의 지도자를 육성 배출하는 것'으로, 취임 후 공동체 의식을 고취시키기 위해 봄에는 부활절 예배를, 가을에는 추수감사 예배를 드리는데, 학교 가족이 전부 한 자리에 모여 시행해 왔다고 힘주어 말했다.

그러므로 학생들은 단순 지식을 얻기보다 지혜와 덕성을 중시하고, 하늘의 축복을 포근히 받을 수 있는 축복의 통로가 되는 고양외고가 되길 소망하며 기도해 왔다고 한다. 나는 아름다운 마음이 바로 이렇게 창출되는구나! 하고 깨닫기도 했다. 그래서 강 교장이 너무 사랑스럽고, 업어주고 싶은 감사한 마음까지 든다.

'20억의 눈물' 대목에서 2008년 11월 4일 고양시 발전위원회 위원장 모임을 갖는 자리가 있었다. 강 교장선생님과 기획실장과의 대화 속에서 복잡한 문제가 얽혀 있는 듯 겉으로는 웃지만 속으로는 무엇인가 막혀 있는 인상을 받았는데, 훗날 강 교장과 기획실장에게 이유를 듣고 나서 그 내용을 상세히 파악하게 되었다.

"추경예산에 반영시키겠다"고 답변하는 기획실장에게 나는 "추경예산은 계속 사업에만 해당되므로, 신규 사업은 연초예산에 편성되어야만 명분이 있는 것이니 반드시 연초예산에 반영되어야 한다"고 말했다. 고양외고가 향후 많은 학생들을 일류대학에 입학시켜 교육계에 크게 기여하게 될 것이라고 조언해 주었다.

다음날 시장에게 전화한 나는 고양외고의 요구사항을 전하며, 금기 연초예산 반영의 타당성을 설명하고 긍정적으로 처리해달라고 요청했다. 시장은 "학교예산이 300억 원 넘게 신청이 들어와서 교장선생님들의 면회를 회피하고 있다"고 했다. 나는 일반학교는 교육청에서 신경쓸 문제지만 고양외고는 특수목적고로 고양시에서 특별히 관심을 가져야 된다는 당위성을 설명했다.

나는 강 교장께서 침착하게 접근해 연초예산에 반영하도록 권고했다. 하지만 고양시의회 최종심의에서 '투자심의 누락'이라는 지적을 받아 상정된 예산이 폐기 위기에 놓여 있다는 설명을 듣고, 그렇다면 관계공무원에게 "차기 추경예산에 그 사실을 밝혀 투자심의를 득하게 되면, 연초예산 상정과도 같은 효과를 얻게 되고 추경예산이라도 하자가 없으니 그렇게라도 하라"고 설명하여 준 바 있다.

그 다음 문제가 그린벨트였는데, 6개월 전에 신청한 토지관리 문제가 차일피일 미뤄지고 있다 하여 강 교장께 직접 건설교통부 담당자를 만나 '어디에서 서류가 잠자고 있는지' 확인해 보라고 했다. 강 교장께서 확인한 결과 경기도지사에게 주도권이 있다는 답변을 들었다.

나는 지사에게 전화로 고양외고의 자초지종을 설명하고, '빠른 시일 내에 관리지역을 풀어야 함'을 강조했다. 지사는 '강 교장을 직접 만나 해결하겠다'고 답변했다. 그 후 모든 행정체제가 비상체제로 행정력을 발동하여 강 교장께서 학부모들과 약속한 시간을 지킬 수 있도록 이끌어 내었다.

강성화 교장선생님으로부터 '고양외고 두 번째 이야기' 책 발간에 추천사를 요청 받고 보니, 지난 옛일들이 주마등같이 스쳐간다. 강 교장선생님의 추진력과 하나님의 역사에 대한 굳건한 믿음에 아낌없이 찬사를 보내드린다.

민선 2기 고양시장, 황교선

 축복의학교 ★ 행복한 교장

고양외고에서 알게 된 하나님

7기 정다솜

크리스천에 마음을 열다

저는 고양외고에 입학하기 전까지는 기독교에 대한 부정적인 생각으로 가득했습니다. '믿는다'고 말하고 있지만 표면적으로는 교회를 다니면서도 행동은 전혀 크리스천 같지 않은 사람들을 보면서 그들에 대한 거부감이 생겼던 것입니다.

크리스천이 아닌 많은 사람들은 크리스천이 어떠한 잘못이라도 하면, '저게 무슨 크리스천의 모습인가'라며 비난하는 경우가 많습니다. 저 또한 어느 정도 그런 생각에 젖어 있었습니다.

그러나 고양외고를 다니면서 그러한 저의 생각이 성급한 일반화였음을, 고정관념이고 편견이었음을 깨닫게 되었습니다. 진심으로 신앙생활을 하는 친구들과 선생님들을 만나게 되었기 때문입니다.

진실된 신앙생활을 한다는 것은 어떠한 잘못도 하지 않는 완벽한 삶을 사는 것이 아니었습니다. 예수님처럼 살기 위해, 진정한 그리스도인의 길을 걷기 위해 정성으로 기도하며 살아가는 것이었습니다. 저는 그들의 진실한 모습을 보게 되었고, 그로 인해 거부감으로 가득했던 저의 마음도 조금씩 움직이기 시작했습니다. 그 후로 친구들을 따라 목요찬양과 기도회에 참석하게 되었습니다.

고3, 제자훈련을 시작하다

고3 시절 심적으로 힘든 일이 너무나 많았는데, 아마 그때 하나님을 알지 못했더라면 공부를 비롯한 모든 학교생활은 불가능했을 것입니다. 매일 울기만 하고 세상을 원망하며 살았겠지요. 당시 하나님을 알아가는 데 큰 도움이 되었던 것이 바로 제자훈련이었습니다.

혼자 말씀을 읽고 기도를 하는 것도 좋지만, 성경에 어떤 내용이 나와 있고 그 의미가 정확히 무엇인지, 하나님은 어떤 분이신지 올바로 알아야겠다고 생각했습니다. 또한 그때까지 풀리지 않았던 제 안의 의문점들을 속 시원히 풀고 싶기도 했습니다. 가장 궁금했던 것은 '행위로 구원받는 것이 아니라 믿음으로 구원받는 것' 이라는 말의 의미였습니다. 그 외에도 여러 가지 계기로 고3 이었음에도 불구하고 일주일에 한 번, 점심시간을 제자훈련에 쓰기로 결심하게 되었습니다.

새 사람으로 태어나다

제자훈련을 통해 전에는 이해하지 못했던 성경 내용을 자세히 공부할 수 있었고, 제자훈련을 받지 않았더라면 깨닫지 못했을 하나님에 대한 오해들을 바로잡을 수 있었습니다.

또한 함께하는 선생님, 친구들과 이야기를 나누며 혼자서는 보지 못했던 하나님의 모습에 대해 알 수 있었습니다. 이렇게 하나님이라는 분과 그분의 사랑에 대해 알게 되자, 더욱 구체적으로 기도할 수 있었습니다.

의문을 가졌던 '행위가 아닌 믿음으로 구원 받는 것' 이라는 말을 이해하고 저의 죄에 대해 회개했습니다. 제자훈련을 받는 동안, 제 자신도 모르는 사이에 저는 새 사람이 되어 있었습니다.

 축복의학교 * 행복한 교장

교만함에 빠져 있는 내가 아니라 예수님의 마음을 배우고자 노력하는 내가 된 것입니다. 의구심을 갖고 시작한 고양외고에서의 제자훈련이었지만, 수능을 앞두고 제자훈련이 끝났을 때는 저를 그 자리로 이끄신 하나님께 정말 감사했습니다. 단순히 지식을 얻기 위해 시작했으나 지식뿐만 아니라 내 삶의 방향을 잡아주시고 나를 더욱 깊게 만드신 하나님께 감사합니다.

목차

part. 1

축복의 통로

어느 날 오후, 식사를 하고 교장실에 돌아와 보니

책상 위에 조그만 쪽지가 놓여 있었다.

카스트로폴로스(castropollos)라는 제목의 글이었는데,

카스트로폴로스는 "행복해져라"라는 뜻이라고 한다.

이름 없는 해맑은 아이가 나에게 허물없이 쓴 글,

노트를 찢어내 그림을 그리고 글씨를 써서 보내준 글이었다.

castropollos라는 주문처럼 내 마음이 행복해졌다.

|01|
신종플루의 위기

이른 아침 활기차게 하루를 시작하는 고양외고는 보람찬 하루를 보내면 또 다시 같은 에너지로 365일 시작해야 하는 바쁜 일정을 가진 학교이다.

교사는 교사대로, 학생은 학생대로, 새벽 일찍부터 학교 문을 열고 식당주방을 관리하는 직원은 직원대로, 모두 귀가한 후 텅 빈 교실을 일일이 살피며 학교 안팎을 점검하는 숙직 담당 기사님, 그리고 집에 가지도 못하고 학생들과 생활하는 생활관 지도 선생님들 모두 최선을 다하며 바쁘게 살아간다.

바쁜 일정 속에서도 교직원들이 모두 자기 일처럼 달려들어 다른 사람의 일을 도와주기 때문에 우리 학교는 정과 활기가 넘쳐흐른다.

나는 학생들과 마찬가지로 교사들도 소중하기 때문에 우리가 세워 놓은 학교 목표에 달성하는 것도 중요하지만, 사람들이 바쁜 일정 가운데서도 서로를 돌아볼 수 있는 여유와 실력을 갖추어 가기를 바라고 있다.

　1,500여 명의 학생들과 100여 명의 교직원들을 두루 살피는 것이 나에게는 거의 불가능한 일이었지만, 될 수 있으면 나의 부족한 손길과 눈길로 나와 함께 살아가는 모든 사람들의 삶이 조금 나아지고 우리 공동체가 건강해지기를 바라면서 아침저녁으로 전 교실과 외부환경을 한 번씩 순회한다.

　2009년 10월말이었다. 고3 학생들이 수능준비 마지막 정리단계에 들어갔을 때, 신종플루의 극성도 정점에 다다랐다. 10월 초부터 대한민국을 공포로 몰아넣었던 신종플루가 학교를 통해 집단적으로 급속히 확산됨에 따라 각급 학교들은 전체 또는 부분적으로 휴업에 들어갔다.

　신종플루의 감염속도가 심상치 않아 우리 학교도 주말을 포함하여 4일간 1학년만 일단 휴업하기로 결정했다. 도저히 신종플루가 쉽게 꺾일 것 같지 않았고, 다음 주가 되면 전염이 더 빠르게 확산될 것 같은 불길한 예감이 들었다.

　일단 글로리아 체육관에서 추수감사 예배를 드리기로 했고, 그 다음 주 3일 동안 1학년 학생들만 휴업하기로 결정했다.

　나는 이곳 교장으로 부임한 후 한 번도 빠짐없이 운동장에서 중·고 연합예배로 봄에는 부활절 예배와 가을에는 추수감사 예배를 드렸다. 그러나 2009년에는 얼마나 신종플루가 극성을 부렸는지, 전교생이 운동장에서 함께 예배드리는 것이 불가능하여 중·고 일부 학생들만 글로리아 체육관에 모아 놓고 나머지 학생들은 교실에서 TV 중계로 추수감사 예배를 드렸다.

　신종플루의 위협 속에서도 추수감사 예배를 드리며, 생활관 학생들이 대거 세례를 받는 기쁨을 누렸다. 그러나 그 기쁨도 잠시, 나는 주말

 축복의학교 ★ 행복한 교장

부터 이어지는 휴업과 더불어 전교생을 위한 신종플루 대책을 신속히 세워야만 했다.

구체적인 주의사항을 작성하고 가정통신문을 만들어 1학년 부장과 담임을 통해 학생들과 부모님들께 단단히 당부할 것을 지시했다.

다행히 우리 학교는 1학년 학생들이 독립된 건물 IVY관에서 수업을 받고 생활하므로 신종플루 확산이 우려되는 1학년만 주말을 포함하여 4일간 격리시키면 효과를 볼 것 같았다.

학생들이 다시 등교하는 목요일 아침에는 가정에서 모두 체온기로 체온을 측정한 다음 학교에서 제공한 보고서 용지에 자신의 체온을 적고, 아침 통학버스에 탈 때 자신의 체온이 37.5℃ 이하인 학생들만 승차하도록 학생들과 교사들, 그리고 버스기사님께 부탁했다.

1학년 학생들이 학교에 등교하지 않아도 우리는 매일 아침 교사 기도회를 통해 학생들과 학교, 그리고 대한민국의 건강을 위해 기도를 드렸다.

1학년 담임들은 아침 예배 후 본인 학급의 모든 학생들에게 전화를 걸어 학생의 건강 상태를 점검했는데, 되도록 학생들은 각 가정에만 머무르고 가정 밖의 장소로 여기저기 다니지 말 것을 간곡히 부탁하는 등의 새로운 업무를 담당했다.

또한 오후에는 각 반마다 학생들의 건강 상태를 점검하여 본부에 보고하는 한편 학생들에게 다시 한 번 문자로 주의사항을 보냈다. 나는 학생들이 등교하지 않는 1학년 전체 12학급의 학생 건강 상태를 날마다 점검하면서 신종플루의 진행 속도를 주시하고 있었다.

1학년이 휴업을 하고 나자 2학년도 심상치 않았다. 2학년 학생들도 스쿨버스에 타기 전, 꼭 체온을 재고 37.5℃ 이하의 학생만 등교할 것을 당부했다. 일단 등교하면 곧 담임들이 반별로 체온을 쟀고 체온이 오른 학생들은 귀가를 시켰다.

3일째부터는 가정에서 지내는 1학년 학생들의 전염 속도가 줄어들고 있었지만, 학교에 있는 2학년 학생들의 신종플루 전염 숫자는 증가하고 있었다. 이제 2학년도 휴업을 할 것인가 고민했지만 간절히 기도하면서 일단 1학년이 등교를 한 후 다시 고려하기로 했다.

주말을 끼고 4일을 집에서 지낸 1학년 학생들에게서는 확실히 신종플루가 꺾이고 있다는 것을 느낄 수 있었지만, 학생들이 등교한 후에도 여전히 교사들은 학생들의 체온을 점검했다.

점차로 신종플루 증상을 보이는 2학년이 증가하는 가운데 3학년도 신종플루 기운이 돌고 있었다. 이제 곧 11월 수능을 치를 학생들한테 지금 이 시간이 얼마나 중요한데, 제발 3학년에게만은 이 질병이 확산되지 않기를 간절히 기도했다.

신종플루는 1주가 지나자 1학년은 잠잠해졌고, 2학년도 진정되는 기미가 보여서 안도했으나, 3학년은 이제 막 시작되었으니 조마조마하며 기다릴 수밖에 없었다.

1학년, 2학년, 3학년 전 학급의 학생들은 등교하면 곧 담임선생님들에 의해 아침마다 체온을 재야했고, 새벽에 등교하기 전부터 체온을 재고 버스 기사 아저씨들께 자신들의 체온을 알려 주어야만 버스에 승차할 수 있었다. 이렇게 전교생과 교사, 버스기사들까지 한 마음으로 협조하자, 신종플루는 서서히 물러가고 있었다.

나는 저녁식사 후에, 밤 11시까지 자율학습하는 학생들과 임장지도로 수고하는 교사들을 격려하기 위해 다시 학교로 돌아온다. 고1, 고2, 고3 학급과 지정된 자율학습실을 돌아보면 11시가 다 되고, 교장실에서 다음날 아침 준비를 간단히 끝내고 나면 학생들의 귀가 행렬이 이어진다.

교장실을 정리하고 미래관 본관 앞으로 나가면 그때까지 수고하신 교감 선생님이 버스 앞에서 학생들의 귀가를 지켜보고 계신다. 나도 합류해서 학생들이 하루를 마무리하고 버스로 귀가하는 것을 지켜본다. 마지막 버스가 정문을 나가면 비로소 하루가 무사히 마무리 지어지고 바쁜 하루의 막을 내리게 된다.

신종플루가 한참이던 그때, 밤 10시가 넘어 늘 하던 대로 1,2학년 순회를 마치고 고3 순회를 위해 비전관으로 들어섰다.

고3 학생들은 비전관 4, 5, 6층에서 공부하고 있는데, 비전관 2층은 때때로 피곤한 학생들이 잠시 휴식을 취하거나 소그룹으로 토론할 일이 있으면 남아서 조금은 자유롭게 공부하는 장소이다.

나는 고3 학생들을 순회하기 전에 때때로 이곳을 방문한다. 그날도 왠지 2층에 들르고 싶어 문을 열어 보니 문 바로 앞자리에 한 학생이 책상에 엎드려 있었다.

피곤해서 자는가 보다 하고 그냥 문을 닫고 가려다가, 나는 '그래도' 하는 마음에 학생 앞으로 다가갔다. 학생이 끙끙대며 신음하고 있었다. 내가 머리에 손을 대니 열이 있었다.

"어디 아프니, 왜 이렇게 있어, 집에 가야지. 너 혹시 신종플루에 걸린 것은 아니야?"

내가 이렇게 묻자, 학생은 힘없이 대답했다.

"저는 기숙사에 있어요. 병원에 갔었는데 신종플루는 아니래요. 그리고 저는 천식이 있어요."

학생은 신음하듯 이야기를 했다. 나는 마지못해 문을 닫고 나왔다.

마침 순회하시던 교감 선생님이 옆으로 오셔서 그 학생의 딱한 얘기를 말씀드렸다. 아무리 생각해도 나는 마음에 걸려서 생활관 목사님께 전화를 드려, 이곳에 있는 고3 학생이 너무 힘들어 하니 먼저 생활관에 들어가도록 문을 열어주라고 부탁드렸다.

그러고 나서 순회를 계속하는데 생활관 목사님께 전화가 왔다. 아무래도 학교 가까운 병원에 입원시켜 링거라도 맞게 해야겠다는 것이었다.

"잘 생각하셨어요!"

나는 그렇게 말하며 한숨을 돌렸다. 그런데 조금 있다가 다시 생활관 목사님께 전화가 왔다. 집에다 사정을 말했더니 아버님이 오셔서 데려가겠다는 것이었다.

더 잘된 일이었다. 사실 내가 학생에게 "이렇게 아픈데 부모님께 데려가 달라고 말하지 않았니?" 하고 물었을 때, 그 학생은 "부모님은 두 분 다 밤에도 일해요. 그래서 저를 데리러 오실 수가 없어요!" 라고 대답했다. 그런데 생활관 목사님이 아버님께 직접 전화를 드렸고, 아버님이 아이를 데려가겠다니 참 다행이었다.

그러면 그렇지 자식이 저렇게 아파하는데 부모가 알고도 데려가지 않을 리 없다고 생각하면서 나는 순회를 모두 마치고 그날 저녁 일정을 마무리했다.

다시 월요일 아침 예배를 드리며 바쁜 한 주가 시작되었다. 다행히 1, 2학년의 신종플루가 완전히 꺾였고 3학년도 걱정할 단계가 아니어서 마음이 한결 가벼웠다.

월요일 오후, 보건 선생님이 나에게 신종플루에 관해 보고하면서 "교장 선생님께서 금요일 밤에 보셨던 그 학생이 신종플루였답니다"

라고 말하는 것이었다.

나는 깜짝 놀랐다. 더욱 놀라운 것은 그날 집으로 가면서 곧장 병원에 들렀는데, 그 학생의 상태가 너무 심해 중환자실로 옮겼고 오늘 아침에야 상태가 조금 나아져 부모님도 면회가 가능했다고 한다.

그 학생은 천식기가 있어서 신종플루가 더 위험했다는 것이다. 나는 놀라움에 가슴이 쿵 내려앉는 듯했다. 만일 그날 내가 발견하지 못하고 그 학생이 생활관에서 지냈다면, 과연 그 학생이 무사할 수 있었을까? 하나님이 그 학생을 내 눈에 띄게 하고, 생활관 목사님과 연결하여 집으로 귀가시킬 수 있었으니, 제때 치료를 받고 위기를 벗어날 수 있었던 것이다.

그날 만일 그 학생이 생활관에서 잤다면 다른 고3 학생들도 모두 신종플루에 걸렸을 것이라고 생각하니 등골이 오싹했다.

'오! 하나님, 이 부족한 것을 눈동자처럼 지키시며 우리 학교를 이 연약한 것에게 맡기시고 저를 순간순간 지켜 주시니 감사합니다.'

주님의 인도하심으로 이번 신종플루도 무사히 넘길 수 있었다는 확신이 들었다. 1주일 후 신종플루는 완전히 물러갔고, 고3 학생들 모두 건강하게 수능을 잘 치렀다.

고양외고가 설립된 지도 어느덧 10년이 넘었다.

2010년 영광의 9기 학생들을 맞이하고 나서도 여전히 나는 다람쥐 쳇바퀴 돌듯 학교 순회를 하는 것이 작은 일처럼 보이지만 얼마나 중요한 일인지 똑똑히 알게 되었고, 작은 일이지만 큰일을 막을 수 있음을 경험한 사건이었다.

한편, 학생뿐만 아니라 교사 세 분도 신종플루에 걸려 내 마음을 어둡게 만들었다. 1학년의 학년 부장님과 또 한 분 선생님, 2학년에서 한

분이 신종플루에 걸려 교장의 입장이 난처해졌다. 그 당시 우리 학교
에는 임신부가 세 분이나 계셨는데 그분들이 신종플루에 걸리면 큰일
이라는 생각에 걱정이 앞섰다.

임신부 중 한 분이 안타깝게도 보건 선생님이어서 엎친 데 덮친 격
이었다. 그래서 부랴부랴 보건 일을 보조해주시는 지역사회개발 부장
선생님께 신종플루 주요 담당을 맡기고, 보건 선생님은 학생들과 접촉
하지 않고 서류를 처리하는 일과 그 밖의 일들을 하시도록 조정했다.

자칫하면 나와 교감 선생님도 걸릴 수 있겠구나 생각하며, 선생님들
께 조심하시라고 당부했다. 그런데 수능이 끝나고 곧 2010년 고양외고
신입생 전형을 위한 준비가 시작되면서, 나는 왜 우리 학교에 신종플
루에 걸린 선생님이 필요한 지, 그 이유를 깨닫게 되었다.

우리 학교에서 신종플루는 물러갔지만 아직까지 전국에는 신종플
루가 진행 중이었다. 수능과 마찬가지로 고양외고에서도 신종플루에
걸린 학생이 시험을 치를 경우에는 격리된 장소가 필요했고, 그 학생
들을 감독할 선생님도 필요한 것이었다.

고양외고 9기 신입생 전형을 준비하면서 신종플루 확진자들을 위한
장소를 만들었고, 신종플루 보균자이신 세 분의 교사가 감독하여 무사
히 신입생 전형도 마무리 지었다.

나는 모든 것이 합력해서 선을 이룬다는 성경 말씀을 떠올리며, 정
말 한 치의 빈틈도 없으신 주님께서 한 치 앞도 못 보는 나를 위해 한
치의 착오도 없이 인도하심을 또 다시 체험하게 되었다.

임신한 세 분 여선생님도 모두 건강히 아이를 출산했다. 제일 먼저
기쁜 소식은 크리스마스 예수님 생일날 늠름한 아들을 얻은 김효선 선
생님으로부터 왔다. 물론 보건 선생님도 건강한 셋째를 출산했다.

축복의학교 ★ 행복한 교장

작은 일상의 순간도, 아무것도 아닌 것 같은 일도 그것이 주님 안에서의 수고가 될 때는 기쁨의 단을 거둘 수 있는 것 같다.

내가 학교를 순회하는 것은 다분히 다목적용이다. 우선 학교를 순회하면서 학교 안팎의 환경을 살피고 학생과 교사를 두루 살필 수 있다. 그리고 아침저녁으로 1시간씩 순회하면 딱히 운동할 시간이 없던 나에게는 운동이라고 할 수 있는 날마다의 규칙적인 운동 시간이 되는 것이다.

그래서 눈이나 비가 오지 않으면 아침마다 각 학급들을 순회한 후 건물 밖으로 나가 정원과 토끼장, 축복의 농장, 운동장, 글로리아 정원, 석천지를 둘러본다. 교감 선생님, 행정실 직원과 함께 학교 한 바퀴를 순회하면서 맑은 공기도 마시고 날마다 바뀌는 자연의 변화도 눈여겨 감상하게 된다.

어느 날 오후, 식사를 하고 교장실에 돌아와 보니 책상 위에 조그만 쪽지가 놓여 있었다. 카스트로폴로스(castropollos)라는 제목의 글이었는데, 카스트로폴로스는 "행복해져라"라는 말이란다.

이름 없는 해맑은 아이가 나에게 허물없이 쓴 글, 노트를 찢어내 그림을 그리고 글씨를 써서 보내준 글이었다. castropollos라는 주문처럼 내 마음이 행복해졌다.

안녕하세요? 교장 선생님!!

ㅎㅎ요즘 부쩍 살이 빠지신 거 같아서 격려 편지를 쓰는 중이에요.

ㅋㅋ혹시나 힘드신 일이 있으신가 걱정도 되고…….

혹시 그런 게 아니라 다이어트를 하셨던 거라면……. 아울러 뭐라 드릴 말씀이 없네요. 히히.

하여튼 '교장 선생님'이라는 자리가 얼마나 힘들까. 힘든 일인 줄은 저도 알아요!

가끔 저도 친구들과 함께 학교의 잘못된 방침에 대해 짜증내며 뒷담화를 하기도 했지만-ㅠ

그래도 제가 사랑하는 고양외고, 강성화 교장 선생님께서 일궈내신 것들도 알아요. ㅎㅎ

'교장'이 그렇게 힘든 일임을 알면서도, 욕먹는 것쯤은 당연한 일이라 생각하시면서도 가끔은 너무 힘드실 때도 있으신 거죠?

ㅎㅎ 선생님 힘내세요! 저는 꽃을 좋아하시는(맞나?) 선생님이, 콧노래 흥얼거리면서 계단 내려가시던 선생님이 참 좋아요 ㅋㅋ

그러니 꼭 기운내세요. 언제나 응원해 드릴게요.^^

Castropollos!!

축복의학교 ✨ 행복한 교장

|02|
축복의 통로

지식 있는 사람보다는, 지혜 있는 사람이 낫고,

지혜 있는 사람보다는, 덕이 있는 사람이 낫고,

덕이 있는 사람보다는, 복이 있는 사람이 낫다.

이 말을 어떤 이에게 들었을 때 나는 깊이 공감했다.

실력을 기르기 위해 밤낮없이 노력한다고 해도 그것이 한낱 지식으로 그친다면 나는 무정하고 교만한 사람이 될 것이며, 그런 학생들을 기르게 될 뿐이다.

지혜로운 사람으로 매사에 빈틈없고 칭찬받는 사람일지라도 덕이 없다면 가까이 하기 어렵고 의지하기 힘든 사람이 될 것이다. 그러나 아무리 덕이 많은 사람일지라도 갑자기 닥쳐오는 운명과도 같은 불행 앞에서는 피할 수 없는 인생의 절망을 느낄 것이다.

복이 있는 사람은 자신의 능력과 환경, 닥쳐올 어떤 운명과도 관계없이 잘 되는 정말 운이 좋은 사람, 그래서 복 받은 사람인 것이다. 어쩌면 자기 능력보다 훨씬 더 나은 은혜로운 삶을 살기 때문에 복 받은 사람처럼 느끼게 되는 것이다. 그래서 감사하며 이웃을 돌보는 책임감도 가져야 할 것이다.

나는 우리 고양외고 학생들이 지식과 지혜와 덕이 있는 사람으로 끝나지 않고, 그 위에 하늘의 축복을 받는 학생들이 되기를 소망하며 기도한다. 더불어 그런 축복을 나누는 축복의 통로가 되기를 소망한다.

우리 학교는 미션 스쿨로 하나님을 사랑하고 이웃을 사랑하는 미래의 지도자를 육성하는 설립 이념으로 출발했다.

해마다 500여 명의 학생들이 더 넓은 세계로 나아간다. 이 학생들이 가는 곳마다 어두운 곳이 밝아지고, 슬픔이 위로가 되고 약함이 강해지며, 절망이 소망이 되는 "축복의 통로가 된다면 얼마나 좋을까"라고 기도하면서 모든 학생들의 앞길을 축복한다.

나는 졸업생 가운데 해외로 유학을 떠나게 된 학생들을 교장실로 불러 학생들의 미래 계획을 묻고 기도를 해 준다.

2009년 2월에 졸업하고, 9월 미국 워싱턴 DC에 있는 국제정치학으로는 최고의 명문인 조지 워싱턴 대학에 입학하게 되는 학생에게 졸업 후 몇 달 동안 어떻게 지냈는지 물어 보았다.

그동안 그 학생은 해외에 단기 선교를 다녀왔다고 했다. 미국 유학을 결심했음에도 집안이 넉넉지 못해 사교육을 받지도 못하고, 담임선생님과 교과 선생님이 지도해 주셔서 유학 준비를 했던 그는 SAT에서 수학 만점을 받았고, 영어에서도 창의적 독서(creative reading)부문에서 만점을 받았다.

학교성적도 아주 우수했고 학생들에게 귀감이 되는 학생이었다. 또한 3학년 내내 어머니와 함께 새벽예배를 드리고 등교하는 신실하고

 축복의학교 ★ 행복한 교장

의지력이 강한 학생이었다.

더욱 놀라운 것은 매주 교회에서 대중들에게 준비 찬양을 인도하는 봉사를 해왔는데, 이 학생이 다니는 교회는 어른들도 꺼림칙하게 생각하는 한센씨병 환자들이 모이는 교회였다.

나는 이 이야기를 학생의 어머니를 통해 우연히 듣게 되었는데, 어머니는 이런 사실을 누구에게도 알리지 않으려고 했다면서, 내가 물어보기 때문에 어쩔 수 없이 대답할 수밖에 없다고 겸손하게 말씀하셔서 내 마음을 찡하게 했다.

어머니는 아들에게, 지금은 네가 힘이 없지만 대학에 들어가 열심히 공부하고 노력하여 역량을 키워 어려운 사람들을 실질적으로 도울 수 있는 사람이 될 것을 부탁했다는 말을 듣고, 역시 그 어머니의 그 아들이구나 하는 생각이 들었다.

그런데, 정말 그가 세계적으로 인정받는 대학에서 자기의 꿈을 펼칠 학과에 합격되었다는 소식을 듣고 나는 뛸 듯이 기뻤다.

그렇게 입시준비를 위해 고생했음에도 불구하고 대학 진학을 위해 미국으로 떠나기 전 몇 달을 아껴, 또 다시 단기 해외선교를 다녀왔다는 말을 듣고는 더 감동할 수밖에 없었다.

또 다른 학생은 미국에서 가장 유명한 의과대학인 존스 홉킨스대학의 예비 의과대학(pre medical school)에 합격했다.

이 학생도 얼마나 순수하고 신앙이 깊은지 의과대학을 나와 의료 봉사와 선교를 하는 것이 꿈이라고 했는데, 그것을 이루기 위해 그렇게 열심히 공부하더니 마침내 합격 통지를 받게 되었다.

그 학생에게도 졸업 후 미국에 가기 전 몇 달 동안 무엇을 했는지 물었더니, 인도의 작은 도시 아주 열악한 병원에서 단기 봉사 겸 선교를 하고 왔다고 한다.

우연히도 인도의 그 병원은 우리 학교 수학 선생님 한 분도 선교를 다녀왔던 곳인데, 같은 장소에서 봉사를 하고 와서인지 그 선생님도 열악한 환경에 정말 놀랐다면서 그곳은 병원이 아니더라는 말을 했다.

아직 스무 살도 안 된 학생들이 자신의 꿈속에 다른 사람들의 행복을 그려 넣는 순수함이 있다는 사실에 나는 교육의 희망을 보았다.

또 다른 학생은 영국의 런던대학으로 역사학을 공부하러 간다고 했다. 내가 다른 친구들은 미국으로 가는데 너는 왜 영국을 선택했느냐고 물었을 때, 그는 역사학은 미국보다는 영국이 더 낫고 동양 역사는 런던대학이 아주 좋다고 했다.

얼마나 독특한 대답인지! 이렇게 확실하게 자기 앞날을 정하고, 부모를 떠나 멀고 먼 이국땅에서 미래를 개척하는 우리 학생들이 정말 대견하며, 그 꿈을 꼭 이루고 축복의 통로가 되기를 기도할 수밖에 없다.

학생들의 이러한 결심은 우연이 아니다. 학교생활을 하면서 이웃을 배려하고 사랑하라는 교사들의 가르침이, 순수하고 감수성이 예민한 학생들의 마음에 선한 소망을 심어주는 것이다.

학교에서는 해마다 겨울 학기말 시험이 끝나면, 크리스마스를 전후하여 겨울방학까지 약 열흘 정도의 시간이 있다. 그 때는 성가경연대회, 제2외국어 경시대회, English show등의 축제와 같은 일정들로 한 해를 마무리하게 된다.

그런 행사에 꼭 빠지지 않는 것이 자선음악회와 바자회이다. 2009년에도 "겨울 동무"라는 주제로 북한 어린이 돕기 자선음악회를 열었다. 학생들은 나를 넘어서 우리 가까이에 있으면서도 가장 어려운 북한 어린이들을 위해 기아대책본부와 협력하여 이런 행사를 한 것이다.

 축복의학교 ★ 행복한 교장

▲ 북한 어린이 돕기 자선 음악회

▲ 필리핀 해외봉사활동

여름에는 필리핀으로 해외봉사활동을 다녀왔는데, 봉사활동을 가기 위해 학생들을 대상으로 Helping hands 동아리가 대대적인 바자회를 열었다.

뜨거운 여름, 습하고 벌레가 많은 곳으로 국경을 넘은 사랑을 전하기 위해 떠나는 학생들을 보며 축복이 우리를 통해 그곳까지 전달되는 것을 느낄 수 있었다.

남을 돕는데 열심인 우리 학생들은 2008년 중국 사천시에 대지진이 일어났을 때도 학생회를 중심으로 성금 모으기를 하여 직접 모은 성금을 기아대책본부에 전달했다. 학생들의 자발적인 모금 액수로는 가장 많다면서 성금을 받은 기아대책본부에서 대표 학생들에게 감사와 격려를 보내왔다.

2010년 새해 벽두부터 아이티 강진으로 수많은 아이티 국민들이 고통을 겪는 소식을 접하면서, 앞으로 지구온난화나 이런 대지진 같은 재난이 올 때 힘을 합쳐 이런 어려움을 극복하는데 앞장설 리더들이 더욱 필요하다는 것을 절실히 느꼈다.

내 휴대폰으로 전화를 걸면 '당신은 하나님의 언약 안에 있는 축복의 통로 당신을 통하여서 열방이 주께 돌아오게 되리' 라는 예쁜 노래가 들려온다.

나 자신은 하나님께 많은 은혜를 받고 축복된 삶을 살고 있다고 생각한다. 그래서 이 축복이 나를 통해 내 가정과 이 학교에, 내 교회와 나를 만나는 사람들에게 전해지기를 소망한다.

나와 함께 일하는 사람들은 결코 쉬운 길을 가지 못한다. 그러나 쉽지 않은 길임에도 보람과 즐거움, 발전이 있다는 것이 바로 축복일 것이다. 가장 큰 축복은 하나님을 알게 되는 것이며, 또 다른 축복의 통로

 축복의학교 ★ 행복한 교장

가 되는 것이라고 생각한다.

얼마 전 내 일을 가까이에서 도와주고 있는 비서 겸 행정실 직원이 "교장 선생님, 내일부터 저는 며칠 동안 휴가로 제주도에 다녀올 거예요"라고 했다.

"그래? 좋겠네?" 내가 대답했다.

그런데 그 여직원이 "제가 제주도 여행 추첨에서 당첨됐어요!"라고 말해 나는 깜짝 놀랐다.

"정말? 참 잘됐네! 어떻게 그렇게 됐어?"

내가 놀라서 묻자, 그녀는 2005년 우리 학교에 오기 전, 다니던 회사를 그만두고 회사 다니는 동안 너무 힘들어서 가족과 함께 처음으로 제주도 여행을 다녀왔다고 했다. 그런데 이번에는 GS칼텍스 주관으로 전국에서 500명이 당첨되는 제주도 여행권에 당첨되어 남편과 같이 가게 되었다고 기뻐했다.

나는 그동안 바쁜 나를 사려 깊게 도와준 이 여직원에게 하나님이 기쁨의 선물을 나 대신 주신 것 같아 몹시 기뻤다. 6월에 출산을 앞두고 있어 여행하기에는 겨울방학이 가장 좋은 때이며, 추운 이곳을 떠나 따뜻한 제주도로 다녀올 생각을 하니 나까지 신이 났다.

"교장 선생님, 제가 고양외고에 와서 정말 축복을 많이 받았어요."

신이 나서 축복을 많이 받았다고 말하는 여직원이 사랑스럽고 대견했다.

그래야지, 어렵고 힘들게 일하는데 그렇게 축복받고 있다는 마음이 들어야지……하며 나는 마음속으로 중얼거렸다.

| 03 |
축복의 땅, 축복의 사람

봄, 여름, 가을이면 이곳 고양외고에는 예쁜 꽃들과 지저귀는 새들이며 학교를 배경으로 둘러싼 푸른 숲의 정기가 학생들에게 건강과 활력을 제공한다.

학교 앞을 흐르는 잔잔한 공릉천 주변에서는 하얀 백로와 왜가리, 쇠오리, 원앙 등을 볼 수 있고, 학교 뒷산에서는 까치와 박새가, 여름에는 간간이 뻐꾹새의 노랫소리가 들려온다.

겨울에 흰 눈꽃이 온통 학교를 뒤덮으면 교정에는 겨울방학의 휴식이 찾아온다. 첫 눈이 내리는 날이면 아이들의 환호성이 교장실까지 들려오고, 나는 학생들 속으로 내리는 눈 구경을 간다.

자연과 함께 자연과 더불어 살아가는 고양외고에 벚꽃, 개나리, 진달래, 철쭉, 붓꽃들이 겨울의 황량함을 벗겨내면, 여름 내내 황금색 루드비키아, 봉숭아, 백일홍, 장미가 학생들의 생활에 활력을 불어넣는다.

교정 곳곳에서는 늦여름부터 키다리 해바라기가 태양을 향해 얼굴을 들면 성미 급한 코스모스가 피어나고, 뒤이어 벌개미취, 쑥부쟁이가 눈부신 보랏빛으로 교정을 수놓는다.

메밀꽃 필 무렵을 생각하며 교정에 뿌린 메밀 씨들은 늦여름부터 꽃으로 피기 시작하여 국화가 그윽한 향기를 뿜는 늦가을까지 학생들 곁을 지켜준다. 찬바람이 휘몰아치면 통일로를 꿋꿋하게 지키던 은행나무들은 늦가을 찬란한 노란 잎으로 고양외고를 황홀하게 장식한다.

어느 날 갑자기 몰아치는 거센 바람에 은행잎이 모두 떨어져 교정에 수북이 쌓이게 되면, 나는 선생님들을 독촉하여 은행잎을 밟으며 통일로를 지나 공릉천을 끼고 우리 동네 산책에 나선다.

감성 깊은 학생들은 교정 곳곳에서 숨 쉬며 피어나는 이런 자연의 이야기들을 알 수 있겠지만, 대부분의 학생들은 아침 7시부터 시작되는 역동적인 일과 속에서 친구와 교사들과의 관계를 훨씬 더 중요하게 생각한다.

그래서 좋은 학교 환경에는 꼭 좋은 교사가 있어야 한다. 우리 선생님들이 얼마나 학생들을 생각하는지, 학생들의 실력을 위해 공부는 물론 학생들의 인성과 신앙까지도 깊이 관여하신다.

중학교에서는 아주 우수했던 학생들도 고양외고에 오면 한 번도 받아보지 못했던 등급의 성적표를 왕왕 받게 된다. 모두 너무나 열심히 공부해도 상대평가로 내신을 정리해야 하는 현실 속에서 학생들의 성적은 1등급부터 9등급까지 존재한다.

학생들은 고양외고에 입학해 새벽부터 밤늦게까지 끊임없이 노력하지만, 그 결과는 만족보다는 실망스러울 때가 더 많다. 그럼에도 불구하고 이 현실 속에서 다시 희망을 갖고 노력하고 꿈을 이루도록 도와주는 것이 교사들의 몫이다.

우리 학교 선생님들은 학생들을 정기적으로 상담하면서 학업과 친구관계, 그리고 미래에 대해 현실적인 조언을 아끼지 않는다.

학생들을 상담하는 것이 교사들에게는 쉽지 않은 과제이다. 그러나 모든 선생님들은 교장이 원하는 것 이상으로 학생들 한 사람 한 사람을 소중히 여기며 그들의 생활을 돌보신다.

학생 상담뿐 아니라, 어렵고 힘들어 하는 학생들을 신앙의 힘으로 붙들어주고, 목표를 향해 다시 일어설 수 있도록 학년마다 기도회를 만들어 저녁 식사 시간을 이용하여 학년별 기도회를 요일마다 열어준다.

가끔씩 나도 학년 기도회에 참여하면서 교과지도에도 하루가 빠듯한 선생님들이 성경 말씀도 전하고 기도도 해주고 함께 찬양하면서 한계를 뛰어 넘어 목표를 향해 가도록 격려하는 모습에 감동하며, 학년 기도회에 하나님의 은혜가 가득 내리기를 기도한다.

목요일에는 전 학생들을 대상으로 우리 학교 찬양 동아리인 아이노스 학생들이 주관하는 목요 찬양이 있다. 국제관 강당에서 열리는 이 모임을 위해 아이노스 학생들은 저녁식사를 거르면서도 찬양 속에 하나님의 임재가 나타나도록 간절히 기도드린다.

한 학생, 한 학생 모여 들어 강당이 가득 차면 학생들의 뜨겁고도 열렬한 찬양과 기도가 강당을 뒤덮는다.

그래서 우리 학생들은 경쟁하는 친구가 잘 되도 시기하지 않고, 부족한 친구를 무시하지 않으며, 어려운 상황에서도 좌절하지 않고 또다시 새 힘을 얻어 새롭게 시작할 수 있는 것이다.

물론 이 모임 뒤에도 학생들 곁에서 학생들과 함께하는 축복된 교사들이 있다.

 축복의학교 ✽ 행복한 교장

아침 일찍 하루를 시작하기 전에 7시부터 드리는 학생들의 기도회는 개교 10년이 되어도 흐트러짐 없이 진행되고, 그런 기도의 힘으로 고양외고는 축복의 땅이 되었다.

학부모들과 함께 기도를 하면서 수첩에 적혔던 기도의 제목들이 응답으로 바뀌는 것은 깊은 감동이며, 한 마음으로 기도했던 학부모들의 자녀가 하나님의 도움으로 대학에 진학하게 되는 것은 축복받은 학부모들의 간증이 된다.

축복의 사람들로 가득한 고양외고이지만 시련과 고난이 없는 곳은 결코 아니다. 그러나 학생, 학부모, 교사들이 기도하고 인내하며 하루하루 성실히 살아가는 것에 하나님의 은혜가 함께하여 축복의 결실이 맺힌다.

올해도 학교 안의 생활뿐 아니라, 학교 밖의 각종 행사도 열심히 준비하여 참여한 학생들이 각종 경시대회에서 놀라운 성과를 보여주었다. 인문, 사회, 외국어, 논술, 환경, 과학, 방송 등 각 분야에서 실시하는 각종 경시대회에 참가하여 당당하게 실력을 겨루어 기쁜 소식을 안겨준다.

특히 2009년에는 YTN과 한국외국어대학이 주최한 고교생 영어토론대회에 우리 학생들이 출전하여 당당히 최우수상을 받았는데, 수상한 날은 온 종일 YTN뉴스에서 소개되기도 했다. 또한 성균관대학교와 동아일보가 주최하는 전국 영어·수학학력경시대회에서도 영어 부분에서 최우수 학교가 되었다.

나는 항상 학생들이나 교사들에게 비전을 갖고 미래를 준비하도록 하지만, 또한 지금(now) 여기(here)에 있는 현실을 중요하게 생각하고 현실을 기본으로 우리가 할 수 있는 일들을 성실히 할 때 균형 잡힌 글

▲ 제1회 화학탐구프런티어

▲ 제1회 전국 고교생 생활법 경시대회

축복의학교 ✦ 행복한 교장

로벌리더가 된다고 강조해 왔다.

그리고 참된 지도자는 자신의 부모나 자기 지역을 돌아보는 것이 첫째 도리임을 강조한다. 그래서 우리 부모님과 친구, 선생님이 소중할 뿐 아니라 우리 앞에 흐르는 공릉천과 학교 뒷산의 소중함도 알고, 사람과 자연 속에서 조화롭게 사는 것이 일상의 행복이라고 생각해 왔다.

멀리 있는 연예인이나 귀인보다 가까이 있는 내 친구와 식구가 더 소중하고, 멀리 있는 멋진 장소보다 내 곁에 있는 작은 시내가 주는 기쁨을 누릴 수 있는 마음가짐이 중요하다고 생각한다.

우리 학교 공생지기(공릉천 생태계를 지키는 사람들) 동아리 학생들은 학교 앞에 흐르는 자연형 하천 '공릉천의 현명한 이용 및 보전에 관한 연구'를 하여 국토해양부 주최 세계 습지의 날 기념대회에서 우수상을 받게 되었다.

나는 학생들이 얼마나 대견했는지 모른다. 아무도 돌보지 않는, 무심히 흘러가는 공릉천에 대해 관심을 갖고 연구한 결과도 놀랍지만, 평소 'here(여기) and now(지금)'를 강조해 온 나에게는 더 특별히 감회가 깊은 상이었다.

학생들은 부상으로 지도교사와 함께 중국의 샤민맹그로브 숲과 홍콩습지공원 마이포 습지를 다녀왔다. 더 넓은 세상을 돌아보고 온 후 나에게 "정말 좋았어요!"라고 외치던 학생들의 한마디 한마디의 의미를 나는 알 수 있을 것 같았다.

우리 학교는 교장, 교감, 학생, 모두가 아주 바쁘다. 우리는 모두 24시간의 배가 되는 48시간 정도의 시간을 하루에 해결하는 것 같다.

교과 공부와 숙제, 수행평가, 자율학습 등 잘 짜인 시간에 무엇인가 다른 것을 준비하는 것이 불가능해 보이는데도, 우리 학생들은 학급과 학교를 넘어 더 넓은 세상에 대해 관심을 갖고 기회가 되면 적극적으로 참여해 당당히 실력을 인정받는 축복된 학생들이다.

저녁시간 조용한 침묵이 교실과 자습실에 흐르며 학생들이 집중하여 자기주도 학습을 할 때, 나는 학생들의 방해가 되지 않도록 교실 뒷문이나 자율학습실 문을 살며시 열고 들어간다.

저녁 11시 귀가할 때까지 매우 피곤할 텐데도, 책상에 앉아서 혹은 잠을 깨려고 교실 뒤 독서대에 기대어 서서 하루하루 최선을 다하는 학생들과 교사들은 심은 대로 거둔다는 성경 말씀대로 기쁨으로 단을 거둘 날을 준비하는 것이다.

그런데 이런 고요 속에서도 간혹 학생들의 부스럭거리는 소리가 들리곤 하는데, 다가가 문을 열어 보면 학생들이 무엇인가 부지런히 준비하는 것을 목격하곤 한다.

"자율학습 시간인데 무슨 일을 하는 거예요?"

"교장 선생님, 저희는 경시대회를 준비하는 중이에요."

내 물음에 학생들은 약간 계면쩍은 얼굴로 대답했다.

"아, 그래? 그럼 열심히 준비해서 좋은 결과를 얻도록 해라."

나는 그들을 격려하고 조용히 물러나 문을 닫고 돌아선다.

이렇게 없는 시간을 쪼개어 학생들 스스로 준비하고 출전하여 기쁨의 소식을 전해줄 때마다 나는 정말 우리 학생들이 대단하고, 조금만 관심을 갖고 격려를 하면 어떤 일도 할 수 있는 실력 있고 복 받은 학생들임을 실감하게 된다.

우리 학교의 교사들, 학생들, 학부모들뿐 아니라 우리 학교와 관계가 있는 사람들, 방문하는 사람들 모두가 우리 학교를 통해 축복을 경험하기를 소망한다.

그래서 언젠가부터 우리 학교를 축복의 땅 "The Land of Blessing" 으로 부르기로 했다. "축복의 사람"들이 있고 축복이 넘쳐나는 "축복의 땅"을 생각할수록 마음이 기뻐진다.

우리는 복 있는 사람은 그저 운이 좋아서 복이 있다고 단순히 생각한다. 그러나 성경에는 복 있는 사람에 대해, 복을 받을 사람에 대해 다음과 같이 말한다.

복 있는 사람은 악인의 꾀를 좇지 아니하며, 죄인의 길에 서지 아니하며, 오만한 자의 자리에 있지 아니하고, 오직 여호와의 율법을 주야로 묵상하는 자로다. 저는 시냇가에 심은 나무가 시절을 좇아 과실을 맺으며 그 잎사귀가 마르지 아니함 같으니 그 행사가 다 형통하리로다(시편 1:1~3).

나는 우리 학생들과 교사들, 그리고 학부모들과 함께하면서 정말 이곳은 축복의 땅이고 축복받을 일을 하는 사람들이 넘치는 곳임을 느끼게 된다.

2008년부터 우리 학생들은 정직 캠페인을 가을 한 주간 동안(학년 기도회의 학생들과 교사들을 중심으로) 자발적으로 열게 되었다.

빠듯한 시간을 내어 함께 포스터를 만들고 티켓을 제작하고 서명부도 만들어 전교생을 대상으로 전개하는 캠페인을 보면서, 우리 공동체 안에서부터 정직함의 영향력이 흐르는 것이 진정한 축복의 밑거름임을 확신했다.

|04|
축복의 농장

앞에서도 언급했듯이 우리 학교 앞에는 시내가 흐르고 뒤에는 나지막한 산이 병풍처럼 학교를 감싸고 있다. 사시사철 예쁜 꽃들이 피고 지고, 새싹을 틔운 나무들이 싱싱한 잎을 뽐내는가 싶으면 어느덧 여름에 다가선다.

꽃보다 아름다운 단풍이 곱게 들면 나무들은 한잎 두잎 이파리를 떨어뜨리고 긴 겨울준비를 한다. 눈꽃이 소복이 쌓이는 교정은 평화롭고도 목가적인 풍경을 자아내는데, 학생들의 재잘거림과 역동적인 움직임은 평화롭고 아름다운 환경과는 대조적이다.

나는 주일날이 되면 교정 곳곳을 순회하며 학생들이 없는 교정을 거닌다. 운동장을 몇 바퀴 돌고 건물 뒤를 돌아 채소밭을 지나면서 싱그러운 배추 한포기를 뽑아들고 Hopper's Home(토끼농장 이름)에 다가선다.

어느새 나를 본 흰색, 갈색, 얼룩이 토끼들, 아기, 엄마, 친구 토끼들이 깡충깡충 뛰면서 토끼집 철망 앞에서 나를 기다린다. 간절한 눈빛으로 바라보는 토끼들에게 배춧잎 몇 개를 떼어 던져 주고, 나머지는 멀리 있는 토끼들을 위해 획 하고 던져준다.

오물오물, 오물오물, 부지런히 오물거리며 맛있게 채소를 먹는 토끼들을 보고 있자니, 아무것도 해주지 않으면서 먹고 놀기만 하는 토끼들이 어쩌면 그렇게 사랑스럽고 귀여운지 모르겠다.

아마도 하나님의 주시는 양식을 기쁘게, 즐겁게, 사이좋게 먹는 우리를 보면서 아무것도 제대로 하지 못하는 우리들이라 할지라도 하나님은 이렇게 좋아하실지도 모르겠구나 하는 생각이 든다.

몇 해 전, 딸아이가 고3이 되었을 때, 나는 엄마로 딱히 무엇을 해줄 수가 없었다. 아침 일찍 아이들보다 먼저 학교에 출근하고, 퇴근해서 함께 저녁을 먹고 나면 다시 늦은 저녁에도 자율학습하는 학생들과 교사들을 보기 위해 학교로 향하는 나에게 내 아이들은 특별한 관심을 요구할 수 없었다.

어쩌다 우리 아이가 "나도 엄마가 다른 엄마처럼 내가 학교에서 돌아오면 집에 있었으면 좋겠다!" 라고 말하기도 하지만, 그것은 이미 가능하지 않는 이야기임을 아이도 나도 잘 알고 있었다.

그래도 착하고, 예쁘게, 열심히 공부하며 잘 자라준 아이들이 늘 고맙고 대견했다. 나는 세 아이의 엄마이다. 둘째가 여자아이이다 보니 아무래도 조금 더 감정이 예민한 것 같다. 고3이 되니 밥도 잘 안 먹고 빡빡한 스케줄에 긴장해서인지 몸도 야위고 잘 웃지도 않는 것이다.

딸을 위해 무엇을 할 수 있을까 생각하다가 나는 딸에게 불쑥 "토끼 사줄까?" 하고 물어보았다. 그러자 아이는 "정말?" 하고 반색하는 것이었다.

"사주면 네가 잘 길러야 할 텐데, 청소도 하고 먹이도 챙겨 주면서 잘 기를 수 있겠니?"

내 물음에 아이의 핏기 없던 얼굴이 환해졌다.

"네! 할 수 있어요. 사주세요."

나는 주일날 예배를 드린 후에 언제나처럼 일주일 먹을 양식을 위해 교회 근처에 있는 킴스클럽에 갔다. 시장을 본 후 아이들과 계산대 앞에 있는 애완동물 코너에 가서 아기 토끼들을 구경했다.

하얀 털이 보송보송한 아기 토끼들 몇 마리가 꿈틀대며 옹기종기 모여 있었다. 둘째와 막내아들이 그중에서 제일 예쁘게 보이는 하얀 털의 눈두덩에 까만 테두리가 있는 토끼를 데려오자고 결정했다.

그런데 학교 수업과 대학 진학의 스트레스로 시들시들했던 우리 딸의 얼굴에 생기가 돌면서 토끼 보호자 역할을 톡톡히 하는 것이었다. 조금 무뚝뚝하고 말도 별로 없는 막내도 함께 아기 토끼를 돌보게 되자 집 안이 시끌시끌해졌다.

토끼 물에, 사료에, 토끼 간식에, 풀에, 조금은 에너지 소비할 일들이 있었지만 활기를 찾은 딸을 보면서 토끼 기르기를 정말 잘했다는 생각이 들었다.

나는 꽃과 동물을 좋아해서 학교 안의 곳곳에 정원을 만들었다. 그런데 동물은 기르기가 곤란하여 교장 사택 옆에 오리와 닭, 거위 등을 기르며 가끔씩 채소를 뜯어주곤 했다.

그동안 작지만 함께하는 가축들이 늘 내 곁에 있었는데, 동물에 관심도 주지 않던 딸이 토끼로 인해 활력을 찾으니 신기했다.

딸은 토끼 밥과 물을 줄 뿐 아니라 가끔씩 토끼장에서 토끼를 꺼내 자기 방문을 잠그고 방안에 내놓아 토끼가 답답하지 않게 운동을 시키기도 했다. 토끼 덕분인지 고3을 그렇게 바쁘게 지내던 딸이 미국의 대학에 합격하여 미국으로 떠났다.

아이가 떠난 뒤 나는 한 마리 토끼가 저렇게 내 아이에게 즐거움을 주었다면 우리 고양외고 학생들에게도 토끼를 선물하면 어떨까 하고 생각했다.

당장 학교 아저씨들에게 부탁하여 토끼장을 만들었다. 아저씨들은 건물 뒤 구석에다 토끼집터를 마련했다. 그 옆에는 쓰레기 처리장이 있어 어둡고 쓸쓸한 곳이었다. 그러나 토끼장은 밝은 곳에 있어야 하고 학생들이 쉽게 오갈 수 있는 장소가 적당하다고 생각해서 그런 장소를 찾았다.

아이들이 하루에 한 번 이상 방문하고, 어떤 일이 있어도 꼭 방문하려고 애쓰는 곳이 어딜까 생각해 보니 바로 매점이었다.

아침, 점심, 저녁 하루 세끼를 학교에서 급식을 먹어도 금방 배가 고파지고, 때로는 늘 먹는 학교 음식에 지쳐 아이들은 쉬는 시간, 점심, 저녁 시간을 막론하고 매점으로 부지런히 발걸음을 옮긴다.

나는 아이들이 매점에 가는 이유가 배고픔보다는 다분히 스트레스 해소에 있다고 생각한다. 하루생활 중에 빼놓을 수 없는 매점 방문의 길목에 토끼장을 만들면, 아이들이 토끼장에 들려 토끼를 구경하면서 스트레스 또한 해소될 것이라는 생각이 들었다. 매점 가는 길목, 예쁜 꽃이 있는 우정원 뒤 남학생 기숙사 지우관 옆에 토끼장을 지었다.

아저씨들이 흙을 쌓고 굴을 뚫어 토돌이, 토순이들의 보금자리를 만들었고, 토끼들이 깡충대는 움직임은 내 예상대로 아이들의 관심을 끌기에 충분했다.

꽃이 피고 지는 것에는 별로 관심을 보이지 않던 남학생들도, 선생님들도 모두 토끼에게 지대한 관심을 보였다. 나는 사료만 먹는 토끼들을 위해 주말에는 싱싱한 채소를 뽑아 던져주었다. 그리고 토끼집의 이름을 Hopper's Home(깡총이들의 집)이라고 지었다.

토끼들은 정말 꾸준히 아기 토끼들을 낳았다. 아주 작은 아기 토끼들이 토끼집에서 얼굴을 내놓을 때면 우리 학생들은 물론 구경하는 선생님들조차, 얼굴 가득히 함박웃음을 지으며 아기 토끼들을 구경하면서 신기해했다.

그렇게 토끼집은 아기 토끼, 중간 토끼, 엄마 토끼, 이모 토끼, 삼촌 토끼, 아빠 토끼들로 북적거리게 되었다.

몇 해 전 교장 사택을 옮기면서 기르던 가축들을 어떻게 할까 고민하다가 새로 지은 사택 옆에 임시로 가축들(염소, 거위, 닭, 토끼)의 집을 조그맣게 대충 만들었다.

우리 직원들이 "교장 선생님, 염소는 냄새가 많이 나고, 특히 가축들은 여름에 냄새가 많이 날 텐데 어떻게 하지요?" 라고 걱정스럽게 물어왔다.

나는 내가 기르던 가축들을 누구에게 주기도 그렇고 팔기도 그렇고 해서 "조금 생각해 볼게요" 라고 하고, 임시로 조그만 장소를 만들어 가축들을 넣어주었다.

교장 사택에 이사 와서 첫날 새벽 나는 "쿠쿠두루루, 꼬끼오" 라는 수탉의 멋지고 신선한 소리를 잠결에 들었다. 너무나 오랜만에 들어보는 소리였다. 곧이어 더 큰 소리로 "쿠쿠두루루, 꼬끼오" 소리가 힘차게 들려오는데, 전혀 시끄럽지 않고 내가 먼 시골 어느 마을에서 편안하게 누워 있는 그런 평안함이 밀려왔다.

남의 아이들 1,500명 이상을 돌보는 나는 늘 긴장과 책임감으로 평안보다는 걱정이 많은 사람이다. 그런 나에게 이 새벽에 그 옛날 시골

집에서 느끼던 그런, 정 깊은 자연의 소리는 오랜만에 느끼는 고향이 주는 평안함 같은 것이었다.

나는 다음날 학교에 출근하여 우리 가축들이 비 맞지 않고 잘 지낼 수 있도록 조금 넓고 튼튼한 집을 지어 달라고 부탁했다. 그렇게 하여 오랫동안 함께 했던 가축들도 새 보금자리에 정착하게 되었다.

그런데 이상하게도 요즈음에는 그렇게 크게 들렸던 새벽닭의 울음이 조그맣게 들리니 벌써 그 소리에 익숙해진 것도 같다.

따뜻한 봄날에 아기 오리들을 몇 마리 사서 길렀는데 오리들이 쑥쑥 자라서 덩치가 너무 커지고 가족들이 늘어나 농장이 좁아졌다.

나는 오리와 거위를 따로 분리해서 학교 정문 앞 조그만 폭포 옆의 넓은 공간으로 이사를 보냈다. 폭포의 물이 흐르도록 하여 오리들이 수영이라도 할 수 있도록 배려했다. 버드나무가 서 있는 곳의 오리와 거위들의 집은 토끼집보다 훨씬 울타리가 낮아 짓궂은 학생들이 껑충 뛰어 들어 오리와 거위들을 쫓아다니곤 했다. 요즈음에는 학생들이 철이 들어 장난을 치지 않아 평화로운 풍경의 오리와 거위들을 볼 수 있다.

나는 정문 옆에 있는 오리와 거위가 사는 농장을 축복의 농장(The Farm of Blessing)이라고 부른다. 아침 일찍 오리들은 간단한 목욕을 하고 깃털을 말린다.

나중에 몇 마리 오리를 더 구입했는데, 데려올 때는 구질구질했던 오리들도 이곳에서 매일 목욕과 수영을 하더니 알아보지 못할 만큼 깨끗하고 멋있게 되었다. 고양외고에 들어서면 버드나무가 늘어진 나무 그늘 밑에 뒤뚱대는 오리와 거위 식구들을 볼 수 있다. 그곳이 바로 축복의 농장이다.

part. 2

중단 없는 전진

히브리서 11장에서, 믿음은 바라는 것의 실상이요
보지 못하는 것의 증거라고 했는데 돌아보면
하나님의 음성을 믿음으로 바라고 나아갔더니
생각지도 못한 확실한 증거로 하나님을 체험하게 된 것이다.
그러나 하나님의 인도는 여기서 멈추지 않았다.

|01|
사택을 헐고

1971년에 개교한 벽제중학교의 전신인 지선중학교는 지선학원의 첫 번째 학교였고, 그 이후 1988년 벽제고등학교가 개교된 후 지선중학교는 벽제중학교로 교명을 바꾸었다. 2002년에는 벽제고등학교를 고양외국어고등학교로 전환하여 개교했다.

국도 1번 고양시를 지나 파주로 가는 통일로 상에 위치한 벽제중학교와 벽제고등학교는 1998년 내가 처음 이곳에 교장으로 올 때만 해도 중·고등학교 합쳐 19학급 800여 명이 되지 않는, 세상 밖의 변화와는 상관없는 조용한 작은 학교였다.

2002년부터 고양외국어고등학교, 특목고인 외고로 출발하면서부터 학교는 대단한 변화를 겪게 되었다.

학생들은 벽제 지역을 포함한 고양시를 넘어 제주도에서까지 모여들었고, 교사들도 미국, 영국, 중국, 일본, 칠레 등 세계 여러 나라에서 모셔왔다.

중·고 각각 1개씩이던 건물도 학생 수 증가와 학교 교육의 필요에 따라 신망애관, 국제관, 미래관, 푸른꿈 식당 등이 해마다 증축되었다.

절실했던 교실, 회화실, 식당, 도서관, 자율학습실 등의 교육 시설 확보와 부족한 재원을 마련하기 위해 나는 교사 및 학부모님들과 함께 하나님 아버지께 기도로 매달렸다.

그래서 기적적으로 건물들이 건축되어 가고, 중·고등학교 학생들을 위한 다목적 강당의 재원 확보가 거의 확정되었다는 긍정적인 생각으로 체육관의 설계도면을 완성하던 2006년 늦봄이었다.

매일같이 아침저녁으로 학교를 순회하는 나는 자율학습하는 동안 교사들이 학생들과 함께 있는 학급과 없는 학급을 교실 문을 열지 않고도 알 수 있었다.

우리 학교는 학생이 있는 곳에는 언제나 교사가 있다는 임장지도의 원칙을 중요하게 여기어 학생들이 자율적으로 공부하는 자율학습시간에도 꼭 교사가 함께 하는 것을 원칙으로 한다.

그런데 어떤 반에서 함께 있어야 할 담임교사가 며칠 동안 계속하여 보이지 않는 것이었다.

나는 첫 날에는 잠깐 담임이 교무실에 다녀오려니 생각했고, 둘째 날도 무슨 사정이 있어 잠시 비웠나 라고 생각했다. 그런데 셋째 날에도 선생님이 보이지 않아 학년부에 문의를 하여 어찌된 일인지 알려달라고 했다.

얼마 지나지 않아 내 휴대폰에 문자가 왔다. 사정이 있어 야간자율학습 감독을 못한다고, 또한 이런 사정을 교감 선생님께 말씀드렸다는 것이다.

우리 학교는 교사들이 늦게까지 학생들과 함께하기 때문에 교장과 교감도 끝까지 학교에 남아 학교를 관리한다. 나는 의아하게 생각하여 그 밤중에 교감 선생님을 불렀다. 어찌된 일인가 물었더니, 놀랍게도 그 담임교사가 우리 학교의 야간 자율학습 감독이 너무 힘들어서 더 이상 할 수 없다고 일방 통보를 했다는 것이다.

나는 할 말이 없었다. 명문 고등학교로 발돋움하기 위해, 학생들의 목표와 학교의 목표를 달성하기 위해 모두 한 마음이 되어 학교 정책에 협조해 왔는데, 오신지 얼마 되지도 않은 교사가 이렇게 일방적으로 학교가 중요하게 생각하는 정책에 당돌하게 반대할 수 있는가?

임장지도는 처음 교사 채용 시 면접 때부터 강조한 사항이기에 채용된 교사는 그 중요성을 다 알고 있다. 그런데 채용된 지 얼마 되지도 않은 기간에 힘들다고 학생들만 두고 귀가하는, 용감한 선생님의 행동에 참으로 어처구니가 없고 분한 마음이 들었다. 최선의 노력을 하지 않고 그냥 쉽게 살아가려는 선생님의 태도에 분노가 치밀었다.

그동안 학생들과 교장인 나는 영문도 모른 채 그 교사의 행방이 궁금했고, 교감 선생님은 차마 나에게 사정을 말씀하실 수 없었던 것이다. 나는 며칠 동안 영문도 모르고 어수선하게 야간 자율학습을 했을 학생들에게 미안했고, 어떻게 이 일을 수습해야 할지 난감했다.

일단 그 교사를 만나 본인의 행동에 대한 확실한 설명을 들어본 후 결정하자고 마음을 추슬렀다.

다음날 교사를 불러 어떻게 된 일인가 물었다. 그는 교감 선생님께 한 말과 같은 말을 나에게 했다.

나는 처음부터 학교 입장을 알았던 사람이 이제 이런 결정을 내리면 누가 피해를 보겠느냐 따져 물었지만, 그 교사는 물러서지 않았다.

나는 그 상황에서 일단 밀려오는 분노를 진정시키고 기도해야겠다고 생각했다. 며칠 동안 하나님께 이 상황에 대해 기도하며 속상함과

배신감, 당황한 심정을 호소하며 하나님의 뜻을 물었다.

그런데 얼마 지나지 않아 기도 중에 하나님은 "자율학습관을 지어라"라고 또렷이 말씀하시는 것이었다. 정말 뜻밖의 말씀이었다.

돈도 없고 지을 곳도 없는데, 어디다 지으라는 말씀인가 하여 다시 여쭈었다.

"하나님 돈도 없고 지을 곳도 없는데, 어디다 지어야 합니까?" 했더니, 너무나 놀랍게도 "네 집터에다 지어라" 라고 확실하게 말씀하시는 것이었다.

나는 깜짝 놀라 다시 한 번 "저와 우리 가족은 어디서 살아요?" 라고 물었다. "걱정하지 말아라" 라고 하나님께서 말씀하셨다.

나는 너무나 황당한 하나님의 음성에 어리벙벙해졌다. 하나님이 그 선생님을 혼내주셔서 학교가 요동하지 않고 안정되기를 은근히 마음 속에 바라며 기도했는데, 하나님은 뜻밖의 명령을 나에게 내리시는 것이었다.

나는 기도를 끝낸 후 새로운 문제에 봉착했다.

하나님의 확실한 음성을 내가 거부할 수 있을 것인가? 이제 그 교사를 미워하는 마음을 다스리는 것이 더 고민이었다. 나에게 내린 이런 하나님의 명령을 내가 순종해야 하는가 아니면 못 들은 척 해야 하는가, 그것이 더 고민이었다.

교장과 교감에게 정면 도전한 교사에 대해서는 말씀하시지 않고, 내 집을 헐고 그 곳에 학생들이 공부할 수 있는 자율학습 독서실을 만들라는 하나님의 그 명령을 슬그머니 못 들은 척하기에는 명령이 너무나 구체적이었다.

나는 기도를 끝낸 뒤 곰곰이 하나님의 명령을 따져 보았다.

하나님이 옳으셨다! 학생들을 위해 11시까지 교사가 임장지도하여 자율학습하는 것은 학생들 편에서는 매우 좋고 효율적이었지만, 교사들에게는 학교의 아주 힘든 요구였다.

교사들이 젊고 헌신되고 신앙으로 극복했기에 몇 년 동안 문제없이 실시해 왔지만, 교사들이 시집가고 장가가고 아이가 생기고 나이가 들면 불평 없이 학교의 요구에 순종할 교사들이 얼마나 있을 것인가?

나도 확신할 수 없었고 하나님은 인간의 연약함을 알기에 교사들이 조금이라도 쉽게 근무할 수 있도록 자율학습 건물을 짓도록 나에게 명령하신 것임을 깨닫게 되었다.

고양외고에서는 방과 후에 3학년 학생들을 3군데로 나누어 자율학습을 하고 3학년을 제외한 1, 2학년은 각각의 교실에서 자율학습을 해 왔다.

그런데 3학년처럼 2학년도 전용 독서실을 만들어 학생들이 자율학습을 하게 되면 하루에 학급당 교사 1명씩 12분 대신 자율학습실에 교사 3분만 남게 되니, 나머지 9분은 집에 일찍 귀가할 수 있게 되는 것이다.

하나님이 얼마나 확실하게 계획하고 계신지! 하나님은 내 집을 내놓으라 하셨는데 내가 살던 교장 사택은 새로 지은 국제관 옆에 있고, 고양외고의 다른 건물과도 가까이 있어 학생들이 자율학습을 하기 위해 이동이 쉬운 장소이다.

무엇보다도 그린벨트로 묶여 있는 학교 용지에 건축하기 위해서는 관리계획을 받아야 하는데 법적 절차가 까다롭고 기간이 오래 걸린다. 그런데 우리 집은 그린벨트 내에 이미 지어져 있기 때문에 헐고 그 자리에 다시 지으면 이미 있는 옛 건물과 똑같은 면적으로 관리계획 승인 없이 지을 수 있다.

더욱 놀라운 것은 사택이 지하 1층, 지상 2층으로 우리 가족이 거주하기에는 아주 넉넉한 면적으로 지어졌기 때문에 2학년 학생들을 3군데로 나누어 교육시킬 수 있는 알맞은 면적이 된다는 사실을 확인할 수 있었다.

사실 우리 가족은 1층 한 층만 주로 사용하면서 살았다. 우리가 미국에서 돌아와 이 학교로 오게 되었을 때, 법인에서는 이런 한적한 곳에는 호텔도 없으니 외국 손님들이라도 오면 모실 수 있도록 사택 2층에 손님방과 회의실을 갖춘 규모로 건물을 증축했다.

그런데 이곳에 와서 손님을 맞을 여유도 없었고 학생들 뒷바라지에 여념이 없던 나는 사택 2층은 1주일에 한 번도 올라가지 않았다. 나는 여러 복잡한 감정을 정리하고 냉정하게 이번 일을 결정해야 했다.

결국 나는 가족들에 대한 대책도 없이 집을 헐고 이곳에 학생들의 자율학습공간을 짓는 하나님의 계획에 순종할 수밖에 없었다. 마음을 정하고 나니 마음이 한결 가벼워졌고 그 교사에 대한 미운 감정도 가라앉았다.

나는 마음을 진정시키고 현실적으로 가족들을 위해 사택을 새로 지을 곳이 어디 있을까 하여 학교 배치도를 유심히 살펴보았다.

가을에 새로 건축할 체육관은 중학교 옆 우리 학교 경계 맨 끝에 위치하도록 배치했는데, 언제나 생활관이 부족했던 학교 사정을 감안하여 혹시나 해서 기숙사 용도로 건축하도록 체육관 옆 자투리땅에 배치된 1층짜리 작은 건물이 내 눈에 들어왔다.

생활관으로 사용하기에는 면적도 작고 구조도 부적절했다. 하지만 이곳에 생활관 대신 교장 사택을 건축할 수 있겠다는 생각이 문득 들었다. 현재 있는 사택은 외고와도 가깝고 규모도 컸지만 몇 달 전 큰 아이가 미국의 대학으로 떠나 남편과 두 아이만 있으니 지금보다 작은 집에서도 네 식구가 살아갈 수 있을 것 같았다.

언제나 엄마와 아내의 결정을 존중해 주는 우리 식구들을 생각하면 미안하기도 했지만 이렇게 마음을 정하는 게 미련을 두고 가슴에 미워함과 불안함을 갖고 사는 것보다 나을 것이라 생각했다.

사실 그 땅은 작은 생활관을 짓도록 설계되어 있었는데, 중학교나 고등학교의 쓰레기들 중 어디다 버리기가 힘든 것들을 임시로 가져다 버리는 쓰레기장이었다. 나는 더 이상 복잡한 생각을 하지 않기로 마음먹고 다시 그 교사를 만났다.

이제는 마음이 담담해졌다. 나는 그 교사에게 말했다.

"선생님이나 나나 서로 결정을 잘못한 것 같습니다. 우리 학교에서 기대하는 것과 선생님이 기대하는 것이 다르니 서로 손해도 보고 냉정하게 결심도 해야 할 것 같습니다. 좋은 곳이 있으시면 찾아가십시오. 지금 생각 같아서는 당장 나가라고 하고 싶지만 학기 중이니 방학 때까지 기다려서 새로운 곳을 찾으십시오. 저도 하기 싫은 일을 하도록 부탁하는 것은 원치 않습니다. 담임을 바꾸고 선생님에게는 야간 자율학습 임장지도를 부탁하지 않겠습니다. 서로 불편한 점이 있겠지만 감수하고 피차에 잘 해결했으면 합니다."

그렇게 잘라 말한 뒤 겨울방학까지 시간을 갖고 서로의 일들을 조정하도록 했다. 마음은 가벼워졌고, 밉고 서운한 감정에서 벗어나 새롭게 건축할 제2도서관과 우리 집으로 관심을 이동했다.

우리가 거주하게 될 작은 집의 도면을 보니 참으로 한심스러웠다. 집 뒤는 경사가 가파른 바위산이고 동쪽은 체육관으로 막혀 있고, 오후에는 서쪽 해가 가득히 비치는 땅이었다. 아무도 돌보지 않아 잡초와 쓰레기가 쌓여 있는 그 땅에 새로운 사택을 지을 수 있을까 약간의 고민도 있었다.

그래도 작은 집이지만 이미 관리계획도 받고 설계도 되어 있어 다행이라고 생각했다. 나는 원래보다 조금 더 면적을 추가하여 우리 가족이 살 수 있도록 설계를 변경했다.

다행히 글로리아 체육관의 건축업자가 결정되지 않았기 때문에 건축 시작 전에 새로운 사택에 관한 설계를 마무리 지어 함께 공사를 시작하기로 결심했다.

글로리아 체육관의 건축 시작 후 뒤이어 차가운 초겨울에 시작한 사택 공사는 빠르게 진행되어 2월 졸업식에 맞추어 체육관이 완공되고 새 학기 시작 전 10일 전에 어렵게 사택이 완공되었다.

공사를 시작하기 전에 쓰레기를 치우고 땅을 갈아엎고 새로운 흙을 채우고, 해가 잘 들도록 필로티 구조로 설계를 변경하여 아래층은 주차 공간, 2층은 주생활 공간이 되었다.

새로운 사택은 사연을 듣지 않으면 이해할 수 없을 만큼 멋지고 예쁘게 학교 부지 서편 첫 번째 건물로 들어섰다. 통일로에 바짝 붙은 남은 땅에 글로리아 체육관 공사로 집을 잃은 가축들을 위해 조그마한 농장도 함께 지었다.

통일로에서 바로 보이는 우리 집은 덩그러니 담도 없이 덩치 큰 체육관 옆에 딱정벌레처럼 붙어 있다. 하지만 예쁜 벽돌색과 분위기 있는 시원하고 큰 창, 지붕 위에 있는 뻐꾸기 창 때문에 학교와는 어울리지 않아도 학생들과 학부모들이 호기심 어린 눈으로 살펴보는 건물이 되었다.

 축복의학교 ✽ 행복한 교장

쓰레기를 치우고 새 흙을 채워 만든 손바닥만한 토지에 텃밭을 만들어 우리 아저씨들이 고추, 상추, 토마토, 가지, 고구마 등을 심어 주어 시골이 고향인 내 마음에 따스한 토지와 풍성한 열매들로 채워주는 기쁨을 준다.

가을의 황량함을 달래기 위해 법인에서 큰 전나무 몇 그루를 울타리로 심어주었고 나는 울타리 겸 방범용으로 찔레꽃과 사철나무, 키 큰 해바라기를 심었다. 착한 우리 아이들과 남편은 행여 내 마음이 상할까봐 이사할 때까지 한 번도 불평과 아쉬움을 이야기하지 않았다.

사랑하는 가족들의 협조와 하나님의 은혜로 나는 새로운 보금자리 스위트홈(솔직히 예전 사택보다 더 예쁜 곳)으로 이사하게 되었다. 그리고 다른 학교를 찾다가 찾지 못한 문제의 그 선생님은 결국 영원한 고양외고 선생님이 되었고, 아픈 상처를 통해 이전보다 고양외고에 대한 더 깊은 애정으로 헌신하는 교사가 되었다. 물론 자율학습 임장지도도 열심히 하신다.

우리들의 힘겨루기는 하나님의 개입으로 해피엔딩이 되었다. 하나님은 정말 한 번도 나를 실망시키지 않으시고 풍성한 삶으로 인도하신다.

|02|
남학생 생활관 지우관 Ⅱ

2006년 늦가을부터 글로리아 체육관을 지으면서 그 옆의 새 사택공사를 위해 마지막 설계 변경을 하던 나는 하나님의 계획하심에 다시 놀라게 되었다.

특수목적고등학교는 2008년까지는 전국에서 학생들을 모집하게 되어 있었다. 고양외국어고등학교는 2002년 개교한 이후 꾸준히 좋은 학교로 소문이 나서 전국에서 학생들이 다니고 싶은 학교가 되었다.

해마다 외부 학생들이 입학하게 되고 특히 내신의 비중이 높아질수록 교육열이 높고 경쟁이 치열한 고양시보다는 전과목에서 확실하게 내신이 강한 타지역 중학교 학생들의 고양외고 진학률이 증가하게 되었다.

2006년 11월에 2007년 신입생을 위한 입학 전형을 끝낸 후 나는 난감한 결과에 당황하게 되었다. 이미 기숙사는 학생들을 더 이상 받아들일 수 없이 꽉 찼는데, 고양시 이외 지역의 학생들이 많이 합격하게 된 것이었다.

 축복의학교 ✦ 행복한 교장

나는 합격생들에게 원거리일 때는 모두 기숙사에 수용하기로 수차례 학교 설명회에서 확답한 바가 있어서 참으로 당황스러운 현실에 큰 고민을 하지 않을 수 없었다. 그 때 한 줄기 생각이 머리를 스쳐갔다.

여학생들은 예전에 사용했던 국제관의 생활관을 다시 정비하여 수용하고 남학생들은 우리 집이 이사를 2월 중에 가고 난 후 사택을 남학생 임시 기숙사로 개조하여 수용할 수 있다는 생각이 번뜩 떠올랐다.

앞에서도 말했듯이 우리 집은 지하 1층과 지상 2층, 약 180여 평으로 대단히 큰 집이었다. 우리 가족은 주로 1층만 사용했는데, 1층의 방과 부엌을 다시 막고 개조하면 학생들을 위한 침실과 샤워실, 화장실을 간단히 만들 수 있을 것 같았다.

계산해 보니 학생들 20여 명과 생활관 담당 선생님 한 분은 충분히 거주할 공간이 되었다. 일단 학생들을 우리 사택에서 생활하게 한 후 봄 학기 동안 남학생들을 위한 생활관을 다시 건축하기로 했다.

그런데 외고 입학생 전형이 마무리 된 11월에야 생활관 부족 상황의 어려움을 파악하게 되어 3월까지는 불과 3개월도 남지 않은 상황이었다. 시간이 없었지만 나는 이사 갈 계획을 하고 있었고 사택을 2학년 자율학습공간으로 건축하는 것을 계획한 후였기 때문에, 사정이 더 급해진 생활관으로 먼저 사용한 다음 2학년 전용 자율학습공간을 건축해야겠다고 신속하게 결정을 수정했다.

이미 하나님은 사택을 헐 수 있도록 내 마음을 준비시켰기 때문에 나는 하나님의 섭리에 놀랄 뿐이었다. 그러나 사택을 헐고 새로운 곳으로 이사 가는 것에는 마음의 준비가 되어 있었지만 언제 움직여야할 것인지는 결심하지 못한 상태였다.

2월 졸업식 후에는 이사를 가야만 했다. 빈집을 개조하여 2월 28일에는 신입 남학생 20여 명이 새로운 기숙사가 지어질 때까지 우리 집에서 생활할 수 있도록 해야 했다. 그래서 우리 사택을 개조하는데 10일을 공사기간으로 계산한다면 2월 18일에는 확실하게 집을 비워주어야만 했다.

건축 중이던 글로리아 체육관을 초고속으로 완성시켜 3기 슈퍼파워팀의 졸업식을 2007년 2월 14일에 새로운 체육관에서 치루고, 곧 새 사택을 마무리 지어 이사를 가고 옛 사택은 생활관 학생들을 위해 리모델링을 해야 하는 것이다.

숨 가쁜 계획이었지만 하나님은 이미 이런 상황을 미리 아시고 이런 경우에 내가 결심할 수 있도록 나를 인도하셨다.

목표가 정해지고 날짜까지 정해졌지만 길은 없었다. 그러나 이 길은 이미 하나님께서 미리 예비하신 길이었다. 4개월 겨울공사를 밤낮으로 진행하여 드디어 글로리아 체육관이 웅장하게 완성되었다. 졸업식 전날은 우리가 졸업 감사예배를 드려야 하므로 2월 12일까지 건물이 완성되어야 했다.

체육관 공사도 빠듯한데 사택까지 함께 지어야 했고 거의 동시에 끝을 내야 하니 공사 관계자나 나는 하나님께서 따뜻한 날씨를 허락하시도록 간절히 기도할 뿐이었다. 겨울의 해는 짧았지만 동지를 지내면서 조금씩 늘어나는 날들이 얼마나 감사한지 몰랐다. 아직 2월까지는 밤의 길이가 더 길지만 2월 달에는 저녁 늦게까지 불을 밝히고 내부공사를 했고, 체육관 안에 난방을 하면서 공사를 진행했다.

드디어 333명의 슈퍼파워팀 학생들의 제3회 졸업식을 새로운 건물 글로리아 체육관에서 품격 있고 당당하게 치렀다. 참석하신 내빈들은 어쩌면 이렇게 건물이 웅장하고 멋있는지 모르겠다고, 고양시에서 가장 멋진 체육관이라고 칭찬이 대단했다.

내빈들께 글로리아 체육관 공사의 숨은 이야기를 다할 수 없었지만 하나님의 계획하신 일에는 한 치의 실수가 없음을 느낄 수 있었다.

체육관 준공으로 한숨을 돌린 뒤 사택 마무리에 힘을 쏟았다. 2월 18일에는 이사를 해야 하므로 마무리가 아직 안 된 사택으로 짐을 옮겨야 했지만, 나는 새 학기 준비로 바빠 이사할 여유가 없었다.

이삿짐센터와 행정실 직원, 우리 집에서 일을 도와주시는 아주머니가 2일에 걸쳐 시멘트 냄새가 나는 새집으로 이사를 했다. 웬 짐이 그렇게나 많은지, 나도 놀랐고 모두 놀랐다. 우리가 미국에서 1998년에 귀국했으니 9년 동안 살림이 무척 늘어난 것이다. 그래서 작은 집에 짐들을 둘 수 없어 학교 창고 여기저기에 분산해서 보관했고 꼭 쓸 물건들만 새집으로 옮기는데도 2일이나 걸렸다.

어수선한 집에 우리 가족이 발 디딜 틈도 없이 짐들이 쌓여 가는데, 이곳에서 첫날을 지낼 수 없어 학교에 마련된 게스트 룸(Guest Room)과 마침 방학이어서 비어 있는 게스트 룸 바로 옆 생활관에서 우리 가족은 며칠을 보냈다.

기가 막힌 상황임에도 불구하고 우리는 모두 하나님이 좋은 길로 인도하셨다고 생각하기로 마음 먹고 즐거워했다. 게스트 룸과 생활관에서 며칠 동안 캠프생활을 하면서 새집을 정리했지만 하나님이 함께하시고 우리를 인도하신다는 생각에 우리 가정은 불평보다는 감사를 선택했다.

우리가 살던 옛 사택은 리모델링이 한창이었다. 2월 28일에 리모델링이 다 되어 방문해 보았더니 감쪽같이 생활관으로 변해 있었다. 불과 10일 만에 교장 사택에서 20여 명이 지내는 생활관으로 변신한 것이다.

나는 다른 생활관보다 갑자기 만들어진 이곳에 거주할 학생들에게 미안한 마음이 들었다. 그러나 입주한 후 학생들에게 물어보니 전혀 불편하지 않고 교장이 살던 옛집에 산다는 생각에 오히려 학교의 배려에 감사한다는 것이었다.

하나님의 놀라운 인도하심과 그 길을 순종하며 따라가는 것이 처음에는 막연하지만 점점 확실해지고, 마지막에는 깊은 감사와 하나님의 은혜에 감격하게 되는 것을 다시 한 번 느끼게 되었다.

히브리서 11장에서, 믿음은 바라는 것의 실상이요 보지 못하는 것의 증거라고 했는데 성경말씀처럼 하나님의 음성을 믿음으로 바라고 나아갔더니 생각지도 못한 확실한 증거로 놀라운 섭리를 체험하게 된 것이다.

그러나 하나님의 인도는 여기서 멈추지 않았다. 학생들을 언제까지 사택을 급조한 임시 생활관에 머물게 할 수는 없었다. 그리고 사택은 본래의 목적대로 학생들의 자율학습공간으로 증축되어야 했다.

학생들의 입학이 끝난 3월초, 나는 숨을 돌리자마자 곧장 남학생 생활관 지우관II를 건축하기 위해 우리 학교에서 가능한 땅을 찾았다. 남학생 생활관 지우관 I 바로 옆에 약간의 공터가 있는데 유일하게 그린벨트가 아니어서 건축이 자유로운 곳이었다. 그런데 얼마 되지 않는 자투리땅이라 일반 교실이나 특별 교실을 지을 수가 없었다.

나는 건축 설계사를 불러 정확하게 건물을 지을 수 있는 면적과 그에 따른 수용 가능한 학생 수를 계산하도록 부탁했다. 놀랍게도 그 작은 면적에 약 68명의 학생을 수용할 수 있는 4층 건물이 가능하다는 것이었다. 그러나 문제는 재정이었다. 아무리 생각해도 4층 건물은 힘들

것 같아 우선 3층까지 짓도록 결정하고 봄 학기 안에, 빠른 시간 내에 완성할 것을 부탁했다.

학생들은 아무런 불평 없이 사택에서 생활하고, 봄날은 깊어가고 공사는 하루가 다르게 진행되어 3층짜리 지우관Ⅱ가 초여름 어느 날 우뚝 세워졌다.

나는 둥근 창과 붉은 벽돌, 하얀 내지로 지우관Ⅱ의 건물 외관을 마무리하도록 했다. 늘씬하고도 산뜻한 건물 지우관Ⅱ가 각양각색의 사연을 가진 지우관Ⅰ 옆에 얌전히 서 있다.

드디어 학생들이 몇 달 동안의 사택 생활관을 뒤로 하고 지혜와 우정의 건물 지우관Ⅱ로 이사하게 되었다. 그리하여 지우관Ⅰ과 지우관Ⅱ에는 남학생들이 가득 찬 금녀의 집이 되었다.

▲ 남학생 생활관 지우관

| 03 |

지혜의 집(Wisdom House)

교장 사택 생활관에 거주했던 학생들이 지우관Ⅱ로 이사하여 안정을 찾고 우리 가정도 새로운 사택에서 적응하면서 비로소 마음에 평안이 찾아왔다.

나의 이런 형편을 알 리 없는 학생들과 교직원들은 언제나처럼 아침 일찍부터 부지런하게 하루를 시작하고 늦은 밤까지 환하게 불을 밝히며 명문 고등학교, 명품 교육을 위해 후회 없이 하루하루를 전진했다.

그러나 하나님의 명령에 순종하여 2학년 전용 자율학습 도서관을 건축해야 하는 것이 나의 다음 목표였다.

2006년 11월, 신입생 전형을 치른 후 2007년 신입생들을 위한 생활관 시설이 부족하여 급하게 내가 살던 사택을 헐고 예정에 없던 지우관Ⅱ를 2007년 초여름까지 지었다. 그러나 이 모든 일은 처음부터 하나님이 계획하셨고 2학년 전용 자율학습공간을 위해 건물을 짓는 것이 이 계획의 최종 목표였다.

한 치의 실수도 없으신 하나님은 이미 새 도서관 이름을 내 마음속에 주셨다. 지혜의 집, Wisdom House였다. 더욱 놀라운 사실은 고양 시와 교육청에서 도서관 건축을 위해 보조를 결정한 것이다.

나는 2006년 힘이 부치도록 설득하여 겨우 고양시와 교육청으로부 터 체육관 건축에 관한 보조금을 마련했는데, 아직 체육관이 준공되지 도 않은 시점에서 도서관 증축을 위해 또다시 시와 교육청에 부탁을 할 것인가를 결심해야 했다.

지혜의 집은 자율학습 전용공간으로 2학년 학생들만 수용하게 되어 있고 교장 사택과 같은 면적으로 건축하기 때문에 공사비는 체육관에 비해 그다지 많이 들지는 않았다. 그렇지만 약 7억이 되는 공사비를 학 교가 모두 부담하기에는 너무 큰 액수였다.

'언제나처럼 하나님이 계획하시면 길을 열어 주실 거야, 나는 단지 하나님의 도구가 되어 시키는 대로 순종하면 된다.'

그렇게 마음을 다잡으며 공사비를 얻기 위해 시청 문을 두드리리라 결심했다. 남에게 부탁하는 것을 싫어하고 특히 남의 돈을 빌려본 적 도 없는 내가 거의 해마다 부족한 학교 재정 때문에 여러 사람을 만나 어려운 부탁을 해야 할 때면 참으로 내키지 않았다.

그러나 교장인 내가 나서지 않으면 누가 나만큼 애타게 학교를 위해 나서줄 수 있을까 생각하며 마음을 단단히 다잡고 시장님을 만나려고 했다. 이미 고양시의 2007년 예산은 거의 확정되었고 마지막 계수조정 이 남아 있는 시점이어서(신입생 전형으로 분주하다 보니) 머뭇거릴 시간이 없었다.

매년 고양시나 교육청에는 대응투자사업에 관한 공문이 내려온다. 이미 보조금 요청에 관한 공문은 제출했지만 결과는 장담할 수 없었 다. 서류를 제출했다고 해서 알아서 보조해주지 않는다는 것을 나는 잘 알고 있었다. 학교마다 필요한 사업은 많고 재원은 부족하니 고양시나 교육청의 한 곳에서 예산의 일부 보조를 결심해야만 대응투자로 전체 재원을 확보하게 되는 것이다.

나는 예산심사를 교육청보다 먼저 하는 시청에 매달려야 함을 알고 용기를 내었다. 그리고 한 번도 만난 적 없는 지역의 시의원에게 전화를 했다. 오직 하나님만 의지하고 잘 알지도 못하는 의원님께 전화를 걸어 학교 도서관이 꼭 필요하고 지역의 명문고로 발전하기 위해 애쓰고 있으니 꼭 시의 예산에 반영될 수 있도록 도와달라고 부탁했다.

그분을 만나 상의하고 논의할 시간이 없었고 예산 반영할 시간도 얼마 남지 않아 전화로 급하게 상의했음에도 불구하고, 놀랍게도 그분은 부드러운 목소리로 잘 알았다고 대답하는 것이었다.

"휴~"하고 안도의 숨을 내쉬었다. '어떻게든 되겠지, 나는 여기까지 했다. 그 다음은 하나님이 하시겠지' 하고 생각했다. 더 이상 어떻게 해야 할지 시장님을 만나 뵐 염치도 없었다. 그런데 놀랍게도 1주일도 지나지 않아 그 시의원님께서 예산이 반영되었다는 기쁜 소식을 주셨다.

정말 신기하고도 놀라운 일이었다. 이렇게 쉽게 지혜의 집 예산이 준비되다니, 좀처럼 실감이 나지 않았다. 일단 시에서 예산이 확보되면 교육청에서는 얼마가 되든지 대응투자를 해야 하는 것이 교육경비 대응투자사업이다.

나는 자신감을 갖고 교육청에도 보조를 요청했고, 2006년 11월 고양시에서 재원이 확보됐다는 공문과 함께 2007년 5월에는 교육청 예산배정에 대한 소식을 받게 되었다.

나와 학생들이 새로운 보금자리로 안정되게 이사 간 다음 본래의 목

 축복의학교 ✳ 행복한 교장

표를 이루기 위해 지혜의 집 건축을 위한 공개입찰을 실시했다. 중단 없는 전진이 계속되는 것이다. 드디어 건축공사 시행자가 결정되고 순식간에 옛 건물이 헐리게 되었다.

텅텅 건물을 때려 부수는 소리가 교장실까지 들려왔다. 그동안에 있었던 일들, 하나님의 인도, 마지막 결단으로 이어지는 숨 가쁜 일정 속에서 부서지는 건물에 대한 미련은 없었고 새로운 건물에 대한 기대로 하나님께 감사기도를 드릴 수밖에 없었다.

2007년 여름방학에 건축을 시작하여 겨울이 되기 전에 공사를 끝내고 2008년 봄부터는 이곳에서 2학년 학생들이 밤 11시까지 세 곳에서 세 분의 선생님들과 야간자율학습을 하게 될 것이다. 선생님들의 짐이 조금 가벼워질 것이라고 생각하면서 아주 큰 문제를 하나님께서 이번에도 해결해 주셨음을 실감했다.

공사가 시작된 며칠 후, 땅을 파고 기초를 세우려 할 때 건축소장이 머리를 흔들면서 나에게 왔다.

"교장 선생님, 정말 이상합니다. 기초를 하려고 땅을 파면 팔수록 땅이 쑥쑥 꺼지면서 물이 솟아나네요. 아무래도 지질 조사를 해야 할 것 같아요."

"그렇다면 해야지요, 지질 조사를 해보세요."

나는 설마설마하며 안전공사를 위해 지질 조사를 허락했다. 그런데 우리 집 밑에는 예전에 시내가 흐른 흔적이 있고 아직도 물 근원이 있어서 애초에 계획한 대로 기초를 할 수 없다는 결론이 나왔다. 나는 맥이 탁 풀렸다.

지금까지 쉼 없이 건축을 해왔지만 이런 일은 한 번도 없었다. 지금까지는 소규모 지하 공사만 하였고 이번 지혜의 집은 공간 확보를 위해서는 지하 공사가 꼭 필요해서 기초를 하는데 그 과정에서 지하에 물이 있는 것을 알게 된 것이다.

나는 흥분해서 지선학원 초기 때부터 계셨던 중학교 교장 선생님께 이 사실을 알렸다. 교장 선생님은 나를 보면서 말했다.

"교장 선생님 모르셨어요? 원래 이 땅은 산 밑으로 조그만 시내가 흘렀었습니다. 그런데 어느 해인가 큰 홍수가 나더니 시내가 우리 학교 앞으로 길을 바꾸고 공릉천과 합쳐지면서 지금과 같이 되었습니다. 그런데 모르셨어요?"

"아, 그랬군요."

나는 체념한 듯 대답했다.

그런데 얼마 지나지 않아 하나님의 계획과 섭리를 깨달으며 나는 다시 놀랐다. 만약 그 옛날처럼 이곳에 작은 시내가 흘렀다면 벽제중학교와 고양외국어고등학교는 지금처럼 건물을 지을 수 없었을 것이다. 시내가 흐르면 건물을 지을 곳이 마땅치 않았을 텐데 하나님은 홍수를 통해 이곳을 마른 땅으로 예비하신 것이었다.

또한 처음부터 이 터에 건물을 지었다면 겁 많은 나는 학교를 계속 지을 엄두도 못 냈을 것이다. 여러 건물을 차례로 지어오다가 결국 더 지을 터가 없어 이 땅에 지혜의 집을 증축하려는 이 시점에 물이 솟아났으니 하나님의 섭리에 감사할 수밖에 없었고, 또 이 문제를 해결할 방법을 찾으려고 용기를 낼 수 있었던 것이다.

나와 고양외고를 인도하시는 하나님이 벌써 몇 십 년 전부터 이미 우리 일을 계획하셨다는 믿음이 생겼다. 나는 설계변경을 해서 더 튼튼한 건물을 세우고, 필요하다면 관리계획을 받아 더 크게 증축할 수 있도록 충분한 강도의 기초공사를 하자고 건축소장을 재촉했다.

▲ 고양외고 도서관 위즈덤하우스

　우리 학교는 해마다 조금씩 건물 내부와 외부를 보강하여 특색 있는 건물로 건축했다. 그래서 외부에서 손님들이 오시면 "학교가 참 예쁘네요"라고 말한다.

　나는 같은 돈이 들어도 조금 생각하면 편리하고 예쁘게 지을 수 있다는 생각으로 건축설계사의 기본 도면이 나오면 나의 생각을 추가한다. 학교 전체는 붉은 벽돌색으로 통일하지만 각 건물은 이름에 맞게 특징 있고 개성 있는 건물로 짓는다.

　지혜의 집에 대한 나의 애착은 다른 건물과는 사뭇 달라서 건물 외벽을 지금까지의 붉은 벽돌이 아닌 유로스톤으로 마감을 하도록 했다.

인복이 많은 나는 이미 좋은 사람들을 나에게로 보내주시는 하나님의 은혜로 좋은 건설업체와 꼼꼼하고 실력 있는 건축소장을 만나 공사를 착착 진행했다. 미리 생각지 못했던 기초 공사의 문제로 2007년 11월 준공 예정이었던 지혜의 집은 2008년 3월말까지 공사가 계속되었다.

드디어 우리 모두가 고대했던 멋진 건물 Wisdom House, 지혜의 집이 우리의 기대보다 더 멋지게 완공되었다. 모든 건물마다 사연이 있지만, 사연 많은 건물 위즈덤 하우스의 끝나지 않은 사연은 더 크고 웅장한 위즈덤 홀로 마무리 지어진다.

part. **3**

시련의 고통을 넘어

에벤에셀의 하나님의 선하신 인도하심을
또 다시 체험했던 시간이었고,
힘들지만 세상에 대해 조금씩
더 알아가게 된 일련의 사건이었다.
한 고비 한 고비 넘기면서,
나는 인생사는 법을 배워 가며
부족한 나를 이끄시는 하나님의 손길을 따라
더 넓은 곳으로 한걸음씩 옮기게 되었다.

|01|
외고에 부는 차갑고 싸늘한 바람

7-11의 고된 일정 속에서도 교사, 학생, 학부모들은 부족한 나를 믿고 최선의 삶으로 매일 매일을 채워갔다.

해마다 번듯번듯한 건물이 쑥쑥 세워지고 1기 드림팀, 2기 미러클팀, 3기 수퍼파워팀은 차례로 명문대학에 학생들을 대거 진학시키면서 고양외고의 명성은 드높아가고 있었다.

기분 좋은 소문과 내실 있는 교육과 피나는 노력의 날들 속에도 나를 붙들어 주시는 주님은 더욱 모지고 혹독한 시련으로 나를 연단시켜 가셨다.

마음을 에이는 듯한 시련은 두 방향에서 오고 있었는데, 하나는 외국어고등학교에 대한 정부의 정책이었고 다른 하나는 글로리아 체육관 건축으로 인한 것이었다.

2002년 고양시를 비롯한 경기도의 5개시에 전격적으로 실시된 평준화 제도화에 대비해 우리 법인만이 유일하게 벽제고등학교를 특수목적고등학교인 고양외고로 전환했다.

하나님의 은혜와 학교 선택권에 대한 학부모 요구에 힘입어 고양외고는 개교 첫 해부터 우수한 학생들을 선발하여 질 높은 교육을 통해 학생과 학부모가 선호하는 학교가 되었다.

평준화제도는 전체적인 학생들의 학업능력을 보편화하고 평준화할 수 있었지만, 상위권 학생들과 하위권 학생들을 체계적이고 전문적으로 교육시킬 대책도 없이 준비되지 않은 상황에서 전격적으로 실시되었다.

특히 상위권의 학생들은 일반학교에서 배우는 교육 수준이 본인의 수준과 맞지 않고 학업 분위기조차 제대로 조성되지 않은 교육 현실 속에서 더 나은 교육체제를 갖춘 학교를 찾게 되었다.

갑자기 평준화를 실시하게 된 지자체에서 그와 같은 좋은 학교를 찾기 어려웠기 때문에 전국 단위로 모집하는 특수목적고에 대한 수요가 폭증했다. 또한 특목고 중 과학고등학교는 모두 공립이었고 선발 인원도 소수여서 학생들이 입학하기가 어려웠다.

상대적으로 외국어고등학교는 사립과 공립이 거의 같은 숫자로 설립되었고 공립보다는 사립학교가 학생 모집수도 많고 역사도 깊어 사립외고 쪽으로 수요가 밀려들었다.

외국어고등학교는 21세기 국제화 시대에 요구되는 어학 능력을 집중적으로 준비시켜 사회 각계각층의 글로벌리더를 육성한다는 목적으로 설립되었기 때문에 학생과 학부모들의 필요를 채워주기에 적합한 학교유형이었다.

평준화제도의 틀 안에서 자신의 선택과는 무관하게 배정된 학교에서 겪는 우수한 학생들의 고통은 특목고와 해외 조기유학 쪽으로 탈출구를 찾게 되었다.

 축복의학교 ★ 행복한 교장

중학생들은 좁은 문을 통과해야만 입학할 수 있는 특목고에 들어오기 위해 밤낮없이 준비하고 있었다. 서울 경기 지역 주민의 자녀들을 수용하기에 턱없이 부족한 수도권의 10개 사립외고에 입학하기 위해 치열한 경쟁이 벌어졌고 급기야 교육열 높은 학부모와 학생들은 사교육을 받는 것도 불사했다.

특목고가 없는 수도권의 지자체에서는 자기 지역의 학생들이 타 지역으로 빠져 나가는 것을 막기 위해 특목고 유치전이 벌어졌고 이는 전국적인 현상으로 번졌다.

2003년 제주외고, 2004년 명지외고, 부산국제외고, 2005년 용인외고, 동두천외고, 전북외고, 2006년 김포, 수원, 성남, 김해 외고가 설립되었다.

급기야 2006년 5월 31일 지방선거에서 100명이 넘는 후보자들이 특목고 특히 외국어고등학교의 설립을 공약했는데 대부분이 한나라당 후보들이었다.

이와 같이 전문적이고 객관적인 검토 하에 계획되어야 하는 교육제도가 정치권의 급물살을 타게 되었다.

평준화 정책을 교육의 근간으로 하는 정부는 정권 초기 때부터 외고에 대한 곱지 않은 시선으로 사교육의 온상, 명문대 진학의 통로로서 입시 기관화되었다고 일관성 있게 특목고를 평가했다. 그러나 5.31지방선거에서 한나라당이 승리했고 교육에 대한 특목고의 위상이 격상되었다.

또한 2002년 고양외고가 설립될 때 19개였던 외고가 불과 4년 만에 10개가 늘어 29개가 되었다. 그 동안 평준화 정책 아래 교육 선택권에 대한 돌파구를 찾지 못했던 국민들은 자녀를 조기유학까지 보내기도

했지만, 특목고 특히, 외고에서 교육의 희망을 보았고 그 첫 시험대 역할을 고양외고가 해낸 것이다. 나도 이렇게 수요가 폭증하리라고는 예상하지 못했다.

특목고 설립을 위해 거금을 투자해야 하는 사립재단보다 오히려 지자체에서 단체장들이 솔선하여 특목고 유치를 위해 거액의 자금을 투자했다.

전국에서 가장 적은 주민을 가진 동두천시에서조차 특목고를 유치하고자 몇 십억을 들여 기숙사를 지었다. 그리하여 제주를 비롯한 동두천, 전북, 수원, 성남, 김해에 공립외고들이 세워졌다. 현재는 충남, 인천, 울산까지 총 31개의 외고가 존재한다.

호사다마(好事多魔)라고 했다. 이런 분위기 속에서 2004년 10월 교육인적자원부가 나서서 특목고 정상화 방안을 내놓으며 지속적으로 특목고 운영 사항을 점검하더니, 지방선거가 끝난 다음부터 태도가 바뀌었다.

2006년 6월 19일, 외고는 실패한 정책이며, 입시 기관화된 외고가 사교육의 주범이라고 내몰며 공영형 혁신 학교 방안과 함께 외고 학생 모집 지역 제한 등의 대책을 발표하면서 본격적으로 특목고를 옥죄기 시작했다.

항간에 외고 응시지역 제한 방안은 청와대의 지시로 교육부가 2006년 5월 중순부터 작업에 착수하여 3주 만에 외고 응시지역 제한을 결론지었다는 소문이 퍼져 나가자, 교육부에서는 6월 27일에 서둘러 청와대 지시가 아니었음을 보도 자료를 통해 해명했다.

그 당시 외고 교장 장학 협의회에서는 6월 27일 해명 자료가 발표된 당일 부랴부랴 외고 지역 제한을 유예기간을 갖고 정부와 학생들이 충

축복의학교 ✱ 행복한 교장

분히 준비되는 시점까지 유예기간이 필요함을 역설하며 2008년에서 2010년으로 연기해달라고 교육인적자원부에 건의서를 제출했다.

그러나 2일 뒤 6월 29일, 유예기간 없이 예정대로 2008년부터 시행하겠다는 교과부의 연이은 발표가 있었다. 이런 상황 속에서 전국 외고 교장 장학협의회는 긴급 임시총회를 열고 이 일에 대한 우리의 입장을 밝히기로 건의했다.

그 당시 나는 외고교장장학 협의회의 부회장으로 급하게 장소를 섭외하는 한편, 당일순서 등을 계획해야 했으며, 또 한편으로는 성명서, 결의문 등을 작성해야 하는 숨 가쁜 업무를 감당해야 했다.

6월 19일 정부안이 나온 지 한 달이 못되어 7월 7일 웨스틴조선호텔 1층에서 전국 외국어고등학교 교장 선생님들이 임시총회로 모여 결의문 낭독 및 성명서를 채택하고 교육부에 공개 질의서를 제출하기로 의견을 모았다. 실로 18일 만에 이러한 입장을 발표해야 했는데 가장 어려웠던 것은 장소 섭외였다.

나는 각처에 계신 교장 선생님들을 편리하게 모실 수 있으면서도 임시총회장소로 품격 높은 장소를 찾으려고 애썼으나, 시간이 촉박하다 보니 좋은 장소는 이미 예약이 끝나 간신히 조선호텔 1층 그랜드볼룸만이 가능했다.

처음 가 본 장소였지만 행사 치르기에는 괜찮은 것 같았는데 실제로 당일 장소가 좋았다는 평을 들어 안심이 되었다. 처음으로 이런 일을 계획하며 숨 가쁘게 준비하고 진행하는 동안에도 하나님의 도우심을 크게 느낄 수 있었다.

2006년 7월 13일 교육인적자원부에서는 외고 지원 대상을 전국에서 광역시로 제한한다는 정책을 재검토하기로 했다고 발표했고, 우리 요구대로 2010년으로 연기하여 2009년 11월 처음으로 광역시 단위로 신입생들을 선발했다.

가까스로 외고 신입생 지원 자격 제한 실시를 2010년으로 미뤘지만 외고에 대한 정부의 압박은 계속되었다. 2002년 이후 설립된 외고와 그 전에 설립된 지방의 외고들은 전국 단위의 학생을 모집하기 위하여 기숙사를 확충하고 우수한 학생들을 유치하려고 지속적으로 노력해 왔다

특히 인구 분포가 수도권과 광역시에 편중되어 있는 우리나라 현실에서 지방이나, 인구가 적은 지자체에 위치한 외고들은 광역시 단위로 외고 신입생 선발 제한을 둘 때 인재 선발에 어려움을 겪을 수 있고, 학생들은 학생들대로 학교 선택권에 제한을 받게 되는데 그나마 외고나 학생들이 준비할 수 있는 유예기간이 주어져서 다행이었다.

 축복의학교 ✱ 행복한 교장

끊이지 않고 계속되는 위기 속에서

일단 교육인적자원부에서는 외고의 학생지원 자격을 전국모집에서 광역시로 제한하는 것을 2010년 신입생 모집시기로 연기했지만 외고에 대한 싸늘한 바람은 쉬지 않고 불어왔다.

25년간의 평준화 제도 속에서 수월성 교육을 위해 온갖 제도적 어려움을 감내하고 국민들의 선택을 받으며 성장해 온 외고들에게 일침을 가한 이유는 명문대학으로의 입시 통로라는 것이었다.

전국의 모든 외고들은 외국어 영재교육을 통해 각계각층의 글로벌 리더를 육성하는 교육 목표로 학생들을 지도하는데, 교과부에서는 외국어고등학교의 동일계 진학이 저조하다는 이유를 들어 설립 목적에 부합되지 않는다며 외고에 대한 채찍을 들었다.

외고의 교장들은 21세기 국제화 시대에 외국어를 기반으로 하는 각계각층의 글로벌리더를 육성하는 것이 외국어고등학교의 설립 이념이며, 어학만 교육시켜 어문학 계열의 동일계로의 진학이 외고의 설립 목적이나 본질이 아님을 설득시켰다.

그러나 이미 교육인적자원부는 외고를 외국어 통역사나 번역사로 육성하는 기관정도로밖에는 취급할 수 없었던지 우리의 건의는 아랑곳하지 않고 지속적으로 외고에 대해 압박을 가해 왔다.

2007년 1월에는 교육인적자원부의 지시로 지속적인 감시 체계를 구축했다. 사실 외고는 고교 3년 동안 모든 학생들의 졸업에 필수적인 210교과 단위에서 외국어 전문교과를 82단위나 이수하도록 되어 있고, 이런 과중한 외국어 교과는 일반계 고등학교의 3~4배가 되는 엄청난 양이었다.

나머지 130단위 중에서 어느 고등학교에서나 이수해야 하는 국민공통 56단위와 재량활동, 특별활동 등을 빼면 대학 진학을 위해 필요한 수능 준비 교과목은 고작 6~7개에 그치게 된다.

대학에서조차 졸업에 필요한 전공 필수 단위는 60단위 이상으로 알고 있는데, 82단위나 되는 과도한 외국어 전문교과의 단위시수 때문에 외고 학생들은 보충학습이나 자율학습을 통해 피나는 노력으로 보충학습을 하여 명문대학에 입학하게 되는 것이다.

부족한 교과 과목을 보충하고 자율학습으로 배운 것을 자기 것으로 만드는 시간을 확보하기 위해 거의 모든 외고는 이른 새벽부터 밤늦게까지, 우리 학교는 아침 7시부터 밤 11시까지 학생들과 함께 꿈을 이루기 위해 모든 교사들이 수고를 아끼지 않는다.

나중에 설립되는 학교들은 역사가 있는 외고에 뒤지지 않도록 기숙사를 확충하여 학생들을 전원 기숙사에 수용하여 밤늦게까지 교육시키는 실정이다.

나는 늦게까지 공부하는 학생들과 지도하는 교사들이 대견하면서 측은하기도 하여 학생들이 버스를 타고 귀가하는 모습을 바라보며 언제나 우리의 고생이 헛되지 않기를 기도한다.

우리 학교의 교감 선생님은 아침 7시 전에 통학버스를 타고 등교하는 학생들을 맞기 위해 미래관 현관에 제일 먼저 나타나시는 대단한 분이시다. 눈이 오나 비가 오나 전 직원들이 수고하고 학생들이 후회 없이 자신의 목표를 세우고 노력하는 곳이 외국어고등학교이다.

외국어 전문교과 단위수가 워낙 많아 대학 입시 공부에는 어려움이 따르지만 외국어고등학교답게 학생들이 영어와 제2외국어에서 공인된 실력을 보유하도록 지도한다.

우리 학교는 서울대학교에서 주관하는 텝스 영어시험을 정기적으로 전교생이 치르게 하여 영어 성적에서 탁월한 능력을 보유하도록 한다. 또한 제2외국어인 중국어, 일본어, 스페인어도 각각 공인시험을 치러 제2외국어능력을 기르도록 힘쓴다.

때로는 여러 가지 일로 분주한 학생들과 교사들을 대하는 것이 안쓰럽지만 수고 없이, 대가 없는 결과는 없다고 생각하며 미래의 지도자들이 되려면 이 정도의 노력과 수고는 해야 한다며 내 마음을 다잡는다.

그러나 사춘기의 청소년들을 무작정 공부만 하도록 내버려두어서는 진정한 교육이 아니라는 것을 교장인 나는 누구보다도 잘 알고 있다.

학생들 입장에서는 열심히 공부하여 대학에 진학하는 것이 중요한 목표지만 학생들이 지성, 인성, 감성을 균형 있게 갖추고 진솔한 인간관계를 맺으며 친구들과 깊은 우정을 나눌 수 있도록 돕는 것이 나의 과제 중의 하나이다.

아침, 점심, 저녁 세끼의 영양 있고 균형 잡힌 식단으로 학교급식을 제공하는 것도 쉬운 일이 아니다. 3명의 영양사와 수십 명의 조리원들과 함께 학생들의 건강을 책임지는 것도 교장의 몫이다.

그래서 우리 학교는 6군데의 식당에서 1,500여 명의 학생들이 동시에 빠른 시간에 식사하도록 부지런히 식당을 확충했고, 학생들의 정서와 효율적인 교육을 위해 교실뿐 아니라, 다양한 특별실과 글로리아정원, 우정원, 사색의 정원, 장미정원 등 실내, 실외의 환경을 제공한다.

학생들의 취미와 특기활동을 위해 다양한 동아리를 활성화하고 봄, 가을에 1학년과 2학년을 대상으로 축구와 농구 대회인 고양리그를 개최한다.

또한 학생들에게 꿈과 새로운 세계에 대한 도전정신을 심어주기 위해 각계각층의 명사들을 한 달에 2번 초청하여 강연회를 갖는다.

미션스쿨인 우리 학교는 아침기도회, 학년기도회, 목요찬양, 신우회, 교사 아침예배 등 다양한 영적인 활동을 통해 학생과 교사들의 영성을 심화한다.

이러한 활동들은 비단 우리 고양외고뿐만 아니라 조금씩은 차이가 있지만 전국의 모든 외고에서 실시하고 있고, 유익하고 창의적인 프로

▲ 명사초청강연회

 축복의학교 ★ 행복한 교장

그램을 개발하여 자발적으로 실시하고 있다.

빡빡하게 짜여진 수업시간과 자율학습시간의 하루 일과 속에서 어떻게 이렇게 다양한 활동들을 할 수 있는지 궁금할 것이다.

그러나 학생들은 이런 활동들을 할 뿐 아니라 이외에도 다른 여러 활동들을 하고 있으며 학생들의 활동에 나도 놀라울 뿐이다. 여러분이 만일 고양외고 졸업생들 또는 재학생들에게 학교생활에 대해 질문을 한다면 앞에서 내가 제시한 것보다 더 다양한 활동들을 경험했음을, 지금도 하고 있음을 이야기할 것이다.

아무튼 학생들을 돌보고 환경을 정비하고 교사들의 필요를 채우면서 간간히 지역사회에서 요청하는 활동에 참여하기도 너무 바빠서 나는 개인적인 취미 생활을 할 여유가 없다.

그런데 교육인적자원부에서는 외고에서 편법교과과정을 운영한다면서 상설 지도반을 만들어 지속적으로 감시하겠다는 것이다.

사실 지역교육청의 장학사들은 참 바쁘다. 그런데 일선 학교를 지원하고 격려해 주어야 할 그분들이 바쁜 일을 제쳐놓고 외고에 정기적으로 감독하러 방문해야 한다는 것이다.

위에서의 지시가 확실하니 바쁜 일들을 미루고 와서도 또 급히 가서야 하는 지역교육청 장학사들은 정작 학교에 방문해서도 외고가 하는 좋은 교육프로그램을 평가하고 격려해 줄 시간도 없이 교육과정 편성표와 각종 서류를 들여다보고 쫓기듯이 급히 가신다.

누군가 지속적으로 방문하면서 감독만 하고 시간에 쫓겨 돌아가야 하는 상황은 아무리 생각해도 바람직하지 않다.

이런 상황이 2007년부터 지금까지 계속되고 있고 세계적으로 자율과 책임이 강조되는 교육체제 속에서 유독 외고에 대한 정책은 지시

감독권만이 강화되고 있었다.

사춘기 아이들만 해도 우리가 우리 생각대로 그들을 가두어 두기 어렵고 그들만이 가진 세계 속에서 그들의 앞날을 위해 뒤에서 도와주고 필요할 때 이끌어 주며 스스로의 역량을 키우도록 교육하는 것이 오늘날의 바람직한 교육방향인데 교장의 책임 하에 자율경영을 강조하는 교육청의 정책과는 정반대의 현상이 외고에서는 지속되었다.

이런 현실 속에서 2007년 4월 우리나라에서 토플 시험을 치르는 대상자들이 급등하면서 토플 시험을 보기 위해 해외까지 가야 하는 어려움이 신문에 보도되었고, 그 불똥이 외고에도 튀었다.

토플 과열 현상이 외고 신입생 선발에도 관련이 있다고 하여, 영어 특기자 선발을 위해 요구되었던 토플 성적을 반영하지 않겠다는 교장들의 선언으로 토플 대란도 마무리 지어졌다.

이에 앞서 특수목적고 학생들이 명문대학에 대거 진학하자 2005년부터는 오랫동안 절대평가를 했던 내신체계를 상대평가로 전환하여 특목고 학생들은 내신 불이익의 어려움을 겪게 되었다. 그럼에도 불구하고 학생들과 학부모들의 외고에 대한 신뢰는 떨어지지 않았다.

교장 선생님!

2년 전 해외귀국자 편입으로 입학하고 처음 교장 선생님을 뵙던 날이 생각납니다.

인자한 미소 뒤에 강한 의지와 힘을 읽으면서 제 아이는 그저 공부만 하면 되겠다는 생각으로 학교를 신뢰하게 되었거든요. 다행히 큰 애, 둘째 모두 입학하여 같은 길을 걷고 있습니다.

혹시 작년에 2학년 남학생이 형의 생일이라며 축하 문구를 적어달라고 부탁하셨던 일을 기억하시는지요?

그때 형제 모두 교장 선생님의 글을 읽고 친구들과 즐거워했습니다. 바쁘신 중에도 시간을 내서 글을 써주신 교장 선생님께 깊이 감사드립니다.

제 큰 애는 정숙영 선생님의 지도로 연세대 국제학부에 들어갔습니다. 재수를 결심하고 있었는데 선생님이 끝까지 지도하셔서 국제학부를 추천해 주셨고, 서류심사 통과 후에는 원어민 교사 Brian에게 부탁하여 면접 연습을 할 수 있도록 해 주셨습니다.

큰 애 말에 의하면 Brian의 지도가 결정적인 도움이 되었고, 강남 학원에서 받은 수업보다 훨씬 질적으로 효과적인 영향을 미쳤다고 합니다.

이렇듯 실력 있고 열정적인 선생님들이 모두 한마음으로 학생 지도에 전념한 결과 올해 뛰어난 진학률을 보이지 않았나 생각합니다.

늦은 시간에 학생들 자습실에 들려 격려해주시던 것을 보면서 잔잔한 감동을 받기도 했습니다. 또 한 번은 11시 무렵에 자습을 끝낸 아이를 데리러 왔을 때 교정을 둘러보고 계시던 교장 선생님을 보고 학교와 학생들에 대한 무한한 사랑을 느낄 수 있었습니다.

이렇듯 많은 사랑과 관심을 받고 사회에 진출하는 제 아이가 성인이 되어 교장 선생님과 많은 선생님들의 가르침대로 학교의 명예를 빛내 은혜에 보답할 수 있도록 지도하겠습니다.

교장 선생님, 항상 건강하시고 학생들과 더불어 늘 행복하시길 기원합니다. 감사합니다.

2010. 2. 11 3학년 9반 홍태훈 학생 母 올림

|03|
더 나은 교육을 위해,
더 나은 미래를 위해

교육 선진국을 지향하면서 이렇게 규제 일변도의 정책과 공부 잘하는 학생들이 불이익을 받도록 획일적인 상대평가를 지시하는 정부는 세계 어디에서도 찾아보기 어렵다.

지속적이고 집요한 정부의 간섭 속에서도 학생과 학부모들의 특목고에 대한 수요는 감당하기 어려워졌고 사교육을 받아서라도 특목고에 진학하려는 학부모들은 목마르게 특목고의 문을 두드렸다. 내신 불이익을 감당하고라도 특목고에 진학하려는 학생들의 수가 늘어나자 정부는 앞서 말한 외고 신입생 지역 제한까지 전격적으로 감행하려고 했던 것이다.

특목고에 진학하지 못한 학생들은 상대평가 내신의 혜택을 받을 수 있는 일반계 고등학교에 진학하면 좋을 텐데, 상대평가 내신의 좋은 조건도 포기하고 특목고 전입과 편입 시기만 되면 다시 이 좁은 문을 통과하고자 재도전을 한다.

일반계 고등학교에서도 우수한 학생들을 집중 교육해 명문대학에 진학시키려고 노력하지만, 편입해서라도 특목고와 외고에 다시 진학하려는 학생들을 막을 수가 없었다.

국가의 재정 보조 없이 학생들의 등록금으로만 운영해야 하는 특목고에서 학생들의 빈자리는 운영의 어려움을 초래할 수 있으므로 전·편입을 통해 결원을 보충해야 했고, 우수한 학생들이 특목고로 이동하는 것에 대해 일반계 고등학교 교장들은 분개하는 지경까지 이르렀다. 그러나 적법한 절차를 통해 학교를 선택하는 학생들의 의지를 교장도, 담임도 꺾을 수 없었다.

나는 고양시 고등학교 교장 회의에 참석할 때마다 이 문제에 대해 인문계 교장 선생님들의 항의를 많이 받았지만, 학교 경영을 해야 하는 나로서는 어떻게 할 수가 없었다.

또한 학생들의 선택권도 학교 경영만큼이나 중요하기 때문에 일선 교장 선생님들의 외고 편입생에 대한 아쉬운 포기는 외고를 둘러싼 냉정한 분위기를 만들 뿐이었고, 본의 아니게 이런 갈등을 빚게 되는 상황에 가슴 아팠다.

외고로 학생들이 몰리는 몇 년 전부터 일반계 고등학교에서는 학생들이 공부할 수 있는 분위기가 형성되지 않았고, 특히 열심히 공부하려는 학생들에 대한 왕따 등이 심각해서 더더욱 외고에 진학 못한 학생들이 편입을 통해 다시 외고에 진학하려고 좁은 문을 두드리는 것을 지켜보고 있었다.

이미 평준화 정책으로 누구나 쉽게 고등학교에 진학할 수 있게 된 중학생들에게 고교 진학에 대한 긴장은 없어 보였다. 가치관과 미래에 대한 꿈이 아직 확실치 않은 중학교 교실은 고등학교보다 더욱 심각하게 황폐해졌고, 교사들의 권위는 점점 약해졌다. 그래도 특목고 진학 목표를 세운 학생들은 열심히 학교 공부를 하지만 그렇지 못한 학생들에게 중학교는 너무 재미없고 의미 없는 장소가 되었다.

목표가 있어 공부하려는 몇몇 학생들을 제외하면, 수업 중에 낮잠을 자거나 집중하지 않고, 심지어 수업 중에 휴대폰으로 동영상도 찍고 문자도 보내는 중학교 교실은 황폐해져 갔고, 급기야 왕따와 폭력이 걷잡을 수 없이 난무하게 되었다. 사교육비 경감 대책의 일환으로 시작된 특목고 옥죄기 정책은 사교육비 경감 효과도 보지 못하고 오히려 교육의 황폐화를 가속화시켰다.

나는 일반계 고등학교에서도 학생들의 진학에 관한 집중지원과 더불어 명문대학에 진학하지 못한 학생들이 낙오자 의식을 갖지 않고 자신만의 길을 찾도록 돕는 다양한 프로그램 개발이 절실하다고 느낀다.

벽제중학교와 벽제고등학교 교장 시절에, 벽제고등학교는 고양시에서 제일 작고 입시 성적도 최 하위권인 학교였다. 그러나 나는 우리 학생들이 위축되고 교사들의 사기가 떨어지는 것이 싫었다.

우리 학교가 있는 지역은 고양시에서 가장 낙후된 지역 중 하나였고 학부모들은 양질의 교육에 대한 열망보다는 하루하루 생활이 더 급한 분들이었다. 부모의 뒷받침이 충분치 않고 교육 여건도 좋지 않은 지역에서 좋은 결과가 나오기는 어렵다.

나는 학생들이 열심히 공부하도록 독려하는 한편 우리 학생들만이 가진 장점, 우리 교사들이 가진 장점을 찾으려고 애썼다. 교사들이 이구동성으로 나에게 알려준 사실은 학생들이 참 순진하다는 것이다. 교권이 무너지고 정이 메말라가는 시대에 우리 벽제중·고등학교 학생들은 선생님이 말하는 것을 그대로 믿고 순수하게 따라오며 아직도 교사를 존경한다는 것이다. 그래서 학교에서 무엇인가 학생들을 위해 제공하면 학교를 믿고 따라올 수 있다는 것이었다.

나는 벽제중학교 학생들을 위해서는 방과 후 학교를 계획하여 방과 후에 한 시간이라도 학교에서 다양한 활동을 하도록 계획했다. 그리고 내가 부임한 다음해 1999년 방과 후 학교를 학교 특성화사업으로 지정하고 1인 1특기 갖기를 중점사업으로 내걸었다.

또한 학원가기 어렵고 좋은 학원도 없는 이 지역 사정을 감안해 공부를 잘하는 학생들을 위해 심화반을 만들어 심화 수업을 진행했다. 예상대로 학원도 없고 학생들이 갈만한 곳도 없는 이 지역 학생들이 듣고 싶었던 여러 강좌를 저렴한 가격에 제시하자 거의 모든 학생들이 참여했다.

1년에 한 번 가을에 열리는 축제 때 그동안 방과 후 활동으로 준비한 학생들의 작품을 전시하고 학생들의 활동을 공연하는 장을 만들어 한 해의 방과 후 수업을 마무리 지었는데 그 전통은 아직도 계속되고 있다.

무엇보다도 기쁜 것은 벽제중학교의 방과 후 활동의 일환이었던 심화반 운영이 2012년 고양외고 신입생 진학에서 큰 효과를 보았다는 사실이다.

고양시에서 가장 열악한 환경의 벽제중학교 선생님들이 사명감을 가지고 벽제중학교 상위권에 있는 학생들을 1학년부터 방과 후 심화반에서 특별 교육한 효과가 2012년 고양외고 최다수 진학으로 결실을 맺었다.

그동안 벽제중학교 바로 옆에 있는 고양외고로의 진학을 소원하는 벽제중학교 학생, 학부모, 교직원의 소망과는 달리 무심하게도 벽제중학교에서 고양외고로 진학하는 학생들의 숫자는 고양시에서 중·하위권에 머물러 왔다. 그러나 교사와 학부모, 학생들이 학교의 방침을 믿고 따라주었고, 입학해서부터 우수한 학생들을 방과 후에 교사 책임하에 교육하여 드디어 올해 20명을 고양외고에 진학시키게 되었다.

특히 영어 담당이신 구성임 선생님은 아이들을 얼마나 지극히 돌보셨던지 본인이 교통사고로 허리를 다쳐 입원 치료해야 함에도 불구하고 끝없이 학생들에게 꿈을 주고, 상담하고 학생들 곁에서 수고를 아끼시지 않고 노력하여 마침내 좋은 결과를 얻게 하는 큰 공을 세웠다.

한편 진학지도가 우선이 되는 고등학교 교육의 현실 속에서 고등학교 프로그램을 다양화하기에는 힘이 부쳤다. 그래서 벽제고등학교는 우선 학교에서 자기주도 학습시간을 늘리도록 하고 교사들에게 학생들을 설득하여 학교에 남아 자발적으로 자기주도 학습을 하도록 부탁했다.

순수하고 착한 우리 교사들은 나의 뜻을 알고 마음을 합하여 남아 있는 학생들을 지도하면서 벽제고등학교는 점점 면학 분위기가 바뀌어갔다. 하지만 아무리 노력해도 인문계 고등학교로의 명성을 떨치기는 어려웠고 그것을 요구하는 것은 지나친 나의 욕심이라고 생각했다. 나는 공부도 잘 못하고 가정 형편도 별로 좋지 못한 학생들의 교장이었다. 그러나 그것이 무엇이 큰 문제인가라는 생각이 들었다.

하나님은 공부 잘하는 사람, 못하는 사람, 부잣집, 가난한 집 아이들을 가리지 않고 모든 사람을 위해 자신의 가장 사랑하는 아들 독생자 예수를 주시지 않으셨던가! 그 생각을 늘 했다. 비록 좋은 환경에서 자라지는 못했지만 한 학생, 한 학생 모든 학생이 소중하고 귀중한 나의 학생들이었다.

이 아이들만이 할 수 있는, 이 세상에서 꼭 필요한 일이 있다는 것을 굳게 믿고 나는 하나님께 기도하면서 모든 교사들도 포기하지 않고 지극한 정성과 사랑으로 학생들을 돌보라고 매일매일 교직원 예배를 드리며 결심을 새롭게 했다.

사람은 할 수 없지만 하나님만은 할 수 있다고 믿으며 우리 벽제중·고등학교에 다니는 학생들은 학창시절에 하나님을 알게 되도록 교사들과 함께 기도했다.

1998년 부임한 첫해 첫 봄이 지나고 학생들뿐 아니라 지역 주민들을 위해 평생교육을 시작했다. 고양시의 작은 동네 옛 벽제 마을 관산동에는 벽제중·고등학교가 유일한 중등교육기관이므로 동네에 가면 중·고등학교 학생들은 모두 내 학생들이요, 만나는 사람들도 모두 내 학부모가 아니면 졸업생 또는 예비 학부모들이었다.

미국은 세계 각국의 이민자들이 모여 세워진 나라지만 미국에 대한 대단한 자부심을 갖게 하고 미국 국민으로, 선진국 국민으로 단결하게 했던 것 중 하나가 이민자들에게 제공되었던 시민 교육을 포함한 평생 교육과 신앙의 힘이었다.

나는 그런 거창한 목표는 아니었지만 학교를 개방하여 지역과 나누는 것이 그래도 벽제에서는 가장 큰 기관인 우리 학교가 감당해야 할 몫이라고 생각하며 학교 시설을 이용하여 평생 교육을 시작했다. 컴퓨터, 요리, 독서, 영어 강좌 등이 개설되었고 다행히 지역 주민들의 호응이 좋았다.

부임한 다음해 1999년 봄에는 체육 선생님들의 권유로 벽제중·고등학교에 태권도부를 창설했다. 나는 우리 학생들이 비록 학업 면에서는 조금 떨어지지만 운동에서까지 밀리지는 않으리라 생각하고 외부 특기생은 영입하지 않고 순수하게 벽제중·고등학생들로 구성된 태권

▲ 태권도부

도부를 만들었다.

　예상대로 우리 학교 학생들은 태권도에서 실력을 보이게 되었고, 드디어 학교 교문 위에 전국, 지역 등 각종 대회에서 우승한 실적들이 현수막을 통해 지역에 널리 알리게 되었다.

　나는 길게 훈화하는 것을 좋아하지 않는다. 체육관도 없었던 그 당시에 학생들을 운동장에 세워 놓고 교장이 훈화를 한들 얼마나 받아들일 수 있을까 하는 생각에, 될 수 있으면 짧고 재미있게 이야기하려고 했다. 그런데 태권도부 학생들이 우승컵과 메달을 가져 올 때마다 우리 모두에게는 신나는 시상 시간이 되었고, 나도 학생의 목에 메달을 걸어주며 우리도 할 수 있다는 자신감을 불어넣으면서 격려의 훈화를 했다.

2012년 2월 벽제중학교 졸업식에 참석하면서 벽제중학교 3학년 태권도부 학생이 올해 청소년 국가대표 선수로 선발되었다는 반가운 소식을 들었다. 이 학생은 이제 막 중학교를 졸업했을 어린 나이임에도 불구하고 중, 고를 통틀어 선수 선발에 최종 합격되어 고양시에서는 최연소로 청소년 대표가 되었다는 소식에 감격했다.

나는 4년간 벽제고등학교의 교장으로서, 6년간 벽제중학교의 교장으로서 가난한 지역의 평범한 학생들을 대상으로 교육하며, 사람과 지역을 변화시키는 교육의 힘을 경험할 수 있었다.

아직도 지역에 가면 나를 알아보고 인사하는 학생들도 있다. 얼마 전 병원에서 병원비를 계산하는데 수납부 직원 아가씨가 물었다.

"혹시 벽제중학교 교장 선생님 아니셨나요?"

"어떻게 알아요?"

내가 묻자, 그녀는 자신이 벽제중학교를 졸업했는데 환자 카드에 적힌 이름과 내 모습이 맞는 것 같아 묻는다고 했다. 나는 반갑게 그렇다고 말해주었다.

"정말 예쁜 아가씨가 되었네요."

내 말에 그녀는 수줍은 듯 활짝 웃음을 지었다.

나는 진실한 마음과 열정으로 학생들과 학부모, 교사들을 대하면 그들과 함께할 수 있는 일을 찾을 수 있고, 그들이 발전하는 것을 함께 경험하면서 교장으로 진정한 행복을 느낄 수 있었다. 요즈음은 모두들 너무 입시 성적에 예민하지만 성적이 좋은 학교도 있고 그렇지 못한 학교도 있다.

특목고는 우수한 학생들을 선발하고 그들에게 특별한 교육을 시켜 책임감 있는 리더로 육성해야하는 시대적 책임이 있다. 그런데 모든 고등학교가 다 글로벌리더를 육성할 수 있는 것은 아니다. 일반계 고등학교에서는 행복하고, 책임감 있는 시민을 육성하고, 미래의 주인공들에게 필요한 교과목을 교육해야 하는 중요한 교육 목표가 있다. 따라서 학교에서는 대학입시뿐 아니라 학생들의 일상생활에도 깊이 관심을 가져야 할 것이다.

특목고나 일반계 고등학교에서의 서로 다른 교육 목표를 존중하고 학생들의 특성에 따른 적절한 교육을 제공하는 것이 균형 잡힌 국가교육의 방향이라고 생각한다. 어쨌든 정부와 특목고를 이해하지 못하는 일부 교육 관련단체의 차가운 눈초리 속에 특목고 특히 외고의 상황은 냉랭해져 갔다.

외고에 비해 과학고는 어려움을 덜 겪었다. 과학 분야의 영재를 육성하는 목표로 설립된 과학고는 이과대학뿐 아니라 공과대학, 국가에서 세운 카이스트 등으로 거의 모든 졸업생이 진학했다. 과학고 학생들은 학생 숫자보다 지원학과의 문이 훨씬 넓은 명문대학 이공계로 쉽게 진학하게 되었다. 일부 의과대학 진학을 문제 삼기도 했지만 과학고에 대해서는 동일계 진학이 비교적 잘 된다고 생각했다.

그러나 외고의 경우 인문계로 진학하는 것은 동일계 진학으로 인정할 수 없다며 동일계인 어문계 진학 실적이 저조하기 때문에 설립된 목적대로 운영하지 않는다면서 지속적으로 외고의 진학지도를 문제 삼았다.

사실 어문학계열을 모집하는 4년제 대학 모집 인원은 문과나 사회과학, 이공계에 비해 많지 않았고 또한 과고에 비해서 외고의 학생 수나 학급 수가 많기 때문에 전문대학까지 다 가야만 외고 학생들 전원이 동일계로 진학할 수 있는 실정이었다.

그리고 어문학계열의 모집 인원의 상황은 지금도 변하지 않았다. 매우 극단적인 집단에서는 외고 학생들이 법대나 사회과학대학에 진학하는 것은 동일계가 아니며 더욱이 자연 계열에 진학하는 것은 교과과정의 편법 운영이라며 강하게 비판했다.

앞서 언급한 것처럼 외고의 설립 목적은 어문학으로의 동일계 진학이 아니라 어학영재의 육성과 균형 있는 중등교육을 제공하는 것이다. 어학영재 육성은 수월성 교육을 내포하는 것이며 이 시대에서 요청하는 교육은 어학을 기반으로 하는 각계각층의 인재들을 육성하는 것이라고 외고 교장들은 믿고 있었다.

실제로 어학 분야에도 외고 학생들이 대거 진학하는 현실이다. 대학에서 어문계 학과의 문이 좁아 우리 학생들의 어학계열로의 진학률이 낮은 것이지 실제 어문학계열의 학과에서 외고 학생들의 비율은 일반계 학생들에 비해 월등히 높다.

아무튼 외고는 3년 동안 총 이수단위의 $\frac{1}{3}$이 넘는 82단위의 외국어 전문교과를 배우며 7차 교육과정의 지침에 의해 수능에 필요한 과목들을 2학년과 3학년에 걸쳐 선택 수강하여 대학에 진학하게 된다. 선택 교육과정 중에 인문교과와 자연교과 성격이 있는 과목들을 선택하여 대학 진학을 준비하는데 어문학 계열로 진학하지 않는다고 해서 외고가 명문대 진학의 통로가 되고 입시 기관화되었다고 몰아붙이는 사람들에게 외고 교장, 교사, 학부모와 한 번 이야기나 해보고 말하라고 하고 싶지만 묵묵히 어려움을 헤쳐 왔다.

과학고등학교는 포항공대나 카이스트와 협약을 맺어 조기 졸업생도 대거 받아들이면서, 외국어고등학교에 대해서는 어떤 도움을 주기는커녕 가만 놔두지 않고 왜 그렇게 몰아붙이는지 정말 안타깝기만 한 어렵고도 서러운 세월이었다.

요즈음 안철수 서울대 융합과학기술대학원장이 새로운 시대의 아이콘으로 부상하고 있지만 불과 몇 년 전 외고를 탄압할 때만 해도 학문 간의 융합이라는 개념에 대해 거의 알지 못하는 시대였다. 안철수 원장의 부인은 의사였지만 법률 공부의 필요성을 느껴 다시 법 공부를 했고, 카이스트 교수를 거쳐 서울대 교수로 임용되었을 만큼 이과와 문과의 학문 영역의 장벽이 허물어질 뿐 아니라 학문의 융합을 통해 종합적인 학문의 접근을 시도하는 것이 최근의 세계적인 추세이다.

|04|

벼랑 끝에서

외고 교장들은 영재를 얻어 행복이라 여기며 우수한 학생과 열정적인 학부모들을 만족시키기 위해 노심초사 노력하며 땀을 흘리고 있는데, 격려와 칭찬은커녕 실패한 정책의 산물, 불법학교집단인양 매도되는 현실에 위축되고 있었다.

외고를 자율적으로 맡겨만 두어도 우리는 교사와 학생들, 학부모가 한 마음이 되어 세계적으로 인정받는 학교로 발전시킬 수 있을 것 같다고 외고 교장들은 한숨을 쉬며 이야기하곤 한다.

2005년 이후의 상대평가 실시로 대학진학에 내신의 불리함을 감수하게 된 외고 학생들은 현실을 뛰어 넘어 해외유학의 길을 대거 떠나게 되며, 해외의 명문대학에 입학하는 놀라운 저력을 보여주고 있다.

각 외고는 외국어 능력을 자산으로 삼고 국내 대학뿐 아니라 해외로 진출하는 학생들에게 관심과 격려로 함께 하고 있다. 고양외고도 미국 아이비리그 전통 명문 사립대학과 주립대학, 일본, 호주, 영국 등의 명문대학으로 용기 있는 학생들이 유학을 떠난다.

한편 중·고등학교 때 조기유학을 결심했던 많은 학생들은 외고의 경쟁력 있는 교육에 기대를 걸고 조기유학 대신 외고에 진학하고, 또한 조기유학 후 귀국하는 학생들은 외고에서 공부하기를 원해 외고의 문을 두드리는 역동적인 교육기관이 되었다.

2007년 9월 6일 교육부차관 주재로 전국시도 부교육감 회의가 느닷없이 열렸다. 그 회의에서 외고 등은 입시 기관화되어 초등학생, 중학생의 과열 과외를 유발하고 과도하게 설립되는 등 부작용을 야기하여 설립 목적에 근본적 의문이 제기된다고 전제하고, 특목고를 비롯한 수월성 교육체제를 근본적으로 재검토하겠다고 밝혔다. 전담 T/F팀을 구성하고 특목고 제도개선 정책토론회를 열어 종합대책안이 나오는 10월 말까지 특목고에 대한 신설을 유보하겠다고 했다.

예정대로 2007년 9월 12일 교원소청심사위원회의 대강당에서 열린 특수목적고 제도개선을 위한 정책토론회에서 두 분의 연구 발표자는 특목고를 폄하하고 특목고 지위를 특성화고로 바꾸고 정기적 평가를 하여 해지 또는 지정할 것을 제시했다. 나는 정책토론회에서 강○○ 박사의 발표를 들으며, 연구를 이렇게 꿰맞출 수도 있다는 것에 놀랐다.

강 박사는 외고와 과학고의 수월성 효과를 일반계 고등학교와 비교하는 연구를 발표했다. 과학고와 일반계 고등학교의 수학점수와 과학점수를 비교하면서 일반계 고등학교 학생보다 월등하게 높은 수학과 과학점수는 과학고의 수월성 교육을 증명하는 것으로 설명했다.

그런데 외고의 경우는 영어나 제2외국어를 비교하는 대신 일반계 고등학교와 국어점수를 비교하면서 일반계 고등학교보다 국어점수가 그다지 높지 않기 때문에 외고에서의 수월성 교육은 이뤄지지 않는다고 결론지었다.

나는 발표가 끝난 뒤 공개 질의를 통해 과학고는 수학, 과학점수로 평가하면서 외고는 외국어를 놔두고 국어점수로 평가한 이유가 무엇인지 되물었다.

내 질문에 당황한 그의 대답은, 외고의 영어나 제2외국어 시수가 일반고와 같지 않았기 때문이라고 대답했다.

나는 재차 물었다.

"그러면 국어시간은 일반고와 외고의 시수가 같나요? 외고보다 일반계의 국어 시수가 많습니다. 같은 논리라면 과학고도 수학, 과학시수가 일반계 고등학교보다 많은데, 그렇다면 과학고의 수월성 정도를 수학, 과학 점수로 비교할 수 있나요?"

청중들이 여기저기서 웅성웅성하며 눈에 보이는 짜 맞추기씩 연구 논문의 허점에 대한 불만과 걱정에 토론장이 술렁거렸다. 나는 말로만 듣던 국책연구소의 현실과, 학자로서 정말 이럴 수 있을까라는 놀라움을 금치 못했다.

외고의 수월성 교육을 단지 국어 성적만으로 비교하고 결론지으려는 그 무모성에 더욱 놀랐다.

외고에서는 영어를 비롯하여 제2외국어, 제3외국어까지 공부한다. 외국어 전문교과의 시수가 많기도 하지만, 언어 능력이 뛰어난 학생들이 많은 우리 학교의 경우 영어는 물론 제2외국어인 일본어, 중국어, 스페인어도 공인능력 성적을 보유하고 있다. 그리고 부족한 시간에 집중하고 공부하여 명문대학에 진학하는 것이다.

그 외에도 부지런한 학생들이 각지에서 열리는 토론, 논술, 외국어 등 각 분야의 경시대회에 출전하여 놀라운 성적으로 입상하고 있다.

그런데 단순히 국어점수의 숫자로 외고의 수월성 교육을 평가하는 토론회에서, 외고 교장들은 더 이상 정부에 외고의 운명을 기대할 수 없다는 강한 의식을 공유했다.

공청회 토론회에서 발표한 전문 연구자들은 수월성 교육의 효과가 검증되지 않았기 때문에 외고는 외국어 영재를 육성하는 특목고에서 외국어 전문교육을 하는 전문계계열의 특성화고로 전환하는 것이 바람직하다고 결론을 지었다. 더 이상 외고는 특목고로서 존재할 수 없는 벼랑 끝에 선 운명이 되었고 10월에는 수월성 체제 전반에 대한 정부의 마지막 발표를 기다려야 했다.

공청회에 참석했던 외고 교장들은 사태의 심각성을 빠르게 파악하였고, 외고 회장단은 9월 20일 전국 외국어고등학교 교장장학협의회 긴급 임시총회 개최를 결정했다.

일주일 만에 장소를 섭외하고 공문을 발송하고, 성명서와 결의문 등을 작성하고 기자회견을 준비해야 하는 긴박감이 밀려왔다. 가장 어린 여성 교장으로서 벼랑 끝에서 날갯짓을 하며 운명과 맞서 싸워야 하는 현실에, 나는 두려움보다 선배 교장 선생님들을 위로하고 내가 할 수 있는 최선을 다하기로 결심했다.

이번에도 장소 섭외가 가장 큰 일이었지만 다행히 딱 한 장소, 지난번 조선호텔 그랜드볼룸보다는 약간 작은 튤립룸이 남아 있었다. 급하게 임시총회를 개최했지만 전국의 외고 교장들은 거의 다 참석하셨고, 지혜를 모아 대국민 호소문, 성명서, 결의문을 채택했다.

그날 나는 사회자로 전체 회의를 진행했다. 다행히 9월 12일 열렸던 공청회에 참석했던 기자들도 그 어처구니없는 연구에 공감하여 논문의 허구성에 대해 다음날 비판적인 보도를 해주었다. 그리고 아주 작

 축복의학교 ✱ 행복한 교장

은 집단인 외고 교장단의 임시총회에도 기자들이 대거 참석하여 우리 입장을 국민들에게 알렸다.

그러나 계속해서 벼랑 끝으로 몰리면서 큰 소리로 목 놓아 울 수는 없었다. 외고 교장들은 이 벼랑에서 벗어날 수 있는 방법이 없을까 고민하면서 외고의 입장을 우리 스스로 국민들에게 적극적으로 알리는 방법을 찾자고 결심했다.

그 방안으로는 자체적으로 정책토론회를 개최하는 것이 있었다. 한 번도 해보지 않은 정책토론회를 사방 각처에 퍼져있는 교장 선생님들과 힘을 모아 개최하기는 쉽지 않았다.

다른 방법이 없어 한국교원총연합회를 방문했다. 한국교총은 다양한 교원들의 요구를 수렴하여 정부에 요청하는 곳이니 우리의 딱한 사정을 듣고 교육정책토론회 개최에 적극 협조해 주겠다는 반갑고도 감사한 대답을 했다.

한국교총의 연구실장님과 의논하여 한국교총과 전국외고 교장협의회가 후원하여 제4차 좋은 교육 바른 정책포럼 교육정책 토론회를 10월 29일 개최할 것을 결정하고 빠듯한 일정에도 불구하고 효율적이고 유익한 토론회를 준비했다.

「특수목적고의 실태와 정책과제 - 외국어고를 중심으로」라는 주제의 토론회에 두 분의 발표자와 여섯 분의 토론자들을 섭외했다.

당시 경남대학교 김성열 교수님이 특수목적고의 현황과 실태에 대해, 고려대학교의 권대봉 교수님이 특수목적고 운영개선을 위한 정책과제라는 주제로 발표하기로 하셨고, 두 분의 현직 국회의원과 교수, 교장, 시민단체대표, 신문사 국장님 등 경력과 학식이 풍부한 분들이 토론자로 결정되었다.

정말 놀라운 일이었다. 모든 것이 짧은 시간에 척척 준비되었고, 워낙 경험이 많은 교총의 연구실장님이 발표자와 토론자뿐 아니라 여러 장소를 섭외하셨다. 서울역 근처에 있는 대한상공회의소 의원회의실로 정하면 전국에서 오시는 교장 선생님들이 편하실 것 같아 그곳으로 장소가 정해졌다.

하나님은 부족한 나에게 더 많은 사람과 연합하고 더 많은 경험을 하면서 벼랑 끝에서 내려오기보다는 날개를 치며 더 멀리, 더 빠르게 날 수 있도록 도와주시는 듯했다.

토론회를 알리는 초청장을 발송한 후 정책 토론회를 며칠 앞두고 10월 31일 예정이었던 정부의 수월성 정책에 대한 종합대책을 예정보다 앞당겨 29일 오전 10시에 발표한다는 소식이 있었다.

나는 당황했다. 오전에 정부에서 대책을 발표하면 오후에 열리는 토론회에 대한 관심이 떨어지고, 기자들도 발표장에서 토론회 장소로 이동하는 것이 쉽지 않을 것 같아 걱정이었다.

정부에서는 그것을 계산하고 있었을지도 모른다. 아찔한 생각이 들었으나, 외고 토론회 시간은 오후 2시니까 오전에 광화문의 정부청사에서 교육인적자원부의 발표를 듣고 그다지 멀리 떨어지지 않은 토론회 장소로 기자들이 이동할 시간은 충분했다. 그래서 여의도에서 하려고 섭외했던 장소를 하나님이 허락하시지 않은 이유를 비로소 깨달을 수 있었다.

언제나처럼 장소 섭외는 쉽지 않았는데 경험 많으신 교총의 연구실장님이 여러 곳을 섭외하다가 나에게 여의도를 묻기에 괜찮다고 했으나, 사정에 따라 결국 대한상공회의소로 변경하고 확정했다.

처음 하는 일이라 조그만 변화도 걱정이 되고 당황하게 되는 이 일에도 하나님은 여러 사람을 통해 순간순간 도움의 손길을 주시는 것을 확실히 느낄 수 있었다.

드디어 오전 10시 교육인적자원부의 최종 발표가 있었는데 수월성 교육과 특목고에 대한 최종 결정은 차기 정부로 넘긴다는 내용이었다. 그렇게 하여 수월성 교육을 담당하는 특수목적고인 외국어고등학교를 전문계고등학교의 한 종류인 특성화 학교로 전환시키려던 길고도 집요한 정책은 일단락이 났다.

할렐루야! 사냥꾼의 올무에서 벗어난 새처럼, 우리를 옥죄던 고민에서 풀어주신 하나님의 놀라운 은혜를 생각하며 2시 정책토론회를 위한 마지막 준비를 했다. 전국에서 와주신 교장 선생님들이 참석하고, 훌륭한 주제 발표가 이어지고 충분한 토론이 뒤이어 이어지며, 더 넓은 세계를 경험하게 된 교장 선생님들은 흡족한 마음으로 자신의 학교로 돌아갔다.

정책토론회는 외고의 수월성 교육의 세계적, 국가적 필요성에 대해 이론적 근거를 알리고 반대하는 사람들의 논리도 접하게 된 유익한 시간이었다. 물론 언론에서도 깊은 관심을 가져주었고 먼 곳에서 오신 교장 선생님들과는 서로 격려하며 헤어지는 위로의 날이었다.

에벤에셀의 하나님의 선하신 인도하심을 또 다시 체험했던 시간이었고, 힘들지만 세상에 대해 조금씩 더 알아가게 되었다.

글로리아 체육관 건축의 후유증

하나님의 연단과 훈련은 외국어고등학교에 대한 정부의 차가운 바람이 멈추는 것과 함께 또 다른 방향에서 불어 왔다. 그것은 2007년 2월말 준공한 글로리아 체육관 건축으로부터 시작되었다.

고양외고 첫 번째 이야기에서 자세히 밝힌 체육관 건축에 대한 사연처럼, 개교한지 35년 이상 된 벽제중학교와 외고로 전환한지 5년이 지난 고양외고는 함께 쓸 수 있는 체육관 겸 다목적 강당조차 없었다. 이를 해결하기 위해 고양시와 교육청에서 각각 5억씩 10억의 보조금을 받고 고양외고에서 나머지 자원을 마련하여 18억 공사의 다목적 강당 겸 체육관을 벽제중학교와 고양외고의 학생들을 위해 건축했다.

450여 평 규모의 필로티 구조로 건축된 체육관은 웅장하고 세련된 건물로 중·고등학교 학생들의 체육활동과 강연, 축제, 채플, 학교 설명회 등 다목적 용도를 위해 절실하게 필요했던 학교시설이었다.

지금도 주중에는 체육관으로, 주말에는 채플 및 명사초청 강연회로, 봄부터 시작되는 고양외고 학교 설명회 장소로 얼마나 긴요하게 사용되는지 모른다.

체육관 준공 후 본격적으로 명사초청을 하게 되었다. 김한중 연세대학교 총장, 문봉주 대사, 최일도 밥퍼 목사, 새빛선교회 안요한 목사, 김동호 높은뜻 숭의교회 목사, 이왕재 서울대 의과대학 박사, 김영길 한동대학총장 등 수많은 분들이 젊은이들의 앞길에 도움과 격려가 되는 말씀을 해주셨다.

우리 학교의 설립 이념인 '하나님을 사랑하고 나라와 겨레를 사랑하는 미래의 지도자를 육성' 하기 위한 여러 전략 중 하나인 명사초청강연 및 채플은 학생들에게 깊은 감동을 주고 있다. 강연자들마다 한결같이 어떻게 이렇게 학생들이 진지하게 경청하는지 놀랍다며 칭찬과 함께 감탄을 하신다.

나는 체육관 이름을 글로리아로 명명하여 부르며 이곳에서 귀한 말씀을 듣고 비전을 품은 학생들이 하나님과 대한민국에 영광이 되는 인물들로 자랄 것으로 믿고 기도했다. 그래서 글로리아 체육관의 앞면 지붕 위에 조그만 십자가도 달아놓았다.

나는 여러 가지로 부족한 면이 많은 사람이다. 그러나 내가 하는 일이 상식에 벗어나지 않으며 학교와 학생들에게 꼭 필요한 일이라면 무리를 해서라도 학생들과 학교를 위해 용감하게 진행한다.

글로리아 체육관은 규모가 크기 때문에 건축을 위해서는 공개경쟁입찰을 해야 했다. 입찰가격을 산출해 보니 30억이 넘었고 우리 학교 예산은 고양시와 교육청, 학교 자체 예산까지 합쳐서 고작 17억 원이 전부였다. 나는 체육관 규모를 줄이거나 예산에 맞는 건축업자를 찾아 수의계약을 해야 했다.

체육관은 1층에 1,000명, 2층에 300여 명을 수용할 수 있는 규모였고, 고양외고 1학년 학생이 500여 명이므로 2학년까지 동시에 수용하려면 규모를 축소할 수 없는 상황이었다. 3개 학년을 다 수용하는 규모면 정말 좋겠지만 그렇게까지 무리할 수는 없고 처음 계획대로 실행하려면 부족한 자금을 확보하든지 수의계약을 하든지 선택해야 했다.

나는 17억 공사를 해줄 건축업자를 찾았다. 그 과정은 이미 앞에서 이야기했지만 건축업자를 찾는 것이 쉽지 않았다. 간신히 주님의 은혜로 추석 바로 전날에 건축업자를 찾게 되었고, 17억으로는 공사할 수 없다는 사장님을 설득하여 학부모님과 함께 학교발전기금을 모아 1억을 더 주겠다고 사정하여 드디어 추석이 지난 후 곧바로 계약을 하고 공사를 시작했다.

참으로 무모하리만큼 용감한 내 결정에 우리 학교 살림을 운영하는 행정실장님도 동조할 수밖에 없었다. 드디어 글로리아 체육관은 위풍당당하게 세워졌고 각종 행사가 바쁘게 진행되었다. 방문하는 사람들마다 건물의 규모와 저렴한 공사비용에 놀라워했다.

2007년 외고에 몰아친 세찬 겨울바람이 일단락되어 나는 오랜만에 긴장을 풀 수 있었는데, 돌연 감사원에서 경기도교육청 기관운영 감사를 하면서 학교 건물들 가운데 수의계약한 건물이 있으면 보고하라는 공문이 왔다.

우리 학교는 글로리아 체육관이 해당되어 보고했더니 서류일체를 가지고 교육청 본청으로 들어오라는 지시가 있었다. 그 이후 여러 차례 행정실장과 담당직원이 감사관의 집중조사를 받게 되었다. 학교와 학생들이 필요하다면 내 집까지 내주던 나는, 어떤 원칙보다도 학교와 교사, 학생이 우선이었다. 그러니 감사관이 보기에 나는 용감하기도 하지만 참으로 무모한 사람이었다.

수의계약을 조사하던 감사관은 공사행위가 벽제중학교와 고양외고 두 기관으로 되어 있는데 교육청 공문에는 벽제중학교 체육관 사업으로 명시된 것을 추궁했다. 사실 처음부터 학교 재정상 중학교는 건축비를 부담할 수 없는 형편이었고 고양외고는 특목고이기 때문에 교육청 보조 사업으로는 우선순위에서 맨 나중이거나 아예 보조를 해주지 않는 기관이었다.

한 울타리 안에서 중학생과 고등학생이 운동장 및 강당 등을 함께 사용하는 벽제중학교와 고양외고의 학교 형편상 체육관은 중·고등학교를 위해 하나만 건축해도 우리에게는 감사한 일이었다. 따라서 처음부터 고양시에 벽제중학교와 고양외고의 공동사업으로 체육관 보조금을 신청했다.

그런데 지방자치단체와 교육청 사업신청 방식은 여러 가지로 다르고 까다로웠다. 경기도교육청은 고등학교 사업을, 고양교육청은 중학교 사업을 신청받기 때문에 벽제중학교와 고양외고 공동명의로 어느 한 곳의 교육청에만 체육관 보조금 신청을 할 순 없었다. 고민에 빠진 나는 벽제중학교 이름으로 지역 교육청인 고양교육청에 보조금 신청을 했다.

따라서 시청과 교육청에 보낸 서류가 사업은 같으나 사업실시 주체가 다르게 되었다. 이것을 알게 된 경기도 교육청에서는 대응투자사업을 신청하려면 시청과 교육청 서류를 같게 만들라고 하여 할 수 없이 사업 주체를 벽제중학교 이름만으로 하여 제출할 수밖에 없었다.

언제나처럼 재원이 부족한 교육청은 우리가 신청한 것보다 훨씬 적게 5억을 확정했고 그에 따라 고양시에서도 5억을 부담했다. 이것이 화근이었다. 10억으로는 도저히 사업을 벌일 수 없는 것을 뻔히 알면서도 나는 사업을 할 수 없다고 반납하기는커녕 적은 돈이라도 감사히 받았다.

또한 나머지 부족한 부분을 해결할 수 없는 벽제중학교가 아닌, 고양외고의 학부모와 더불어 해결하기 위해 건축업자를 찾고 수의계약을 하고 일을 번개같이 진행하여 4개월 만에 건축을 끝내고 2007년 2월에 3기 슈퍼파워팀의 졸업식까지 했던 것이다.

이렇게 길고도 힘든 과정을 거친 글로리아 체육관에 대해 감사관의 조사는 냉정했다. 왜 수의계약을 했는지, 벽제중학교 사업에 왜 고양외고에서 재정보조를 했는지 반문하면서 우리의 사정 이야기는 아랑곳하지 않고 죄인 취급하며 학교직원들을 다그치고, 모자라는 것을 법인에서 부담하지 않았다고 으르렁대는 것이었다.

나는 학교 법인인 지선학원은 사업체를 가지고 있거나 번듯한 수익용 재산을 통해 수익을 창출하는 법인이 아닌 것을 누구보다 잘 알고 있다. 우리 재단인 학교법인 지선학원은 모두가 어려운 시절, 교육에 사명을 갖고 재산을 출연하여 학교를 설립하고 중·고등학교를 만들고 외고로 전환할 때까지 묵묵히 물심양면으로 지원해 주었는데, 대한민국이 이만큼 살게 되었는데, 정부가 학생들을 위해 번듯한 체육관 하나 지어주지는 못할망정 죄인 취급하며 몰아세우는 현실이 너무나 안타까웠다.

나는 학교에서 공사비를 주지 않아 공사가 지연된 것도 아니고 건축업자가 항의하는 것도 아니고 학생과 학부모 모두 편리하게 사용하는 건물에서 고양외고 학생들이 사용하니 고양외고에서 부족한 부분을 부담한 것이 무엇이 그렇게 큰 문제가 될까하여 얼마나 속상하고 힘들었는지 모른다.

아무리 설명해도 감사관은 원칙만 내세우며 우리 법인에서 고양외고 부담금을 보전하라는 주장만 계속하면서 그해 겨울은 결말 없이 지나게 되었다. 새해가 오고 언제나 바쁜 일정과 새로운 학기 시작에 분주해진 나와 행정실장님은 마음으로부터 이제 감사관이 우리 사정을 알고 그만큼 닦달했으니 잘 마무리지었나보다 라는 안도감이 들기도 했지만 왠지 개운치가 않았다.

2008년 4월 감사원이 기관 운영을 감사한 후 교육청에 감사결과를 통보했고, 그 결과 교육청에서 체육관 건축 사업에 대해 사립학교법 위반으로 검찰에 고발했다는 통보가 왔다. 이런 일을 처음 겪는 나와 행정실장님은 어떻게 해야 할지 막막했다.

나는 어떤 일에도 상식과 믿음으로 어려움을 헤쳐 나왔는데 급기야 지선학원 이사장님을 고발토록 한 무모한 사람이 되었던 것이다. 이사장님과 학교 관계 직원들은 고양경찰서로 출석하라는 공문에, 나는 정말 당황했다.

학교와 학생들을 위해서는 외판원 같은 대우를 받아도 아랑곳하지 않고 새벽부터 밤늦게까지 학교일을 돌보며 피곤이 쌓여 건강을 헤쳐도 나의 사명으로 생각하고 학생들이 잘되는 것을 감사로 여겨왔는데, 경찰서에 출석하라는 공문을 받고 보니 정말 어찌해야할지 몰라 앞이 막막했다.

하나님께서 도와주실 것이라는 믿음이 있었지만 너무 막연했다. 하나님, 도와주세요! 기도했지만 아무것도 떠오르지 않았다.

나는 한동대학교를 세우시고 눈물로 기도하며 키우신 김영길 총장님 내외를 존경한다. 그런데 김 총장님이 학교 일을 하시다가 고발당해 감옥까지 가시는 험악한 일을 당한 것이 늘 마음에 걸렸다. 그래서 어려울 때마다 하나님께 기도하곤 했다.

"하나님 나는 고양외고를 위해 하나님이 시키는 것은 언제나 순종할 수 있기를 원합니다. 그런데 감옥만은 가고 싶지 않습니다. 제발 저를 도우셔서 그런 험악한 일을 겪지 않게 해주세요. 내 믿음은 거기까지 감당할 수 없습니다. 그렇게까지는 제가 감당할 수 없을 것 같습니다."

나는 내 한계를 긋고 기도했다. 하나님은 이런 나의 한계까지 넘으라는 것인가 하는 불안한 마음이 불현듯 스쳐갔지만 나의 연약함을 아시는 주님께서 그렇게까지 하지는 않으실 것이라는 생각이 들었다. 이 사장님과 행정실장님, 법인 관계자들이 경찰에서 조사받고 돌아왔다.

사실은 간단한데 왜 그렇게 오랜 시간이 걸렸는지, 무엇을 이야기했는지 궁금하고 초조했는데 실장님과 법인관계자들이 얼마 후에 다시 불려갔다. 나는 무엇이 그렇게 복잡한지 궁금했고 그곳에 가신 분들이 나의 부족함으로 인해 겪는 어려움 때문에 심정이 복잡했지만 뾰족한 수가 없어 기도만 할 뿐이었다.

행정실장님은 다음에는 경찰서에서 교장 선생님을 부를 거라는 말을 남기고 고양경찰서로 갔다. 오후 1시에 갔으니 2~3시간이면 끝나겠지 생각했는데 4시가 되어도 소식이 없었다. 법인 분들은 3시쯤 돌아왔는데, 행정실장님은 4시 넘어서까지 계속 조사받고 있다는 소식을 접했다.

나는 너무 안타깝고 속상하여 교장실에 앉아 하나님의 인도하심을 간절히 간구했다. 그런데 갑자기 내가 늘 자문을 구하던 교수님 한 분이 마음속에 떠오르는 것이었다. 사실 그분은 교육청에서 오랫동안 근무했기 때문에 실무적인 일을 많이 알고 계셔서 내가 가끔 자문을 받았지만, 이 일은 구질구질하고 자존심도 상해서 알리지 않았다.

사실 한동안 그 교수님을 까맣게 잊고 있었다. 그런데 기도 후에 문득 생각난 것이다. 나는 곧바로 전화를 드려 상의했더니 교수님은 고발당한 공문을 팩스로 보내달라고 했다. 급히 교수님께 팩스로 공문을 보내자, 채 30분도 되지 않아 그분은 사립학교법 시행령 제3조 제2호를 팩스로 보내왔다.

그 시행령에 의하면 내가 학교 회계를 부적절히 사용한 것이 아니라 학교 교육에 필요한 시설, 설비공사를 적법하게 시행했다는 뜻이며 그 근거를 알려온 것이었다. 나는 마음속으로 할렐루야를 외치며, 해결의 실마리인 시행령을 가르쳐 주신 분은 바로 하나님이라는 사실을 깨닫고 안도의 큰 숨을 내쉬었다. 나는 행정실장님께 문자를 남겨 전화 통화를 원한다고 했다.

"실장님, 제가 모든 것을 해결할 테니 죄인처럼 그렇게 오래 거기 있지 말고 더 이상 할 말이 없으니 돌아가겠다고 말씀드리고 학교로 돌아오세요."

나는 열정과 애정이 있는 교육자이지 냉정하고 까다로운 법 테두리 안에 갇힌 행정가가 아니다. 그래서 이번 일도 이렇게 호되게 당하는 것이었다. 그런데 하나님은 나의 이런 부족함에 결정적인 단서를 주셔서 다시 어둠을 뚫고 나갈 수 있도록 인도하신 것이다.

'오, 주님 감사합니다!' 아직 경찰관을 만나보기도 전에 하나님이 나를 도와주시니 이번 일도 잘 해결될 것이라는 믿음이 생겼다. 행정실장님이 경찰서에서 돌아오신 다음, 나는 아버님께도 이 일을 알리고 상의해야겠다고 생각했다. 연로하신 부모님께 걱정을 끼치지 않으려고 그동안 알리지 않았지만 결국 그분들께도 알려야 했다.

경찰서에 두 번이나 다녀오시고 지난해부터 감사관에게 조사를 받으신 실장님과 법인관계자가 부모님을 만나 상황을 자세히 말씀드렸고 나도 경찰서에 가서 조사를 받아야 한다는 것을 말씀드렸다.

어머님께서는 문제가 발생하면 당황하고 흥분하시며 말도 더듬지만, 아버님은 냉정하고 단호하게 결정을 하신다. 아버님은 변호사를 선임하라고 말씀하시면서 여자의 몸으로, 아직 경험도 부족한 내가 험한 곳에 가는 것이 안됐다면서 눈물을 비치셨다. 그리고 '가야 된다면 할 수 없지' 라고 간단히 말씀하셨다고 했다.

부모님께 끝까지 힘든 짐을 안겨드리고 싶지 않았고 가슴 아픈 이야기를 하고 싶지 않았지만, 나도 더 이상 어쩔 수 없었다. 선임된 변호사를 만나 여러 가지를 의논했지만 내 몫의 짐은 내가 감당해야 했다.

드디어 5월, 나는 경찰서에 가게 되었고 일생 처음으로 경찰 조사관과 마주 앉아 조사라는 것을 받았다. 나는 사립학교법 시행령 3조 2호를 내보이며 무엇이 잘못인지 되물었다. 경찰관은 법조문을 보이면서 법을 어겼다고 했다.

나는 담담하게, 또박또박 대답했다.

"학교 담당자들은 법을 잘 모릅니다. 교육청 세부지침과 법의 시행령에 따라 운영하는데, 시행령도 법에 위배되는 것은 정하지 않았을 테니 잘 살펴보세요."

경찰관은 2시간 넘게 조사한 후, 일단 돌아가고 다시 부르면 오라고 친절하게 마무리 지어 주었다. 나는 대단히 걱정했는데, 의외로 베테랑인 팀장이 조사를 해서인지 큰소리 내지 않고, 내가 하고 싶은 말은 다할 수 있게 해주어서 걱정되었던 마음이 한결 가벼워졌다.

하나님이 겁 많은 나를 위해 친절한 경찰관을 준비하셨나보다 라는 마음이 들었다. 함께 있었던 행정실장님도 놀라며 "오늘 조사하신 분은 점잖고 친절하시네요"라면서 지난번 경찰관은 딱딱하고 힘들게 해서 하고 싶은 말을 다 하지도 못했다며, 이번 경찰관에 대해 좋은 평을 하는 것이었다.

사실 조사 진행 중에 사건이 간단치 않아 조사관이 바뀌었고, 그가 처음으로 오늘 나와 대면한 것이라, 실장님은 전 경찰관과 비교가 되었겠지만 나는 요즘 경찰은 다 이런가보다 생각했을 뿐이었다. 아무리 친절했어도 그는 사실 관계에 대해 조목조목 캐물으며 몰아세웠고, 나는 내 생각을 침착하게 이야기할 수 있었음에 감사할 뿐이었다.

경찰서를 나오니 긴장된 마음이, 또 한 고비를 넘겼다는 안도감이 들었다. 이후 이사장님과 나는 또 한 번의 경찰 조사를 받았는데, 이번에는 이사장님과 내가 대질심문을 받았다. 정말 말로만 듣던 여러 가지 일들을 겪는 기간 동안 다행히 외고 문제는 새 정부가 들어선 후 수면 아래로 가라앉는 듯했다.

그해 여름이 가고 경찰조사는 검찰로 송치되었다. 드디어 2008년 11월 4일 검찰에서는 증거불충분으로, 무혐의 처분을 내리게 되었다.

한 고비 한 고비 넘기면서, 나는 인생사는 법을 배워 가는 것을 느끼며 부족한 나를 이끄시는 하나님의 손길을 따라 더 넓은 곳으로 한걸음씩 옮기게 되었다.

part. 4

폭풍우 속에 피어난 사명

사람이 마음으로 자기의 길을 계획할 지라도
그 길을 인도하시는 분은 하나님(잠16:9)이라는 말씀처럼
우리 마음의 계획을 하나님이 직접 확실한 방향으로 인도하시는 것을
그 자리에 있던 교사들은 모두 느낄 수 있었다.

|01|
영재교육원

2007년 2월에는 글로리아 체육관 준공과 새 사택으로의 이사로 분주했다. 뒤이어 남학생 생활관 지우관 II 를 준공하여 사택에서 살던 학생들을 지우관 II 로 이사시켰다. 여름방학이 끝날 무렵 예전의 사택을 2학년 학생들을 위한 자율학습공간으로 확장시키기 위해 지혜의 집 건축을 시작했다.

벼랑 끝에 선 외고들이 필사적으로 어려움을 막아내어, 드디어 새 정부가 외고 문제를 연기하기로 결정하기까지 나는 건축공사와 외고 문제로 숨 가쁜 2007년을 마무리 짓고 2008년 새해를 모처럼 평안한 마음으로 맞게 되었다.

나는 항상 나와 함께 고생하시는 선생님들을 생각하면 고맙기도 하고 한편으로는 안쓰러웠다. 특히 어린 자녀들을 양육하랴, 학교에서 학생들을 가르치랴, 여선생님들이 힘들어 보일 때면, 유아교육을 전공하고 직장생활하며 세 아이를 키워온 나는 남의 일 같지 않게 느껴졌다.

언젠가는 고양외고에 좋은 육아시설을 설립해 벽제중학교와 고양외고 교직원들의 자녀에게 좋은 교육을 제공해야겠다는 생각은 하고 있었지만, 워낙 고양외고의 건축과 복지 등이 시급하여 이러한 생각은 아쉽게 생각으로만 그칠 수밖에 없었다.

그런데 이른 봄 어느 날 갑자기 원당사회복지관 관장님으로부터 좋은 소식을 들었다. 우리 학교가 위치해 있는 관산동에 고양시 복지회관이 있는데, 그 복지회관 내에 있는 어린이집의 위탁공고가 났는다는 것이다. 평소 유아교육에 관심이 많던 나를 잘 알기 때문에 이 소식을 갑자기 알려온 것이었다.

서류를 제출할 날짜는 2주도 남지 않았지만, 교장 선생님이 법인을 잘 설득하여 법인이 허락을 하면 곧 추진해 보겠다는 것이다. 원당복지관은 학교법인 지선학원에서 위탁받아 1999년부터 운영하고 있었고 초창기에는 내가 관장을 겸임했다.

나는 그동안 학교 안에 이런 복지시설을 유치하려고 했는데 우리 교사들은 물론 지역사회에도 질 높은 어린이 교육을 제공할 수 있을 것 같아 법인에 관산동 어린이집 위탁을 위한 협조를 부탁했다. 원당복지관의 부지런하고 능력 있게 일하는 복지관 식구들이 엄청난 양의 위탁서류를 신속하게 준비했다. 신이 나서 선생님들께도 어린이집 위탁 건에 대해 설명하고 기도를 부탁했다.

이 일은 하나님께서 우리 학교와 지역을 위해 우리에게 주신 일이라고 생각하며, 원당복지관에서 서류를 만드니 꼭 위탁받을 수 있으리라는 자신이 있었다. 위탁결정이 나던 날, 나는 오랜만에 지방에 있는 친구들과 1박을 할 계획이 있어 부산으로 내려갔다.

부산 해운대에 도착하여 옛 친구들과 그동안의 일을 늦게까지 이야기하다 잠이 들었다. 친구들보다 일찍 일어나 하나님께 기도하고 휴대폰 문자를 확인하던 나는 관장님의 글에 깜짝 놀랐다.

어젯밤 늦게 위탁에 관한 소식을 알아본 결과, 우리 법인으로 결정되지 않았고 개인에게 위탁이 결정되었다는 것이었다. 놀란 마음을 가라앉히고 나는 두려운 마음으로 자문해 보았다.

"아, 무슨 일일까? 그렇게 힘든 일도 기도하면서 간절히 사정을 하나님께 알리면 어떤 일이든 선한 길로 인도하셨는데 무슨 일일까? 무엇이 잘못되었을까? 우리 학교 형편과 복지관 역량을 보면 꼭 하나님이 우리에게 주신 선물일 것이라고 생각했는데, 그것이 아닐까? 아니면 다른 이유가 있을까?"

짧은 시간이지만 마음이 복잡해졌고 생각을 집중할 수 없었다. 이런 사실을 모르는 친구들은 아침을 부산하게 깨우며 토요일 일정을 준비하고 있었다.

언제나 8시 20분이면 내 휴대폰에 성경말씀을 문자로 보내주시는 분이 계셨다. 그 날도 어김없이 문자가 왔는데 문자를 보면서 마음이 쿵 내려앉았다. 아무리 마음으로 원해도 진심으로 기도하지 않으면 얻을 수 없다는 말씀이었다.

정말 그랬다. 나는 우리 학교에 어린이집을 원했다. 그리고 때마침 하나님이 우리에게 주신 것이라고 생각하며 복지관 식구들이 서류를 만들고 우리 학교법인이 운영을 하니 꼭 위탁이 될 것이라는 자신감이 들었던 것을 부인할 수 없었다.

이제까지 나는 자신 있는 일들이 거의 없었다. 연약하고 부족한 내가 일을 추진하기에는 그동안 나에게 닥친 일들이 너무나 크고 어려워서 항상 하나님께 징징대면서 도와달라고 애절하게 기도했는데, 이번 일에 대해서는 간절히 기도하지 못했던 것을 꼭 집어낸 말씀이었다.

언제나 진실하게 어린아이 같은 마음으로 아버지 하나님께 간절히 기도하는 것이 얼마나 중요한지를 다시 보여주신 하나님이 두렵고 또한 감사했다. '그래, 아마 우리 선생님들도 나를 믿고 진심으로 기도하지 않으셨을 거야. 교장이 이런 마음이니 교사들도 그랬겠지. 이렇게 좋은 선물을 간절히 원하지도 않는 사람들에게 주는 것은 마땅치 않다고 하나님이 생각하신 거야.'

그런 생각이 확실하게 나의 마음을 흔들었다. '하나님 죄송합니다. 저의 교만한 마음을 용서해 주세요.'

나는 짧지만 확실하게 회개기도를 드리고 어떤 일이든지 전심을 다하여 기도할 것을 결심했다. 바쁜 일정 속에서 어린이집 일은 깨끗이 잊고 2008년 새로운 문제로 떠오른 체육관 건축 후의 경찰조사로 속을 끓이게 되었다.

그런데 여름방학이 지나고 교감 선생님이 교육청 회의에 다녀오신 뒤, 나에게 교육청에서 과학영재교육과 더불어 언어영재교육에 관해서도 관심이 커져서 영재교육을 확대할 계획이라고 말씀하셨다. 교육청에서는 외국어고등학교에서 언어영재교육원을 개원했으면 한다고 말씀하는 것이었다.

나는 눈을 크게 뜨며 "그래요? 그런 계획이 있다고 해요?"라며 재차 물었다. 교감 선생님은 부족한 나를 언제나 믿어주고 내가 부탁하는 일들을 최선을 다해 도와주시는 긍정적이고 헌신된 분이시다. 나를 잘 알고 계신 그분은 교육청 설명을 들을 때, 우리 교장 선생님이 들으면 좋아하시겠다고 속으로 생각했다고 한다.

나는 사람들이 툭하면 "외국어 영재가 어디 있어? 그런 것은 없어"라고 자신 있게 외고를 비난하며 근거도 없는 말을 할 때마다 참으로 속상했다.

외국어 영재는 언어 영재 속에 포함되고 언어 능력은 수학과 논리력과 더불어 지능의 가장 기본적인 요소라는 것을 교육과 심리학을 조금만 공부해도 알 수 있다. 그런데 그렇게 지능의 중요한 요소인 언어를 지금까지는 중요하게 생각하지 못하고 수학·과학 중심으로 영재를 육성해왔는데 2007년 영재교육진흥법이 개정되어 언어영역의 영재들에게도 교육할 수 있는 법적 근거가 마련된 것이었다.

나는 직감적으로 이 일은 하나님이 나와 우리 학교에 보내주신 차원 높은 사명이라고 생각했다. 어쩌면 어린이집을 거절했던 하나님의 우리에 대한 (측은한 심정의) 보상일지도 모른다는 생각이 들었고, 영재교육원을 위해 기도로 준비했다.

얼마 지나지 않아 영재교육원 신청서가 왔고 나는 꼼꼼히 준비했다. 학기 중에 새 일을 해야 하는 부담이 있었지만 영재교육원 신청 준비를 마무리 지었다.

"네 입을 크게 열라, 내가 채우리라"는 하나님의 말씀처럼 하나님은 우리를 어디로 인도하실지 아무도 모른다. 하나님을 의지하며 입을 열고 기도할 때, 하나님은 가장 좋은 것으로 채우신다는 것을 알기에 나는 기도하면서 영재교육원으로 16학급을 신청했다.

교육청에서는 깜짝 놀라면서 처음 시작하는 기관이 16학급은 무리라며, 반으로 줄여 8학급을 허가해 주었다. 그 당시 경기, 인천, 서울에 18개 외고가 있었는데 그 중 3개 기관이 영재교육원을 신청했고 우리 학교가 가장 큰 규모인 8학급 허가를 받은 것이다.

막상 영재교육원으로 승인받고 보니, 어떻게 해야 할지 막막했다. 언어영재원은 부산국제영재학교에서 유일하게 운영하고 있었고 우리 학교에서 영재교육원 책임자로 선정한 선생님도 이 일에 대해 경험이 전무한 상태라 믿음만 갖고 시작하기에는 큰 부담이 있었다.

그러나 이 일은 고양외고로 몰려오는 인재뿐 아니라, 언어영역에서 중학교에 있는 영재급 학생들에게 교육청에서 경비를 부담하고 무료로 양질의 교육을 제공하는 것이기에 하나님께서 우리에게 주신 사명이라고 확신했다. 그런데 교육청에서 주는 경비로 질 높은 교육원을 운영하기에는 턱없이 부족했다.

나는 이 부족한 부분을 우리 학교에서 부담해서라도 훌륭하고 모범적인 영재교육원을 운영하리라 결심했다. 우선 가장 중요한 것이 우수한 교사 확보와 좋은 교육과정 편성, 훌륭한 교육환경 제공이었다.

나는 미국 캘리포니아에 살았을 때, 첫째 아들 현기가 초등학교에 입학한지 몇 달 지난 후 아들의 담임선생님 Mrs. Johson과의 면담을 기억했다. 언제나 친절하게 사랑으로 아이들을 돌보던 그녀는 몇 달 동안 내 아들을 관찰했는데 아이가 매우 똑똑해서 현재 다니는 학교보다 영재 아이들이 다니는 학교로 전학을 고려해 보는 것이 어떻겠냐고 제의했다.

나는 유학을 가서 미국에서 학위를 받았어도 미국에 영재학교가 있다는 것까지는 몰랐다. Mrs. Johson은 나에게 영재학교에 가는 절차들을 자세히 알려주었고, 아들은 Test(영재성 검사)를 받고 면접을 본 후 새로운 학교로 전학을 가서 4학년까지 지내다가 한국으로 돌아오게 되었다.

그 때 나는 영재학교의 학부모로서 CAG(California Association for the Gifted) 캘리포니아 영재학회의 회원이 되어 부모 세미나와 교사교육 세미나에 참여한 오래전의 경험이 있었다. 그 오래전의 경험이 고양외고 부설 언어영재교육원의 시작에 밑거름이 될 줄은 몰랐다.

새로운 일에 대한 열정과 새로운 일을 주신 하나님에 대한 믿음, 내 조그만 경험이 전부인 언어영재교육원에 대한 하나님의 인도하심을 기대하면서 나는 겁도 없이 일을 추진했다.

먼저 교사를 모집하기 위해 광고를 냈다. 워낙 새로운 분야이므로 어떤 사람이 신청할지 궁금했다. 그런데 어느 날 교감 선생님이 나에게 말씀하셨다.

"교장 선생님, 영재교육원에 좋은 교사를 추천할까 합니다."

내가 어떤 분이신지 궁금하다고 되묻자, 우리 교회 교인이며 교감 선생님과 함께 고등부의 교사로 봉사하는 분이라고 했다. 나는 속으로 교회 교인 중에 그렇게 실력 있는 영재교육 교사가 있을까! 아마 '내가 교사 채용하는데 신경을 쓰고 있으니 직장을 찾는 성실하고 신앙 좋은 분을 소개하려는 것이겠지' 라는 생각이 들었다.

그러나 나는 내색하지 않고 혹시 이력서가 있는지 물었다. 교감 선생님이 슬그머니 이력서를 내놓으셨다. 나는 대충 몇 글자 보다가 '어머' 외마디를 지르며 자세히 이력서를 살피게 되었다. 우리나라에도 영재교육학과가 있었다는 사실도 모른 나는 지원자가 대학원에서 영재교육과를 전공하고 그 이후 쭉 영재교육에 관여한 영재교육 전공자였음을 이력서에서 발견한 것이었다.

나는 깜짝 놀라서 물었다.

"어쩌면 이렇게 훌륭한 사람이 교감 선생님 교회에 있었어요?"

"글쎄요. 저도 몇 년 같이 일했지만 서로 바쁘니 개인적인 일은 물어 보지도 못했는데 워낙 선생님이 성실하고 애정 있게 학생들을 상담해주고 하여 호기심이 생겨 지난주에 무슨 일을 하냐고 물었지요."

영재교육과 관련한 일을 한다는 뜻밖의 대답에 교감 선생님도 놀랐다고 한다. 아! 고양외고를 시작할 때도 하나님께서 직접 교사들을 보내 주시더니 이렇게 영재교육원의 선생님도 보내 주시는 구나! 그런 마음이 들며 하나님의 인도하심에 나의 마음은 기쁨과 소망으로 설레었다.

국어 선생님, 영어 선생님이 보강되어 입학식 전에 교육과정연수를 하게 되었다. 외부교사 세 분과 우리 학교 교사로는 국어과 두 분, 영어과 두 분 등 총 일곱 분을 강사진으로 구성하여 국어와 영어수업을 진행하기로 하고 교육과정을 구체적으로 연구하기 위한 연수를 했다. 처음 출발하는 영재교육원의 교육과정을 계획하는 중요한 모임이어서 나와 교감 선생님도 함께 참석했다.

아무것도 모르는 우리에게 영재들을 기르도록 인도하신 하나님을 믿으며 마음에 있는 생각과 계획들을 솔직하게 내려놓았다. 우리는 서로의 장점을 나열하고 들여다보며 깜짝 놀랐다.

일곱 분의 교사들이 국어와 영어로 나누어 1년 교육과정을 구성하는 주제들을 떼어놓았는데 퍼즐을 맞추듯이 각 영역에서 기본 수업과 창의성 수업을 위한 완벽한 교사들로 구성되었음을 참여한 모두가 느꼈다.

우리 학교에서 지원한 네 분은 모두 서울대학교 출신으로 대단한 실력의 교사들로 기본과 창작 수업을 지도할 수 있고, 외부에서 영입한 강사들도 논술과 독서, 창의성과 기본 영어를 가르칠 수 있는 독특한 경험을 갖추신 분들이었다.

사람이 마음으로 자기의 길을 계획할 지라도 그 길을 인도하시는 분은 하나님(잠16:9)이라는 말씀처럼 우리 마음의 계획을 하나님이 직접 확실한 방향으로 인도하시는 것을 그 자리에 있던 교사들은 모두 느낄 수 있었다.

하나님의 섭리로 우수한 학생들을 고양외고에서 교육할 수 있도록 허락하신 하나님이 이제는 중학교 1, 2학년 학생들 중에서 언어 영재 중의 영재들을 부족한 나에게 맡겨 주시며 실력 있는 교사와 교육 과정까지도 미리 준비해 놓으셨던 것이다.

사실 나는 내 계획과 내 생각대로 어떤 일을 실행하며 하나님께 기도할 때 걱정이 되는 것은 내 계획이 과연 하나님의 뜻과 같을까? 라는 점이다. 아무리 좋아 보이고 나에게 이익을 주는 것 같은 일일지라도 하나님이 기뻐하지 않으시면 그 일은 해서는 안 되고 하면 손해라는 것을 알고 있기 때문이다.

반대로 별로 하고 싶지도 않고 내가 계획한 일이 아니더라도 하나님이 시키시는 일이고 하나님이 원하신다면 주저하지 않고 순종할 때 그것이 나에게 도움이 된다는 것을 그동안의 경험으로 알고 있다.

영재교육원도 내가 전혀 준비하지도 계획하지도 않은 일이지만 하나님이 주신 선물로 생각하며 받아들였는데, 이처럼 하나님의 준비하심으로 하나님의 뜻임을 확신시켜 주시는 것이 참으로 기뻤다.

영어와 국어 분야에서는 자타가 인정하는 실력자인 교사들도 영재들에 관해서는 경험이 전무하여 막상 어떻게 교육해야 하는지에 대해서 고민할 때 하나님은 영재들에게 공통적으로 가르쳐야 하는 기본 수업과 창의력을 키우는 창의적 수업에 대한 지혜를 주셔서 어떤 방향으로 지도해야 할지에 대해 직접 지도해주신 것이다.

일단 교사와 교육 과정 등이 결정되었으니 우리 학교에서 사용하는 회화실을 잘 정리하여 4개의 영재교육원 학급으로 준비했다. 새로운 의자와 책상을 주문하고 환하게 페인트칠하고 예쁜 커튼을 드리우니 분위기 있는 교실이 되었다.

나는 우리 옛집인 지혜의 집을 부랴부랴 증축하여 2학년 전용 자율학습공간으로 사용했는데, 이제는 그 옆 건물인 국제관까지 옆으로 확장할 필요가 있음을 깨닫게 되었다.

위즈덤 하우스를 옆으로 확장하는 건물에 특별히 영재교육원의 학생들을 위한 강의실을 넣어야겠다는 마음이 들며 또 다시 건축할 결심을 하는 내가 신기하고 이상했다. 건축하려면 관리계획을 승인받고 예산을 확보해야 했다. 특히 위즈덤 하우스는 막 증축된 새 건물인데 다시 건물 좌측과 상부를 헐고 새롭게 증축하려는 내 생각이 과연 합리적일까? 라는 생각이 스쳐갔지만, 남은 땅은 그것뿐이고 우리가 필요한 시설이 또 생겼으니 이 문제도 해결해야 한다는 생각뿐이었다.

이제는 사택을 헐고 새 건물을 짓고, 지은 집에 다시 붙여 증축하는 일들을 정말 별것 아닌 것처럼 쉽게 생각하게 된 내 모습에 나도 놀랄 뿐이었다. 건축에 '건' 자도 모르는 나에게 하나님은 수많은 건물을 짓게 하시고 또 헐게 하시고, 다시 붙여 짓게 하시면서 내 좁은 마음과 걱정, 편견도 헐고 새로 확장하시는 작업도 함께하신 것이었다.

희망의 닻을 올려 드디어 2009년 3월 20일 고양외고 부설 언어영재교육원 1기 신입생 입학식을 하게 되었다. 옛 사택은 관리계획을 받지 않고 지어야 하는 시간적 급박성과 공간적 제약 때문에 부득이 헐 수밖에 없었지만 영재교육원은 시간이 있으니 관리계획부터 받아 차근차근 일을 진행하리라 생각했다. 증축되는 건물은 더 이상 집(House)의 규모를 넘어 큰 건물이 되기 때문에, 이름도 바꿔야 한다는 생각에 위즈덤 홀(Wisdom Hall), 지혜의 관이라는 이름까지 결정했다.

▲ 위즈덤홀

▲ 영재교육원 제1회 입학식

영재교육원은 처음 하는 일이지만 하나님의 인도하심으로 순풍을 만난 듯 순조롭게 진행되었고, 나는 영재 중의 영재, 언어 영재를 기르는 영재 교육을 감당하기 위해 건물 증축 계획을 세우게 되었다.

그 어려운 관리계획을 승인받고 부족한 예산을 확보하여 드디어 우리 학교에서는 가장 현대적인 건물, 위즈덤 홀이 2009년 8월 말에 새로 태어났다. 고양외고에서 가장 어울리지 않으면서도 멋있는 건물, 누가 봐도 내 표현이 적절하다고 동감할 것이다. 그 건물이 바로 지혜의 관(Wisdom Hall)이다.

2010년 1월 16일, 1회 영재교육원 수료자를 배출했다. 시대적으로 필요한 영재를 모집하여 교육시키는 보람된 일을, 부족한 나에게 맡겨주신 하나님께 감사하면서 조촐하지만 수준 높은 수료식을 했다. 1년 과정을 마친 학생들의 또릿또릿하고 총명한 표정에서 나는 밝아오는 우리나라의 미래를 엿볼 수 있었다.

그러나 2011년 2학기에 교육청에서는 더 이상 영재교육을 지원해 줄 수 없으니, 2012년부터는 학생을 모집하지 말라는 공문을 보냈다. 2년 과정의 영재교육원을 지속할 수 없더라도 일단 2011년에 모집한 학생들에게 다음 단계를 계속하도록 2012년에는 신입생은 모집하지 않고 기존의 학생들을 위해 2년 과정을 마지막으로 영재교육을 마무리할 것을 결정하며 나는 깊은 시름에 잠겼다.

이렇게 짧은 기간 안에 끝내고 말 영재 교육을 위해 정부에서는 관계 법령을 개정하고 기존의 학교에 홍보하고 영재교육원을 출발시켰나 하는 생각에 실망했지만, 그보다 더 아쉬운 것은 그동안 영재교육원을 운영하면서 영재교육원이 필요하다는 것을 충분히 인식할 수 있었기 때문이었다.

 축복의학교 ✹ 행복한 교장

| 02 |

전국 외국어고등학교 교장
장학협의회

2002년 고양외국어고등학교가 출발된 첫 해, 전국 외국어고등학교 교장 장학협의회에 신임회원으로 첫 인사를 드린 후 춘계, 추계 정기총회에 참석하여 전국의 외고 교장 선생님들과 만나는 일은 실력 있는 분들을 만난다는 기대가 컸다.

나는 나의 부족함을 알기 때문에 전국의 외고를 방문하여 각 외고의 장점과 특색 사업을 배우고, 경험 많은 교장 선생님들로부터 문제를 해결하는 지혜를 배울 수 있기에 특별한 일이 아니면 이 정기모임에 꼭 참석했다.

그런데 세월이 흐르면서 실력이 창창하시던 교장 선생님들이 한두 분 교단을 떠나셨고 2006년 겨울, 나에게 부회장을 맡으라는 제의가 왔다. 나는 우리 학교를 경영하는 일도 바쁜데 이런 중책을 맡을 수 없어 사양했지만, 지나친 사양은 오히려 선배 교장 선생님들께 실례가 될까 하여 일을 배우고 부족한 것은 하나님께 기도하면 되겠지 생각해서 결국 부회장직을 허락하게 되었다. 그런데 서서히 불어오던 차가운

바람이 2006년에는 폭풍우가 되어 외고를 흔들었다.

앞서 언급했던 여러 일들이 계속 밀려오면서 외고 교장단은 어려움을 방어하기에 급급했다. 외고 교장 중 가장 젊었던 나는 사소한 뒷일부터 결의문, 성명서등 중요한 문서를 만드는 일까지 생전 해 보지도 않은 일들을 할 수밖에 없었지만, 여러 교장 선생님들의 도움으로 그래도 내 몫을 해낼 수 있어 다행으로 생각했다.

2년의 임기가 끝나고 2007년 가을 총회를 마치고 새로운 임원을 선출해야 했다. 2007년은 너무나 힘든 일들이 외고에 닥쳐와서 간신히 특성화고로의 전환 위기는 막아낼 수 있었지만, 회원들과 임원들 모두 기진맥진해서 새로운 임원 선출에는 관심을 두지 않았다. 3월부터 새로운 임원들 임기가 시작되었지만 임원선출을 마무리 하지 못한 채 총회 일정은 막을 내렸다.

2008년 1월, 외고 교장단 회장이신 류재희 교장 선생님께서 전화로 나에게 회장직을 맡아 달라고 부탁하시는 것이었다. 나는 깜짝 놀라 극구 사양했다.

"다시 부회장을 하라면 하겠습니다. 하지만 회장이라니요. 이런 어렵고 중요한 위치에서 일할 준비도 안 되어 있고 제 사정도 허락하지 않습니다."

나는 완곡하게 반대 의사를 알렸다.

늘 부드럽고 편안하게 대해주시던 류 교장 선생님이 그 날은 완강하고 단호하게 내가 해야 한다고 말씀하셨다. 이 일은 회원들과도 상의해야 하고 나는 부족해서 안 된다고 말씀드리니, 본인이 다 알아서 할 테니 꼭 수락하라는 것이었다.

나는 더 이상 이야기를 계속 할 수 없어 며칠 더 생각할 테니 기다려달라고 하고 전화를 끊을 수밖에 없었다. 그러나 며칠을 생각해도 결론은 '아니다' 라는 것임을 이미 알고 있었지만, 전화로 옥신각신하는 것이 예의가 아닌 것 같아 전화를 끊을 수밖에 없었던 것이었다.

외국어고등학교라면 초등학교 학생들부터 가고 싶은 학교이고 중학생들은 외고를 목표로 밤늦게까지 학원과 독서실에서 공부하는데, 그리고 근자에 외고에 대한 시선이 얼마나 따가운지를 생각하면 책임지고 협의회를 이끌어 갈 엄두가 나지 않았다.

이와 같은 상황을 잘 알기에 심각하게 기도도 하지 않고 며칠 기다렸다가 다시 류 회장님께 전화로 확실하게 내 입장을 알릴 준비를 했다. 2주 이상 지난 후 류 회장님께 전화를 드렸고 조용히 내 입장을 다시 말씀 드렸는데 류 회장님은 갑자기 나에게 화를 내면서 지난번보다 더 강력하게 강권하시는 것이었다.

"회장님께서 한 번 더 하세요 제가 옆에서 도와 드릴게요."

내 말에 그분은 화를 내면서 이렇게 말씀하셨다.

"나는 더 이상 할 수 없습니다. 강 교장 선생님이 하는 것으로 알겠습니다."

그렇게 전화가 끊어지자 난감하기 짝이 없었다.

원래 나는 남의 부탁을 잘 거절하지 못하는 성격이다. 그리고 나에게 맡겨 주는 것은 사양치 않고 깨끗하고 깔끔하게 처리하려고 노력해 왔다. 그래서 부회장을 하면서도 남에게 부탁하는 것이 어려우면 내가 알아서 했고, 한 번씩 만나는 것이 어려운 전국의 교장 선생님들 편의를 위해서라면 작고 사소한 일들로 보여도 신경을 써서 혼자 힘으로라도 마무리를 지었다.

그런데 이제는 뒤에서가 아닌 앞에서 이 폭풍우 불고 모진 바람을 맞는 단체를 끌고 가야 한다는 것이었다. 류 교장 선생님은 전화를 끊으면서 이제 정권도 바뀌고 어려운 고비도 넘어갔으니 괜찮을 거라고 했지만, 따뜻한 봄날 같은 상황에서도 고양외고 하나만을 경영하는 것이 쉽지 않다는 것을 나는 알고 있었다.

그런데 30개나 되는 외고, 전국에 흩어져 있는 회원들을 1년에 고작 2번 정도 만나 함께 문제를 풀어가려면 대단한 리더쉽이 필요할 텐데, 나는 그럴 여유도 자신도 없었다. 저렇게 전화를 일방적으로 끊고 내 사정에 전혀 귀 기울이시지 않는 류 교장 선생님께 무슨 사정이 있나 보다 하면서 어쩔 줄 몰랐다.

그리고는 하나님께 '언제 제가 똑똑해서 외고 교장 일을 했습니까? 하나님이 도와주셔서 여기까지 왔지요' 라고 자문자답했다. '하나님, 이제 할 수 없습니다. 저를 도와주시고 외고에 은혜로 함께해 주세요' 라며 어려운 부탁을 받아들이기로 결심했다.

최종적으로 부회장으로는 대원외국어고등학교의 최원호 교장 선생님과 경남외국어고등학교의 전병철교장 선생님, 부회장이시며 간사로 성남외국어고등학교의 정순권교장 선생님이 함께해주시는 것으로 임원이 결정되었고, 2008년 4월 전국 외국어고등학교 춘계정기 총회를 경남 양산에 있는 경남외고에서 열게 되었다.

2008년 봄, 양산으로 정다운 얼굴들을 보기 위해 수도권에 있는 외고 교장 선생님들과 함께 먼 길을 떠났다. 그렇게 마음속에서 안 된다고 외치는 마음을 달래며 하나님의 도우심을 믿고, 나는 여성으로는 처음으로 가장 젊은 나이에 전국 외국어고등학교의 교장 장학 협의회 회장의 중책을 맡게 되었다.

나는 전국의 외국어고등학교와 협력해 평준화 제도 속에서 수월성 교육의 한 축을 담당하는 외고의 발전을 책임져야하는 사명을 받게 되었다. 한고비 넘으면 또 다시 어려움이 나타나는 현실 속에서 외고 교장 장학협의회 회장의 중책을 맡은 후 2008년도에는 글로리아 체육관의 건축 시비로 마음고생이 심했다. 그 와중에 영재교육원의 개원 준비로 분주하게 겨울을 지내니 쏜살같이 또 한 해가 지나갔다.

part. 5

제2의 도약

마음속으로 기도드린 나는 벌떡 일어났다.
힘을 내야지 내가 이렇게 풀이 죽고 힘이 없어 보이면
나를 믿고 있는 교사들과 학부모들까지 기가 죽는다.
하나님이 살아 계시고 이렇게 나에게 말씀하시는데
더 노력하고 더 열심히 기도하자고
선생님들께 용기를 내자고 격려해야 한다.
마침내 나를 짓누르던 무력감에서 빠져 나올 수 있었다.

|01|
마부작침(磨斧作針)

2002년 벽제고등학교를 외국어고등학교로 전환한 후 고양외고는 벽제고등학교 때와는 차원이 다르게 발전했다.

새 포도주는 새 부대에 담아야 한다는 생각으로 전국에서 몰려드는 인재들을 지도할 수 있는, 실력 있고 영성 깊은 교사들을 대한민국 곳곳에서, 미국, 영국, 캐나다, 중국, 호주, 일본에서 모셔왔다. 미래관, 푸른꿈식당, 비전관, 그레이스관, 지우관, 글로리아관 등 새로운 건물도 해마다 세워지면서 고양외고의 위용에 힘을 더해 주었다.

우리 학교의 기본 교육 시스템인 7-11체제와 더불어 교사 연수와 생활관의 교육의 질을 높이는 실질적인 계획들이 실행되어 감에 따라 진학 실적도 높아져 갔다. 2005년 첫 졸업생은 서울대 2명 합격으로 수고에 비해 아쉬운 결과를 냈지만 2회 졸업생 미러클팀은 서울대 9명과 연대와 고대 합쳐 153명 진학이라는 괄목할 만한 결과물을 내 놓았다.

그러나 3기 수퍼파워팀은 10명을 훨씬 넘는 서울대 합격생을 기대했던 나의 마음을 아쉽게 했다. 3기 수퍼파워팀은 서울대 10명을 비롯해 연고대 합쳐 157명 진학실적을 냈다. 2008년 4기 졸업생 드림 챌린저팀은 2005년 내신의 상대 평가 실시와 함께 모집한 학생들로, 전국적으로 외고에 대한 우려가 높아져 선호도가 주춤하던 때였다.

그런 상황에서도 나는 하나님의 음성에 따라 학급을 증설(학급당 8학급에서 12학급)했다.

또한 1기 드림팀의 능력을 뛰어 넘어 도전하라는 차원에서 드림 챌린저라는 팀명도 정했다. 과연 외고의 첫 번째 위기에 입학한 드림 챌린저팀의 진학 결과가 어떻게 될 것인가 생각하며 최선을 다한 지도로 꼭 서울대 진학 목표 10명 이상, 적어도 15명 정도는 진학시켜야 한다고 교사들을 독려했다.

"하나님의 나라는 말에 있지 아니하고 능력에 있다(고전 4 :20)."

우리는 이 성경말씀을 붙들고 부족하지만 능력의 하나님이 함께 하셔서 능력으로 하나님을 증거하는 고양외고가 되기를 소망했다. 우리가 기도하면서 최선을 다해 지도하고 교육하면 꼭 하나님께 기쁨의 열매를 드리며 세상 사람들에게 우리 하나님의 능력을 당당히 알려줄 날이 있으리라 믿고 또 믿었다.

고3 학생들로 구성된 비전 프로젝트 II와 고 2학생들로 구성된 비전 프로젝트 I 을 통해 서울대 진학을 위한 특별반을 조직했다.

2학급의 3학년 특별반은 두 분의 선생님과 교사들을 돕는 학부모님들의 책임 하에 두고 3학년에서 선발한 서울대 지원자들은 방과 후 특별 자습실에서 함께 자습하도록 했다. 3학년 일반 학생들은 반별로 담임선생님들이 책임지고 명문대학 진학을 목표로 한 자율학습이 이루어지도록 했다.

나는 어떤 일을 계획하고 실시할 때 그 일에 직접 뛰어들어 문제가 무엇인지, 스스로 느끼고 단점을 보완하는 성격이다. 그런 차원에서 비전 프로젝트 I ,II는 나에게 극단의 관심을 요구하는 과제였다. 학교와 학생들을 위해서는 에너지를 더 쏟아서라도 효과적인 시스템을 구축하는 게 옳다고 생각했다. 그렇게 2월부터 3학년 체제에 들어간 드림 챌린저팀과 고양외고는 좋은 결과가 맺어지기를 한 마음으로 기도하며 혼연일체가 되었다.

2007년은 정부의 외고에 대한 규제가 가시화되면서, 외고를 특성화 고등학교로 전환할지에 대한 검토로 외고들이 심각한 어려움을 겪는 때였다.

10월 29일 정부는 외고의 특성화 전환 여부를 차기 정부로 미루기로 결정했다. 나는 일단 안도감을 내쉬며 온힘을 기울여 11월 대학 수능고사의 마지막 정리에 들어간 교사와 학생들을 격려했다.

언제나처럼 수능 전날, 1,2학년 학생들이 수능 치르는 선배들을 위해 성대한 수능 출정식을 가졌다. 강당에서 예배와 격려순서가 끝나면 후배들은 운동장을 가로질러 정문에 대기하고 있는 버스가 있는 곳까지 두 줄로 늘어서서 선배들을 위한 통로를 만들어 준다.

강당에서 목사님 말씀과 기도와 찬양, 선배들의 경험담부터 어머니들의 위로와 교사들의 격려의 찬양까지 끝나면, 나는 강당 밖으로 먼저 나와 강당에서 나오는 학생들 한 사람 한 사람 안아 주면서 담대하게 수능을 치를 것을 당부한다.

수험생들이 운동장으로 나오면, 기다리던 후배들은 꽹과리를 치며 3년을 마무리하기 위해 출발하는 선배들을 온몸으로 응원한다. 오래도록 추억에 남는 멋진 출정식은 우리 고양외고만의 독특한 문화이기도 하다. 학부모님들은 수험생들을 위해 떡을 나누어 주고 전직원과 학생들은 마지막 버스가 정문을 나갈 때까지 손을 흔들며 최고의 컨디션과 노력으로 선배들이 수능을 치를 수 있도록 격려한다.

마음 약한 여학생들은 수능 격려 예배 중에 눈물을 흘리기도 하지만 후배들의 열렬한 응원을 받으며 버스를 타고 정문을 나갈 때는 새로운 각오와 결심으로 결연한 표정을 짓고 있다.

수능 당일 날은 고3 담임들과 수능 감독을 맡지 않는 몇몇 교사들이 우리 학교 학생들이 수능을 치르는 각 고사장에 꼭두새벽부터 배치되고 1,2학년 학생들도 고사장 가까운 장소로 가서 3학년 학생들을 마지막까지 응원하며 격려한다.

해마다 수능날이면 8~9개의 학교 고사장에 나뉘어서 수능을 치르는 학생들을 격려하기 위해 나는 아직도 동이 트기 전 새벽에 집을 나선다. 학교운영위원회와 학부모회 어머니들은 지정된 수능 고사장 정문 앞에서 차를 끓이면서 수험생들을 기다린다. 새벽부터 서둘러도 짧은 시간에 고사장을 다 방문할 수 없어 교감 선생님과 행선지를 나누기도 하지만 우리 학생들이 있는 고사장을 다 찾고 싶은 마음에 이른 새벽부터 고사장으로 향한다.

깜깜한데 미리 나와 있는 많은 분들을 보면서, 극성맞은 교장에 열렬한 학부모와 학생들이 한 팀임을 실감한다. 늘 보는 학생들도 그 장소와 그 이른 시간에 만나면 서로 얼마나 반기는지 모른다. 학생들도 내가 나타나면 수험생 선배가 나타난 것처럼 반가워하며 나에게도 응원가를 불러준다. 이런 일들은 초등학교나 대학교에서는 볼 수 없는 행사지만 우리는 일 년에 한 번 꼭 치러야 하는 대대적인 행사이다.

수험생들이 모두 고사실로 들어가면 학부모와 학생들은 집으로 돌아가고 나와 교사들은 학교로 향한다. 추위 속에서 고생한 선생님들과 가까운 음식점에서 간단히 국밥을 먹고 교장실에 모여 학생들이 수능을 잘 치르도록 마음을 다해 하나님께 기도를 한다.

찬양과 기도로 3년을 고생한 제자들의 수능시험을 위해 남은 교사들과 처절하게 부르짖으며 하나님께 간구하면 우리 모두는 꼭 하나님이 우리의 기도를 들어주실 것이라는 강한 확신을 갖게 된다. 이렇게 안타깝게 부르짖고 매달리는데 하나님께서 우리 기도를 들어주시겠지 하는 안도의 마음을 갖고 교사 기도회를 마친다. 나는 그래도 마음이 놓이지 않아 집 근처에 있는 기도원으로 향하는데 그 곳에는 나와 같이 자식들을 보내고 기도로 함께하는 학부모님들로 가득 차 있다.

언제나 기도가 필요할 때마다 달려갈 수 있는 기도원이 집 가까이 있다는 사실이 얼마나 감사한 일인지 모른다. 그렇게 오후 시간을 기도하며 보낸 후 학교에 돌아오면 3학년 선생님들은 인터넷에서 이미 치른 과목을 살펴보고 수능 경향을 알려준다.

2007년 11월, 그 해는 모든 정보가 더 간절했다. 우리 드림 챌린저팀이 정말 한계를 넘어 비상해주고, 학교와 학부모님과 지역에 기쁨이 되고, 하나님께 영광을 올려드리는 결과를 바라는 마음이 간절했다.

그 때만 해도 수시 문이 좁고 외고에서 수시를 보내는 것이 쉽지 않았기 때문에 진학을 위해서는 수능에 올인하는 것이 전략이었다. 수능을 치른 뒤 학생들은 다음날 가채점을 한다. 영특한 우리 학생들은 틀린 답을 찾아내며 어느 정도 자신의 점수를 예측하게 된다.

수능 점수가 나오면 우리 선생님들은 어느 학교에 누구를 보낼까에 대한 심각한 고민에 빠진다. 명문대학은 워낙 경쟁이 치열해서 학생들을 잘못 지도하면 그동안 수고가 헛될 수 있으니 고3 담임들은 식은땀 나는 결정을 학생들과 해야 했다.

나는 올해에는 꼭 15명 이상 서울대를 진학시키고 싶었는데 나의 바람과는 달리 현실은 밝지 않았다. 연고대와 서강대, 이대, 성균관대, 카이스트 등 명문대학의 결과는 풍성했지만, 서울대 결과는 그렇지 못했다.

2007년과 2008년 1월에 걸쳐 발표한 서울대 최종합격자는 8명으로 집계됐다. 나는 추가 합격을 기대하기도 했지만 결국 전년도 진학 숫자인 10명도 넘지 못한 8명의 합격으로 그쳤던 것이었다.

정말 어찌해야 할지 몰랐다. 얼마나 열심히 뒷바라지하고 얼마나 기도했는데, 무엇이 문제일까? 아무리 생각해봐도 이해할 수가 없었다.

아무리 연고대에 많이 보내도 사람들은 서울대에 얼마나 갔는지 부터 물어본다. 고양외고가 인성교육과 영성교육, 학생들에게 필요한 특별한 교육들을 내실 있게 한다 해도 늘 서울대 숫자로 학교의 질을 평가하는 현실을 무시할 수 없었다. 교과 교육과 진로 지도의 객관적인 평가 중 하나가 대학입시이고, 명문대학 특히 서울대 진학률이 그 학교의 파워임을 부인할 수 없었다.

며칠 동안 실망한 마음을 달랠 길 없어 힘없이 지냈다. 교사들에게 서운한 표정을 보이지 않도록 애써 조심했으나 항상 기뻐하라는 하나님 말씀을 순종할 기력조차 없었다.

그렇게 며칠이 지났다. 슬럼프에 빠진 나를 추슬러야 했지만 역부족인 날들이 계속됐다. 지역 사람들을 만나는 것도 왠지 자신이 없었다.

그러던 어느날이었다. 그 날도 새벽에 눈을 뜨고 일어나야지 했는데 아직 겨울 방학 중이어서 조금은 시간의 여유도 있고 기운도 없어 다시 눈을 감고 조용히 누워 있었다.

그런데 갑자기 마음 한편에서 '마부작침(磨斧作針)'이라는 고사성어가 뚜렷이 떠올랐다. 평소 생각지도 않던 단어라 놀라웠다. 그러나 무릎을 치며 화들짝 일어났다.

'아! 하나님, 당신께서 말씀하시는군요. 저에게 이 상황에서 물러나지 말고 도끼를 갈아서 바늘을 만드는 그런 노력으로, 다시 시작하라는 뜻으로 이 고사성어를 주시는군요.'

4번째 졸업생을 배출하면서 서울대에 15명이 아닌 8명밖에 못 보낸 것이 안타까워 실망한 나에게 하나님은 더 많은 노력이 필요함을 알려주신 것이다. 내 눈에서 주르륵 눈물이 흘렀다. '하나님, 죄송합니다. 노력도 많이 하고 기도도 많이 해서 꼭 잘 될 것이라고 믿었지만 정말 저의 노력은 보잘 것 없고 더 열심히 해야 한다는 것을 알려주셔서 감사합니다.'

마음속으로 기도드린 나는 벌떡 일어났다.

'힘을 내야지 내가 이렇게 풀이 죽고 힘 없어 보이면 나를 믿고 있는 교사들과 학부모들까지 기가 죽는다. 하나님이 살아 계시고 이렇게 나에게 말씀하시는데 더 노력하고 더 열심히 기도하자고 선생님들께 용기를 내자고 격려해야 한다'

마침내 나를 짓누르던 무력감에서 빠져 나올 수 있었다.

2008년 연초, 만 4년간 수고하시던 나병찬 교감 선생님이 하나님의 은혜로 고양외고를 떠나 서울 화곡고등학교 교장으로 영전하시게 되었다. 그러나 축하만 할 수 있는 분위기는 아니었다.

부진한 입시결과에 기운이 빠져 있는데 동고동락했던 교감 선생님마저 떠나신다니 암울했다. 아마도 하나님의 위로가 아니었으면 나는 견딜 수 없었을 것이다.

언제나처럼 좋은 일로 떠나는 분을 붙잡지 않는 내 원칙을 깨고 나는 나 교감 선생님을 붙잡고 싶었다. 그러나 젊은 여교장과 함께 4년이나 고생하신 다음 이제 서울의 큰 학교로 떠나시는 교장 선생님을 붙잡을 염치가 없었다.

나는 고양외고에서 수고하신 나 교감 선생님을 좋은 곳으로 보내시는 하나님이 나와 고양외고를 위해 또 누군가를 예비하셨을 것이라는 믿음을 갖고 좋은 분을 보내주시도록 기도했다.

하루는 전국 외국어고등학교 교장 장학협의회 일을 함께하던 최 교장 선생님께 전화를 드렸다. 우리 학교 사정을 말씀드리고 교감 선생님을 추천해달라고 했다. 기대는 별로 하지 않았는데 의외로 그분은 진지한 어조로 반문하셨다.

"예수는 잘 믿어야 하는 사람이겠지요?"

이에 나는 반색하며 농담 섞인 어조로 대답했다.

"그럼요. 우리 학교는 꼭 예수쟁이어야 하니 잘 찾아봐주세요."

그렇게 며칠이 지났다. 최 교장 선생님께서 전화로 우리 학교에 추천할 분이 계시는데 만나 보겠냐고 하셨다. 교회에서 안수집사직분을 가지신 분이라고 귀띔도 했다.

나는 오랫동안 미국에서 지냈던 사람이다. 한국에서 학위를 한 것도 아니고 교육계에 오래 있었던 것도 아니어서 함께 일할 사람을 하나님께서 직접 보내주시지 않으시면 좋은 분을 찾는데 곤란을 겪을 수밖에 없었다. 그런데 직감적으로 하나님께서 최 교장 선생님을 통해 나에게 교감 선생님을 보내신다는 생각이 들었다.

2008년 1월, 이문행 교감 선생님이 고양외고를 방문하셨다. 키가 크고 마른 몸집의 50대 남자 분이었는데 몸도 약해 보이고 머리도 새하얗게 희어서 고양외고에서 고생하실 수 있으실까 약간 고민이 되었지만, 우리 학교 사정을 자세히 알려드리고 함께 일했으면 좋겠다고 말씀드렸다.

또한 우리 학교에서 일하시려면 학교 주변 관산동으로 이사 오셔야 한다는 것도 당부드렸다. 그리고 2007년에 썼던 고양외고 이야기 『아침 7시, 특목고는 기도 중』 책을 선물로 드렸다.

'하나님이 보내신다면 아무리 힘들어도 마음을 정하고 오시겠지' 생각하며 1주일안에 가부간 연락을 주십사 당부를 드렸다. 그리고 며칠이 지나 내 이메일로 선생님의 답장이 왔는데 내용은 갈 수 없다는 것이었다.

평생을 학교법인 대원 산하의 학교에서만 생활하셨던 분이 낯설고 새로운 장소인 고양외고에서 고생할 생각을 하니 엄두가 나지 않았구나 싶었다. 나는 이해는 했지만 참으로 걱정스러웠다.

누구한테 또 부탁해야 하나, 나 교감 선생님을 붙잡아야 하는지, 정말 난감했다. 그러나 시간은 흐르고, 나는 하나님의 인도하심을 바라고 기도에 매달릴 수밖에 없었다. 언제나 나를 인도하시고 놀랍게 응답하시는 하나님께서 방안을 주실 것으로 믿으며 마음을 달랬다.

그런데 1주일이 조금 지난, 이문행 선생님이 메일을 보냈는데, 지난번 내 제의가 아직도 유효한지 묻는 내용이었다. 나에게 못 간다고 메일을 보낸 후 일주일 동안 아무것도 안하시고 오직 기도와 말씀을 통해 하나님의 뜻이 무엇인지를 간절히 여쭈어 보셨는데, 아무래도 우리 고양외고로 하나님께서 보내신다는 생각이 들어 다시 한 번 메일을 보내신다는 것이었다.

나는 오셨으면 좋겠다고 말씀드리고, 우리 학교는 1월 중에 학년 연수가 있으니 꼭 참석해달라고 부탁드리면서 다시 만날 날을 약속했다. 나는 비로소 안도의 숨을 내쉬었다.

'그래, 이렇게 힘든 일을 쉽게 결정하실 수 없었을 거야. 그래도 하나님이 계속해서 마음을 움직이시니 하나님의 사람은 하나님의 뜻에 순종하실 수밖에 없었을 거야.'

그런 생각이 들자 하나님이 모든 것을 예비하시고 사람의 마음도 움직이시는 분이심을 다시 한 번 체험하고 놀라운 마음과 기쁨으로 가슴이 터질 것 같았다.

'하나님 감사합니다. 감사합니다. 이 고생의 길에 하나님의 사람을 보내주시니 정말 감사합니다.'

그리고 이문행 교감 선생님, 교사들과 함께 마부작침의 마음가짐으로 고생할 각오를 단단히 했다.

나는 이 교감 선생님께 '올해 목표는 서울대 20명 이상 진학' 이라고 명확히 말씀드렸다. 그 동안 학교 건물도 수없이 건축했고 졸업생도 4기를 이미 배출했으니 이제 5기 미러클Ⅱ팀은 목표를 높이 설정하고, 80여 분의 교사들과 500여 명의 고3 학생들이 죽을 고생으로 함께 가자고 말씀드렸다.

오시자마자 부담스러운 목표를 제의함에도 이미 하나님의 뜻에 순종하고 이곳이 주님의 인도하신 곳이라고 믿는 교감 선생님은 알겠다고 긍정적으로 대답하셨다.

드디어 모든 교사연수가 끝나고 2월부터 본격적으로 3학년 체제로 진입할 즈음 이문행 교감 선생님도 고양외고 식구가 되어 학교 근처 고양동에 거하실 곳을 정하셨다.

고양외고는 정말 일이 많은 학교이다.

학교 설명회와 학부모 오리엔테이션, 교사연수, 방과 후 학교, 학부모 관리, 해외탐방 등 아마 일반계 고등학교의 3년 생활에 해당하는 양을 고양외고에서는 1년 만에 해치워야 한다. 하루 24시간, 1년 365일이 부족하여 늘 바쁜 일과 속에서도 세심하고 꼼꼼하게 모든 일정을 챙겨 실수가 없도록 주의해야 하는 것이 교감의 일이다.

이 교감 선생님과 일한지 얼마 안 되어 나는 하나님이 우리 학교에 꼭 맞는 분을 보내셨음을 알 수 있었다. 나 교감 선생님이 고양외고 초창기, 모든 프로그램의 대담한 실천을 통해 학교를 든든하게 세운 야전사령관이며 선머슴 타입이라면, 이 교감 선생님은 기존의 프로그램을 세심하게 살펴 단점을 보완하고 질적으로 튼실하게 가꾸는 능력이 있으신 분이었다.

로켓을 쏘아 올릴 때, 1단계 궤도를 진입할 때까지 대단한 추진력이 필요한데 그 일을 나 교감 선생님이 하셨다면, 이 교감 선생님은 보다 멀리 날기 위해 세심한 주의로 목표를 향하여 착오 없이 조종하는 내공 깊은 조종사 같았다.

정말 하나님은 우리 학교를 친히 조정하시고 단계 단계마다 좋은 일꾼들로 교체하시면서 주님의 일들을 이루어 가시는 것 같았다.

이문행 교감 선생님과 함께 일하면서 그분의 정서적이고 세심한 감성에 놀랄 때가 많다. 나는 여교장이기 때문에 나만의 독특한 리더십이 있을 것이다. 아이를 길렀던 어머니의 심정과, 사물과 자연을 관찰하는 여성 특유의 감성이 곁들여져 아주 작은 부분까지 놓치지 않는 세심함 등 여성만의 장점이 있으나, 그 장점이 오히려 자칫 함께 일하는 남성분들에게는 매우 부담이 될 수 있다.

▲ 수능 출정식

　그런데 이 교감 선생님은 자연과 사물을 관찰하는데 있어 때로는 나보다 더 세밀하고 감성적이어서 놀라게 했다. 아마도 생물을 전공하셨기 때문일지도 모른다고 생각했지만, 사소한 일조차 어려움이 없이 함께 일할 수 있어 얼마나 감사한지 모른다.

　온 교사들이 기도와 찬양으로 이른 아침부터 하루를 시작하고 온 학급에서 아침예배로 하루가 시작되어도 고양외고의 교장부터 기간제 교사까지 하나님이 이곳으로 나를 부르셨다는 소명의식이 있기에 우리는 우리의 모든 수고를 아끼지 않을 수 있었다.

　이 교감 선생님과 교사들, 밥 해주시는 식당 아주머니와 행정실 직원들까지 모두 고양외고에서 일하는 것이 힘들지만 행복하고 보람되기를 소망했다. 우리의 수고를 통해 우리의 제자들이 무럭무럭 튼실하게 자라기를 바라는 마음은 고양외고 식구들에게 한결같은 기도제목

▲ 선배들을 격려하는 후배들

이었다.

봄이 지나고 여름이 가고 어김없이 수능 출정식 날이 돌아왔다. 학교 후배들이 목이 터져라 선배들을 격려하는 고사장에서 외침을 뒤로 하고, 고양외고 5기 미러클II팀은 3년 항해의 마무리에 나섰다.

이번만큼은 꼭 우리의 목표를 달성할 수 있을 거라고 생각하며 모의고사 성적이 나올 때마다 서울대 후보자들의 숫자들을 점검했다. '마부작침'의 마음가짐으로 수고해 온 결과를 기다리는 중에 연고대 발표에 이어 서울대 발표가 나왔다. 수시에 3명이 서울대에 합격해서 정시에 17명 이상이 되어야 총 20명이 될 수 있다고 생각하며 정시 결과를 초조하게 기다렸다.

| 02 |

7전 8기

언제나 서울대는 다른 학교 발표가 끝난 뒤 결과를 발표해서 기다리는데 인내심이 필요했다. 그런데 정시지원자 중 7명이 1차에 합격되었다는 소식이었다. 정시 7명이 다 붙는다 해도 10명밖에 되지 않는데 10명도 진학시키지 못하면 얼마나 망신일까 생각하니 막막했다.

나와 교감, 3학년 담임들, 특별반 선생님들, 학부모들이 얼마나 애썼는데, 후배들은 또 얼마나 궁금해 하는데, 지역에서 시장님과 주민들이 기쁜 소식을 얼마나 기다리는데…….

드디어 정시 결과가 나왔다. 정시합격자 3명. 눈앞이 캄캄했다. 하나님, 하나님, 하나님……. 나는 기도를 계속할 수 없었고 힘없이 하나님만 부를 수밖에 없었다. 믿을 수 없었다. 그렇게 노력했는데 지난해 수치를 꼭 극복해야 했는데 어쩜 이런 일이 또 다시 일어날 수 있을까?

연세대와 고려대, 서울대를 합쳐 150여 명이 넘었으므로 다른 학교에서는 상상도 못할 숫자지만 내 마음은 아무 기쁨도 없었다. 항간에 고양시의 어떤 일반계 고등학교에서 7명을 서울대에 합격시켰다는 말이 있어 확인해 보았더니 정말이었다. 물론 그 학교의 3학년 학생 수가 우리 학교보다 훨씬 많았지만 그것은 우리의 구차한 변명일 뿐이었다.

나는 풀이 죽어 있는 교감 선생님과 교사들을 위로했다. 그분들의 잘못이 아니었다. 나야말로 나의 무능함을 인정하고 사표를 던지고 싶은 심정이었다. 법인에서는 어떤 질책도 하지 않고 묵묵히 학교의 어려움을 지켜보고 있었다.

힘들어 아침에 일어나기 싫을 때에도 누워서 '하나님!' 하고 마음속으로 크게 외치면 힘이 나서 벌떡 일어나 무릎을 꿇고 하루 일을 하나님과 의논하던 매일의 새벽기도는 오랫동안 나와 하나님과의 은밀한 소통 시간이었다. 또한 하나님의 음성을 듣는 소중한 시간이었다. 그런데 하나님, 하나님하고 불러도 힘이 나지 않아 무력하게 누워 있다가 간신히 일어나 기도를 드리고 학교에 출근한 지 며칠이 지났다.

그날도 새벽에 눈을 뜨고 가만히 누워 있는데 나의 상한 마음에 하나님 아버지의 조용하지만 확실한 음성이 들렸다.

"칠전팔기."

나는 픽하고 웃음이 나왔다. 하나님은 칠전팔기로, 어린애 같이 실망한 나에게 또 일어서라는 것일까? 아니면 하도 실망하니 나도 모르게 '칠전팔기' 라는 말이 떠오른 것일까? 조금 더 생각하는데 이번에 또 그 단어가 강하게 마음에 새겨지는 것이었다.

그래 맞다! "칠전팔기"를 이번에 실천하는 기회로 삼자. '아직 "칠전팔기"는 아니야. 이제 5기 졸업생을 배출했고, 6기와 함께 결과를 내야 되니 "6전 7기"지, 해보는 거야! 그리고 이번에 잘되면 "7전 8기" 전에 "6전 7기"로 끝내고 "칠전팔기"를 하는 사람들의 심정을 이해하고 그 말의 깊은 의미를 가슴속 깊이 체험할 수 있을 것이다.'

여기까지 생각이 미치자 이불을 걷어차고 벌떡 일어나 무릎을 꿇었다.

"하나님 아버지, 감사합니다. 다시 일어서겠습니다. 6전 7기로 끝낼 수 있도록 저에게 지혜와 건강과 믿음을 주시옵소서."

기도할 때 나는 하나님이 내가 그동안 보지 못했던 것들을 가르쳐 주시는 것을 느낄 수 있었다. 이제는 수시와 정시를 잘 지도하여 학생들이 철저히 준비하도록 교사들이 시간을 내어 상담하고, 특히 서울대, 연고대의 내신과 스펙 정도를 확실하게 파악하고 로드 맵을 작성하여 전 교사들을 훈련시켜야 할 필요성을 기도 중에 절실히 깨달았다.

내가 기운을 내자 학교에 다시 생기가 돌았다.

'그래, 칠전팔기 위력을 보여주는 것이다. 나는 아직 젊다. 그리고 내 말이라면 믿고 따라주는 선생님들이 있지 않은가? 외부의 기대와 수군거림은 나의 용기와 믿음을 꺾을 수 없어! 그래, 나는 원래 부족한 사람이었다. 우리 선생님들도 열심히 헌신했지만 더 경험이 필요하다' 교사 연수와 학생 상담, 효율적인 자율학습 지도에 박차를 가하는 용기를 냈다.

2009년도에는 외고에 말할 수 없이 큰 어려움이 닥쳤고, 나는 전국 외국어고등학교 교장 장학협의회 회장으로 위험의 최전선에 서서 거센 풍파와 싸워야 했다. 11월, 12월 전국 외국어고등학교 교장 장학협의회 정기 총회와 교과부의 공청회, 공청회 이후 사립 전현직 외고 교장협의회 모임이 계속되었고 그때마다 성명서와 결의문을 작성하고 발표하는 일은 내 몫이 되었다.

거센 파도에 이리저리 흔들리며 꺾어질 듯 휘청거리는 갈대 같은 처량한 모습이 TV를 통해 전국으로 방영되고, 신문마다 외고 문제가 1면을 장식했다. 어떤 분은 나를 가리켜 전쟁터에 뛰어들어 싸움을 지휘한다며 "강 장군"이라고 표현했다.

교회나 모임에 나가면 외고가 어떻게 되느냐 걱정하는 이웃이 많다. 외고가 없어져도 사교육이 없어지지 않을 텐데 왜 그렇게 힘들게 하는지 모르겠다는 분들도 있다. 그런 걱정들이 부담이 되어 웬만한 모임에는 나가지도 않는 위축된 내 모습이 쓸쓸했다. 그러면서도 어떤 어려움도 하나님이 함께 하셨는데 이 일도 잘 해결해주시겠지 라는 마음으로 그때그때 닥치는 일을 여러 외고 교장 선생님들과 의논하며 대처해 나갔다.

열심히 학생들을 지도하고 수고하여 좋은 대학에 진학시켰는데 그것이 무슨 큰 죄나 되는 것처럼 외고 설립 목적위반 운운하며 입시 기관화되었다고 몰아붙이는지 속상했다. 하지만 평준화가 확대되고 시간이 흐르면서 일반계 고등학교 뿐 아니라 일선의 중학교까지 교육 붕괴가 가속도를 내면서 외국어고등학교의 선호도는 날로 높아갔다.

우수학생 선발을 위해 외고가 변별력 있는 문제로 차별화가 되니 일반 중학교에서 배우는 속도로는 해결이 안 되는 약삭빠른 학원들이 앞다투어 학생들에게 선행학습을 시키면서 문제점이 도출됐다. 학부모들의 사교육 부담이 날로 늘어나는 형편이었다.

급기야 2009년에는 사교육 경감 차원으로 외고 입시 전형에 중학교 내신의 반영률을 높이고 수학, 과학, 사회 등의 지필고사나 면접은 보지 않도록 하고 영어듣기 성적만을 반영하고 인성과 적성, 학생들의 창의력 능력을 묻는 구술면접등 신입생 선발 기준이 마련되었다.

2009년 10월 정치권에서 사교육 절감을 위해서는 법을 고쳐서라도 사교육 주범인 외고를 폐지해야 한다는 극단적인 방안도 제기되었으나, 외고는 초등학생들도 가고 싶은 학교, 그들의 장래 목표가 되는 '귀한 몸'이 됐다.

목표의식 없는 중학생들이 예전에 고등학생들이 하던 흡연, 폭력, 왕따 등으로 친구들을 두렵게 하는 상황 속에서도, 외고에 가고 싶은 중학생들은 밤늦게까지 공부하고 사교육을 받는 등 기를 쓰고 외고 준비에 임하는 학습분위기가 형성됐다.

2010년 우리 학교가 있는 고양시 지역 중학생들이 졸업 뒤풀이 알몸 동영상 사진을 인터넷에 올려 사회가 발칵 뒤집히는 사건이 터졌다. 남녀 중학생 15명이 알몸으로 졸업빵(뒤풀이)을 하는 사진 40여 장이 인터넷에 퍼지기도 했다.

졸업식을 마친 학생들이 대낮에 아파트 주변에서 속옷까지 벗고 밀가루와 날달걀을 뒤집어쓴 채 인간 피라미드를 쌓았고, 여중생 7명이 알몸으로 담 아래 서 있는 사진이었다. 아이들은 경찰서에서 "선배들로부터 졸업빵에 나오라는 문자 연락을 받고 안 나가면 혼날까 두려워서 갔다"고 말했다.

부산과 청주에서도 알몸으로 도심을 달리고 바닷가를 누비는 졸업 뒤풀이가 벌어졌고, 제주에서는 선배들이 여중생 7명을 포구로 데려가 교복과 속옷을 갈기갈기 찢어 알몸으로 만든 뒤 포구 앞바다에 밀어 넣었다. 여중생들은 다행히 해녀들에게 발견돼 구조됐지만, 경찰은 가해 학생들에게 집단폭력행위 혐의를 적용해 처벌할 것을 검토 중이라는 입장이었다. 푸른 꿈을 키우고 미래를 준비하며 친구들과 우정을 쌓아가는 학교는 이제 말뿐이 되었고 졸업식이 끝난 뒤에 무서운 폭력이 도사리는 공포의 장소가 되었다.

너무 극단적인 표현이라고 생각할지도 모르지만 대한민국 중·고등학교의 모든 시설과 환경, 여건은 몇 십 년 전 내가 학교에 다닐 때보다 월등히 나아졌지만, 교사와 학생, 학생과 학생, 교사와 학부모와의 관계를 비롯한 인간적인 사랑과 믿음은 차가워졌고, 지식의 전달도 사교육과의 경쟁에서 경쟁력을 잃어버린 황폐한 교육의 장이 되었다.

도를 넘은 학교 폭력을 견디다 못한 중·고등학생들의 자살 소동도 간과할 수 없는 문제다. 언론에는 연일 심각해지는 학교 폭력 현장이 보도되고, 폭력 당사자를 대거 연행되고 학교 폭력에 대처하지 못한 교사들에게 책임을 물어 구속하는 지경까지 왔다.

정부가 2012년 2월에 학교 폭력 종합대책을 발표했지만 이 대책이 실효를 거둘지에 대해서는 일선의 교사나 학부형들 모두 강한 의구심을 보이고 있다. 학교 폭력은 외고나 특목고를 강압적으로 탄압하고, 중학생들이 열심히 공부하지 않고도 학교에 갈 수 있도록 입시 제도를 대폭 수정하거나 평준화 제도를 확대하면서 눈에 띄게 늘어갔다.

질풍노도의 사춘기에 학생들이 미래에 대한 목표 없이 시간을 알차게 보낼 수 있는 동기가 결여된 채 중·고등학교 시절을 보내는 것은, 그들에게 감정적이고 자기중심적인 행동을 하라고 내모는 것이나 마찬가지이다. 더욱이 안타까운 것은 친구에게 폭력을 행사하면서도 폭력을 당하는 친구의 괴로움을 알게 해 주는 교육이 어디에서도 제대로 이루어지지 않고 있는 현실이다.

단지 사교육비 증가를 억제한다는 경제적인 면에 초점을 둔 정부의 사교육경감대책은 교육의 참된 목표 제시에 대한 철저한 분석과 교육 성과에 대한 진실한 평가 없이 이루어진 편파적이고 포퓰리즘적 접근을 통해 급조된 정책이었다.

이러한 정책에 특수목적고와 대한민국 교육이 희생양이 되었고 그 결과 오늘날 중등교육 붕괴가 가속화되었다고 나는 생각한다. 당시 교육과 사교육에 대한 모든 문제를 외고탓으로 돌리는 현실 속에서, 외고 교육자들은 인재를 길러 기쁨을 얻기보다 인재로 인해 각종 어려움을 감당하는 처지일 수 밖에 없었다.

중학교는 중학교대로 고등학교는 고등학교대로, 경쟁 없이 강제배정에 의한 평준화와 목표의식 없는 안일한 교육현장에서, 최선을 다하여 학생들에게 좋은 시설과 훌륭한 교사, 믿을 수 있는 학생지도와 명문대학 입시실적 등을 갖추어 제공하는 외고의 역할이 막중해졌다.

외고 선호현상에 대해 입시 위주 교육이기 때문이라고 꼬집어 말하는 사람들도 있다. 하지만 나는 입시와 상관없이 목표의식을 잃어버리고 방황하는 학생들, 입시교육뿐 아니라 인성교육, 생활지도 등 어느 것도 제대로 할 수 없는 안타까운 중등교육의 현실 때문에 소신을 갖고 교육하는 외고의 문을 학생들과 학부모들이 세차게 두드리는 것이라고 생각했다.

이러한 내 견해에 동의하듯 졸업생 알몸 뒤풀이로 전국이 떠들썩하던 며칠 후 고교생 6,600명을 조사해보니 수업, 면접, 인성교육 등 모든 면에서 학원 강사가 교사보다 우세했다는 연구결과를 인용한 기사가 중앙일보에 실렸다.

대한민국 학교는 이미 사교육에 경쟁력을 잃었고 그나마 살아 있는 특수목적고에 열망하는 수요자들이 해마다 늘고 있는 현실인데도 공교육 활성화보다 기존의 특목고들을 없애려고 애쓰는 교육 정책이 너무나 안타까웠다.

나는 구정 연휴 마지막 날에도 학교에 나왔다. 고3 학생들, 아직은 2월이니 당시에는 2학년 학생들이 아침 7시 30분에 나와 공부하다 막

돌아가고 있었다. 구정이라 6시에 하교했지만 도서관에서는 아직도 많은 학생들이 자율적으로 남아 공부하고 있었고, 그런 학생들을 위해 세 분 선생님이 하루 종일 학생들과 함께하고 있었다. 오전에는 교감 선생님이, 오후에는 내가 둘러보는 식으로, 등교했던 학생들의 귀가를 지켜보았다.

학생들이 집으로 다 돌아간 후에도 구정에 집에 가면 복잡할 것 같아 학교에 남아 11시까지 공부하는 학생들을 교정 곳곳에서 볼 수 있다. 얼마나 쉬고 싶고, 놀고 싶고, 편하게 있고 싶을까. 우리 학생들은 그런 생각으로부터 자신들을 다스리고 오늘의 목표, 이번 주의 목표, 올해의 목표를 향해 부지런히 나아가고, 또 그런 학생들을 위해 학교는 난방을 하고 청소를 해주며 학생들에게 편의를 제공하고 있다.

극성맞은 교장은 학생들을 졸업시키며 그때마다 울음을 터트린다. 학생들과 함께 고생하며 지낸 세월들이 내 젊음을 가져갔지만 학생들의 우정, 교사에 대한 존경, 학창시절의 추억을 간직하는 통로가 된다는 자부심으로 기꺼이 이 일을 하고 있는 것이다.

해마다 졸업식 순서지에는 그 해 학교진학 실적이 기록되는데, 2010년 2월 11일에는 당당히 서울대 24명, 연대 89명, 고대 85명 진학실적이 기록됐다. 7전 8기가 아닌 6전 7기로 서울대 진학 20명 이상, SKY 198명 진학을 지역사회에 당당히 알리는 기쁨을 누렸다.

또한 모든 교사들은 하나님의 풍성한 은혜에 기쁨과 감사로 영광을 돌렸고, 외고를 향한 거센 폭풍 속에서 애타하는 나에게 하나님은 흡족한 진학성과로 위로해 주셨다. 흰 눈이 펑펑 내리는 졸업식. 우리에게 기쁨을 준 6기 슈퍼파워II팀 507명의 졸업식을 아마도 평생 잊지 못할 것이다.

그 이후 2011년 2월 졸업식 순서지에는 서울대 34명, 연대 107명, 고대 80명 등의 괄목할 만한 결과가 기록되었다. 하나님의 축복이 함께하심을 참석한 모든 분과 함께 감사하며 감격으로 흥분된 졸업식이었다.

그동안 주변에서 교육을 걱정하는 따뜻한 분들의 위로가 마음을 다잡고 힘을 얻는데 큰 도움이 됐다. 위기에 봉착하고 시련과 마주할 때마다, 힘들고 어려울 때마다 용기와 힘을 주신 모든 분들께 다시 한 번 감사드리고 싶다.

강성화 교장 선생님

오늘 아침 외고 문제 해결책 뉴스를 들었습니다.

만족스런 결과가 아니더라도 일단 위기는 넘긴 것으로 생각되었어요.

그동안 말 못할 일들과 어려움이 많으셨을 줄 압니다.

항상 힘 잃지 않으시고 밝고 당당한 모습으로 화면에 비추어지니 한편으론 걱정보다 잘 해결될 것이란 든든함이 느껴지더라고요.

입시와 더불어 복잡한 일들이 많아 쉬지도 못하셨을 텐데…….

짧은 시간이라도 재충전하실 기회를 가지시길 바랍니다.

화면으로만 뵈었지만 선생님 뒤에는 언제나 든든한 후원자들이 함께 하심을 느낄 수 있었답니다.

사랑의 하나님께 마음의 평화를 바라는 기도를 함께 올립니다.

김민화 드림

part. **6**

하나님의 영광을 위해

훗날 이 모든 어려운 과정을 알게 되신
황 전 시장님은 농담으로 말씀하셨다.
"11월 그날 우연히 그 자리에 가서 이 일에 개입되어
고양외고를 너무 깊이 알게 되었어.
강 교장, 내가 그날 거기 간 것은 우연이었어.
그날 그 자리에 가려고 하지 않았는데
어떻게 하다 보니 가게 된 것이었어.
정말 하나님이 강 교장을 도와주신 것이야."

|01|
글로리아 생활관

우리 학교 설립 이념은 하나님을 사랑하고 나라와 겨레를 사랑하는 미래의 지도자를 육성하는 것이다. 학생들의 신체적, 지적, 사회적, 정서적 교육뿐 아니라 영적인 교육도 일 년 내내 이루어진다.

나는 선생님들과 함께 매일 아침 예배를 드리면서 하나님이 세상을 두루 살피시다가 눈을 뗄 수 없는 곳, 너무나 진지하게 온 교직원이 하나님께 예배드리고 학생들이 이른 아침부터 예배로 하나님을 영화롭게 하기에 그냥 지나칠 수 없는 곳이 고양외고가 되기를 진심으로 기도한다.

하나님께 온전히 영광 돌리는 곳, 깨끗하고 맑은 영성으로 교육을 감당하는 곳이 우리 학교가 되기를 갈망한다. 그런 학교가 될 수 있도록 부족하고 연약한 나를 붙드시고 인도하시기를 하나님께 날마다 기도하고 있다.

2008년 새로운 교감 선생님과 함께 '마부작침' 고사성어를 가슴에 새기고 또 한해를 힘차게 시작한 봄이었다. 입학식을 치르고 새 학기 시작으로 분주함이 조금 가라앉은 늦은 3월 어느 날, 여느 때처럼 이른 아침에 기도를 하고 있었다. 그런데 하나님의 음성이 조용하게 그러나 확실하게 들려왔다.

"생활관을 지어라, 더 크게 생활관을 지어라."

나는 깜짝 놀랐다. 생활관을 짓다니요? 이제 간신히 지우관II를 짓고 남학생들을 추가로 수용했는데 더 이상 지을 땅도 없어 내 집까지 헐었는데, 어떻게 그런 말씀을 하십니까? 나는 내가 잘못 들은 것 같아 횡설수설하며 변명을 늘어놓았다.

그러나 진짜 이유는 생활관 확대에 대한 두려움과 생활관의 효과에 대한 확신의 부족이었다. 관리계획을 받아야 하고 예산을 확보하는 것 또한 어렵고도 힘든 일이었기 때문에 갑작스런 하나님의 음성에 깜짝 놀랐던 것이었다.

다시 곰곰이 생각하며 이 일이 정말 하나님으로부터의 계획이라면 나의 부정적인 생각부터 없애야 한다고 생각했다. 생활관이 필요한가에 대해서 나름대로 논리를 점검해야 했다.

그런데 이미 2007년 10월에 드린 추수감사절 예배에 생활관 학생 20여 명이 생활관 관장 목사님과 여러 지도 선생님들의 인도로 세례를 받게 되는 감격적인 사건이 있었다.

고양외고를 처음 시작하면서 1기 40여 명의 생활관 학생들에게 생활관 입사원칙 2가지를 내 놓았다.

첫째, 수요일 저녁에는 꼭 생활관에서 주관하는 생활관 예배와 성경 공부에 참석해야 하며, 둘째, 원어민 교사와 함께하는 회화 수업을 필수적으로 참여해야 한다는 것이었다.

생활관은 순수하게 학생 편의를 위해 제공되는 것으로 학교 교육과

▲ 글로리아생활관

교육청 의무 사항이 아니므로 교장과 직원들의 대단한 관심이 없으면 운영하기가 매우 힘들다. 각 가정에서 자신의 자녀 한두 명도 교육시키기 힘든 사춘기 남녀 학생들을 몇 십 명씩 공동체 안에서 돌보는 것이 너무 힘들기 때문에 그에 따른 확실한 당위성이 있어야 했다.

나는 생활관을 통한 복음 전파의 목표로 당위성을 부여했다. 힘들고 좌절하기 쉬운 생활관 학생들은 매주 수요일 예배와 성경공부, 생활관 교사들의 헌신적 상담을 통해 부모를 떠나 고양외고 생활에 적응할 뿐 아니라 영적으로 거듭나서 세례까지 받게 된 것이다.

따라서 생활관을 확장해야 하는 이유는 분명 있었다. 생활관 관장이신 목사님은 나와는 끊을 수 없는 인연이 있는 분으로 벽제중학교와 고양외고 초기에 벽제중학교의 한 교사로 인해 어려움을 겪는 중에 만났고, 그것이 계기가 되어 2006년부터 사모님과 함께 생활관 관장 일을 하시게 되었다.

사모님은 여학생 생활관을, 목사님은 남학생과 생활관 전체를 책임 지시는 분으로 두 분과 생활관 지도 선생님들의 헌신이 아니었으면 이런 영적인 결과가 나오지 못했을 것이다. 신 목사님은 군대에서 교관을 하셔서 이미 공동체 생활 속에서 규율을 엄격하게 지키는 것을 훈련받으신 분이었다.

학생들은 관장님이 목사님이신 것을 알고는, 생활관 규칙을 어기고도 목사님의 자비를 바라는 이율배반적인 태도를 보였지만, 목사님은 언제나 흔들리지 않고 단호히 생활관 규칙 준수를 강조하면서 생활관의 기강을 튼튼히 하셨다.

학교생활과 성적으로 고민하며 방황하는 생활관 학생들에게 하나님의 말씀으로 위로하며 주님께로 인도하시는 영적인 일들도 잘 감당하여 2007년부터는 봄, 가을에 전교생이 드리는 부활절 예배와 추수감사절 예배에 생활관 학생들이 20여 명씩 세례를 받게 되었다. 2009년 봄 부활절 예배에는 28명, 가을 추수감사절 예배에는 37명이 전교생 앞에서 세례를 받게 되었다.

두 분의 헌신이 열매를 맺어가고 있으므로 나는 그저 생활관 건축에 신경만 쓰면 되는데 내 마음은 하나님의 음성만으로는 충분치 않았다. 한편으로는 생활관에서 학생들이 생활하면 학교 입시 성적에 도움이 되리라는 생각도 들었다. 지금까지 생활관은 주로 원거리 학생들을 위한 것이어서 고양시 학생들에게는 별로 혜택이 없었다.

사실 고양외고 초창기 생활관에는 고양시 학생들도 여러 명 있었는데, 7-11체제에서 생활관에서의 생활이 그다지 자신들에게 도움이 되지 않는다면서 여러 명이 지속적으로 퇴사했다. 그때 나는 근거리 학생들에게는 생활관이 그다지 매력적이지 않다는 것을 알았고, 7-11체제가 근거리나 원거리 학생 모두에게 매우 좋은 학교 시스템이라는 확신을 갖게 되었다.

이 후에 경기도에서 세워지는 모든 외고에서는 학생 전원이 생활관에서 생활하는 시스템을 갖추었는데 나는 생활관을 운영하려면 얼마나 교장 선생님들의 수고가 많을까 걱정이었다. 아니나 다를까 교장 선생님들을 만나면 이구동성으로 생활관 운영의 어려움을 호소하곤 했다. 그래서 나는 생활관 확장에는 그다지 관심을 두지 않았고 원거리 학생들을 위한 규모로 생활관을 운영하려고 했다.

그런데 하나님은 나에게 생활관을 확장하라고 하셨다. 하나님의 계획은 언제나 옳으셨고 나는 순종해야 했지만 생활관에 대한 내 입장이 이러했기에 선뜻 하나님 음성을 받아들이기가 어려웠다.

그런데 고 3이 되면 학생들이 고 1,2때보다는 집중해서 공부하고 통학하는 시간도 아까워하니 생활관을 확장하여 고3 학생 일부를 수용하면 대학 진학에 도움이 될 수 있으리라는 생각이 들었다. 여기까지 생각이 미치자 내가 생각하고 계획한 일은 아니지만 하나님이 나에게 알려주시니 일단 생활관을 건축하는 것으로 마음을 정리해야 했다.

제일 먼저 교감 선생님께 내 계획, 하나님의 계획을 알렸다. 교장실에서 차를 마시며 이제 한 달이 채 안 된 신참 교감 선생님께 뜬금없이 하나님께서 생활관을 확장하라고 나에게 말씀하시니 생활관을 지어야겠다고 말하는 나를 어떻게 생각했을까? 지금도 가끔 그때 심정을 묻고 싶다.

아마 교감 선생님은 내가 지나가는 말처럼 했기 때문에 심각하게 생각하지 않았을 지도 모른다. 아무튼 나는 이제 마음속에 생활관 확장을 계획하고 있으므로 그 다음 단계에 대해 구체적으로 시간을 두고 진지하게 고민해야 했다. 일단 생활관을 지을 수 있는 학교터가 필요했다.

우리 학교에서 유일하게 학교 용지로 편입되지 않고 도시 계획상에만 학교 용지로 되어 있는 곳이 바로 글로리아 체육관 앞의 정원이다. 원래 글로리아 체육관을 지으려고 계획했으나 관리계획을 거쳐 학교 용지로 확정해야 했기에, 그 계획을 포기하고 정원을 만들었다.

봉숭아, 과꽃, 해바라기, 코스모스, 국화, 메밀꽃이 일 년 내내 피고 지고, 점심때는 중학교 학생들이, 저녁때는 외고 학생들이 편안하게 즐길 수 있는 아름다운 글로리아 정원으로 조성했다. 글로리아 정원에서는 고구마와 고추, 땅콩 등을 심어 가을에 추수도 했다.

이제 그곳밖에 남은 땅이 없었고 이 땅에 대해서도 관리계획을 받고 또한 동시에 생활관 건축에 대한 관리계획도 받아야 했다. 그 어려운 관리계획 절차를 진행하고 생활관 규모를 정해 예산도 마련해야 했다.

나는 1,000평정도 규모의 500여 명을 수용할 수 있는 생활관 규모로 50억 정도의 예산을 마음속에 생각했다. 50억! 참으로 놀라운 액수였다. 글로리아 체육관 공사비 30억이 없어 18억에 수의 계약을 했는데, 체육관 준공 1년 후 다시 50억 공사를 계획하는 나는 계산을 전혀 못하는 문제 있는 교장이었다.

그러나 언제나처럼 하나님이 지시하시면 내 생각과 경험을 뛰어 넘어 추진해야만 했고 미련하고 부족한 나는 후에 왜 그런 일을 하나님이 하셨는지를 이해하고 감사할 수밖에 없었기에 남이 보기에는 무모한 일을 또 다시 계획한 것이었다. 그리고 글로리아 체육관 앞이니, 글로리아 생활관이라는 이름까지 생각해 놓았다.

|02|
20억의 눈물

　일단 생활관의 건축을 결심하자 이제 실제로 어떻게 예산을 확보해야 하는가가 현실적인 문제로 다가왔다. 50억 재원을 어떻게 마련할 것인가? 며칠을 고민하다 일단 시장님을 만나보기로 했다.

　자질구레한 건축으로 벌써 여러 차례 고양시에서 외고를 도와주셨고 또다시 도와 달라는 말은 염치가 없어 할 수가 없었지만, 어쩔 도리가 없었다. 남에게 신세를 지는 것을 지독히 싫어하는 나는 외고 덕분에 염치를 무릅 쓰고 여기저기에 도움을 청하는 사람이 되었다. 시장님을 만나 도움을 청하는 수밖에 없었고, 시장님 마음을 움직여 달라고 하나님께 간절히 기도했다.

　신입생 입학식과 재학생 진급, 학교운영위원회 구성으로 복잡했던 3월이 지나고 4월 중순에 시장님께 면담 요청을 했다. 다행히 친구 김경회 교수와 집필한 『영·유아 언어지도』라는 새 책이 2008년 3월부터 교재로 사용하도록 깔끔히 제본이 되어 막 출판되었다.

　나는 새 책을 들고 시장님을 찾아 갔다. 교장실에 불려간 학생처럼 두근두근한 마음을 누르고 시장님께 새로 나온 교재를 선물했다. 반갑게 맞아주신 시장님은 책도 쓰냐고 물으시면서 책 몇 장을 뒤적이시는 것이었다. 어떻게 시작할까를 마음속으로 고민하는데 불쑥 시장님이 "학교에 필요한 것 없습니까?"라고 묻는 것이었다.

"아, 오늘은 저희 학교에 생활관이 필요해서 말씀드리려고 왔습니다."

내가 얼른 대답하자, 생활관이 더 필요하냐는 시장님의 질문이 이어졌다.

"네. 지금은 원거리 학생들을 위해 있는데 아무래도 고양시에서 통학하는 고3 학생들도 이용하려면 생활관을 더 지어야 할 것 같습니다."

내가 빠르게 대답하자, 시장님은 잠깐 생각하시더니 얼마나 필요하냐고 다시 물어보시는 것이었다.

"한 50억이 될 것 같습니다."

나는 조금 자신 없게 대답했다.

"공사비가 많이 드네요?"

시장님이 간단히 말씀하시는데 나는 정말 난감했다. 그래도 얼른 정신을 차렸다.

"생활관은 학교 교실과는 달리 각 방마다 샤워실과 화장실이 있어야 하고, 냉난방 시설이 필요하므로 아파트를 짓는 것보다 예산이 더 필요합니다. 한 방에 4명씩 사용하게 되면 500여 명을 더 수용할 수 있을 것입니다. 시장님이 도와주시면 고양외고를 전국에서 제일가는 학교로 키우겠습니다. 도와주세요."

내가 또박또박 말씀드렸더니 시장님은 천천히 부드러운 목소리로 조금 여유 있게 물으셨다.

"그러면 시에서 얼마나 보조해야 됩니까?"

"교육청과도 상의하고 학교와 법인에서도 부담하여 시에서 얼마나 도와주셔야 하는지를 알려드리겠습니다. 다음에 실무자를 만나 자세히 말씀드리겠습니다."

"그렇게 하세요."

시장님의 편안한 대답에 나는 숙제를 다 끝낸 기분이 들었다.

"정말 감사합니다. 시장님 시간을 내 주셔서 감사합니다."

나는 어느 정도 자세히 말씀드렸는데, 혹시 시장님 마음이 바뀔지도 모른다는 생각이 들어 얼른 자리에서 일어섰다.

시청을 나와 학교로 돌아오면서 하나님이 시장님 마음을 부드럽게 움직이신 것을 알 수 있었다. 강 시장님은 선거 공약사항이었던 고양예고에 대해서는 각별한 애정을 갖고 설립 과정에서부터 지원과 관심을 아끼지 않으셨다.

그에 비해 고양외고는 이미 설립되었고 선호도가 높은 학교라 오히려 고양시의 적극적인 관심과 지원이 부족했다. 또한 고양시 살림살이가 그다지 넉넉지 않고 해마다 경제 사정이 악화됨으로 고양시에 보조금 지원 요청을 할 때마다 설득하기가 쉽지 않았고 오늘도 내심 불안한 마음으로 시장님을 만나 뵈었던 것이다. 그러나 만나 뵙기 전보다 훨씬 가벼운 마음으로 시청을 빠져나오며 마음 약하고 자존심 강한 내가 시장님을 만나 돈 얘기를 하고 상처 입을까를 염려하여 하나님이 먼저 강 시장님의 마음을 움직이셨다는 확신이 들었다.

이제 시장님이 어느 정도 허락하셨으니 대응투자사업으로 교육청에서도 보조를 받고 학교와 법인에서도 돕게 되면 생활관 건축은 어렵지 않을 것 같았다. 나는 고양시와 교육청에서 각각 20억씩 합 40억과 학교와 법인에서 10억을 합해 총 50억 공사에 대한 예산 확보 계획을 세웠다.

이제 대응투자에 관한 공문이 오면 교육청에 신청하고 시청에도 확답을 받아야 한다고 생각하며 나름대로 일정을 세웠다. 그와 더불어 관리계획도 신청해야 하므로 담당 직원에게 당부하고 실장님께는 관계 서류를 준비하라고 지시했다.

그런데 시설투자 50억 이상은 경기도청에 의뢰하여 투융자심의를 통해 사업의 타당성을 심의 받아야 한다는 것이었다. 보통 7월에 열리는 투융자심의를 경기도청에 의뢰하는 것이 관례였다.

감사원은 그 해 4월 18일 글로리아 체육관 감사로 인해 지적된 사항들을 고양교육청과 시청에 시정하라고 지시했고, 교육청 담당 직원들이 우리 학교 체육관 공사에 관해 심한 문책을 받았다고 했다. 공교롭게도 글로리아 생활관 예산 문제를 본격적으로 논의해야 하는 시점에, 앞서 말한 이미 준공하여 사용 중인 체육관 공사의 적절성 여부가 시비로 불거진 것이다.

경기도 제2교육청은 감사원 지시에 따른 시정 조치를 위해 급기야 경찰에 고발하게 되었고 나는 이 일로 마음에 심한 고통을 받던 중이었다. 하필이면 글로리아 생활관 문제를 해결해야 하는 시점에, 체육관 건축으로 인해 심기 불편해진 교육청에 생활관 예산을 부탁해야 하는 난처한 상황에 처하게 된 것이었다.

나는 하나님이 생활관을 지으라고 분명히 나에게 지시했는데 문제가 풀리기는커녕 복잡하게 얽혀가고 있고 사탄이 일을 복잡하게 만드는 것이 아닌가라는 생각을 떨쳐버리기 어려웠다.

우리 학교에서 가장 하나님이 영광 받으시는 건물이 글로리아 체육관이다. 고양외고 학생들은 체육관에서 각계각층의 크리스찬 리더들을 초청하여 한 달에 두 번 채플 겸 명사 초청 예배를 드리고 있다. 중학교도 매주 수요일마다 지역 목사님을 초청하여 글로리아 체육관에서 예배를 드리고 있다.

체육관이 없었을 때는 국제관 강당에서 1개 학년이 예배를 드리면 나머지 학생들은 각 교실에서 멀티 화면으로 중계방송을 통해 예배를 드렸다. 그런데 토요일 11시에 시작되는 이 예배는 한 주간을 마무리하는 학생들에게는 피곤이 누적되고 긴장이 풀리는 시간이었다. 따라서 각 학급에서 예배드리기에는 적절하지 않았지만 그래도 성령님을 의지하며 중계방송으로 채플을 드릴 수밖에 없었다.

채플뿐 아니라 학교 설명회와 신입생 OT, 졸업식, 입학식 같은 중요한 행사가 체육관에서 이루어진다. 낮에는 벽제중학교 학생들이 체육관과 체육관 밑의 1층 공간에서 체육수업을 하고, 저녁에는 태권도부 학생들이 10시까지 연습하는 등 쉴 틈 없이 학생들의 건강 교육과 영성 교육에 사용되는 시설인 것이다. 그러니 얼마나 마귀가 배가 아플 것인가?

글로리아 체육관은 기초공사를 할 때부터 하나님이 기뻐하시는 건물임을 느낄 수 있었다. 그러기에 사탄은 글로리아 체육관 때문에 내가 애가 타고 고생을 단단히 했으면 할 것이고 더 나아가 이 문제를 터트려 고양외고 생활관 건축에 필요한 예산 확보에 타격을 주려 한다는 생각이 들자 나도 각오를 단단히 해야 했다.

그러나 이런 말을 사람들에게 했다가는 나를 모든 일을 영적으로 무리하게 꿰맞추는 이상한 사람으로 볼 수 있으리라 생각하여 하나님께 간절히 기도할 수밖에 없었고 교직원 신우회와 학부모 기도회를 통해 중보기도를 부탁했다.

나는 사탄의 훼방으로 겁을 먹고 위축당하지 않으리라고 결심하고 사탄의 계책에 휘둘리지 않으려 했으나 때때로 깊은 걱정과 불안함을 감출 수 없었다. 그런데 체육관과 관련된 사실을 알게 된 시청에서는 교육청에서 보조금 확정이 되지 않았으므로 투융자심의를 경기도에 올릴 수 없다는 것이었다.

나는 고양시 기획실장을 만나 꼭 보조를 해주어야 한다고 역설했지만 그는 단호하게 올해는 무리라고 말씀하시며 내년에 모든 것이 잘 해결된 다음 추진하라는 것이었다. 나는 맥이 풀렸다. 하나님은 나에게 분명히 생활관 건축에 대해 말씀하셨는데 너무 방해가 심하다고 느꼈다.

그러나 한편으로는 어떤 방법이 있겠지, 하나님은 결코 나에게 안 되는 일을 하라고 명령하시는 분이 아니시고 힘이 없어 사탄에게 밀리는 분도 아님을 믿기 때문에 이제는 하나님이 어떻게 도와주시는지 살펴보고 내가 해야 할 부분을 민첩하게 실행해야만 했다.

고양경찰서 조사가 일단락되었고 사립학교 시행령의 법조문도 알게 된 나는 확신을 가지고 고양시청에 모든 것이 잘 될 것이라고 대답했지만 예산이 부족한 시와 교육청에서는 경찰조사 건을 보조하지 않을 최적의 조건으로 이용하면서 나를 포기시키려 했다.

결국 경기도청에 투융자 심의가 올라가지 못하고 예산보조가 불투명하게 된 어느 날, 투융자 심의가 도청에서는 끝났지만 9월에 교육청에서도 투융자심의를 한다는 정보를 얻었다.

서둘러 우리 지역의 교육위원을 만나 뵙고 우리 학교의 사정과 투융자 심의의 필요성, 예산확보에 대해 간곡히 말씀드렸다. 한 번도 교육위원님에게 무엇인가 부탁해 본 일도 없고, 지역에 있지만 각별한 사이도 아닌 나에게 교육위원님은 친절하게 여기저기 연락을 해보셨다. 그렇지만 아무리 문을 두드려도 문은 굳게 닫혀 있었다.

오히려 교육청은 우리가 노력할수록 사람들 앞에서 우리 학교가 무슨 큰 죄나 저지른 것처럼 고발된 것을 알리고, 더 나아가 투융자 심의하는 곳에서 고발장까지 읽었다는 기가 막힌 소식을 전해 듣고 나는 너무 마음이 아팠다.

그래서 교육청 기획관리국장님을 뵙자고 하여 글로리아 체육관 건축 시에 겪었던 재정적 어려움, 그 이후 경찰 고발로 인해 겪었던 정신적, 경제적 어려움을 강력하게 호소하면서 어떻게 교육청에서 일방적으로 모든 책임을 우리에게 떠넘기고 고발까지 할 수 있었는지에 대해 따져 물었다.

그때서야 비로소 우리 학교 체육관에 관한 교육청의 처리가 일방적이고 미숙했음을 이해하신 기획관리국장님이 나를 위로하시고 본인이 오기 전 일이니 참 애석하다고 말씀하시는데 더 이상 드릴 말씀이 없었다. 나는 안타까웠지만 이제 검찰에서 무혐의 처리된 공문을 받아 볼 때까지 교육청이나 시청을 움직일 수 있는 방법은 없다고 생각하며 생활관 예산확보를 체념했다.

드디어 2008년 11월 4일 의정부지방검찰청 고양지청으로부터 체육관 건축과 관련된 사건이 증거불충분, 혐의 없음으로 결정된 처분서를 받게 되었다. 처분일은 2008년 10월 30일이었다. 나는 처분서를 받은 즉시로 고양시청 기획실장님께 알렸고 기획실장님은 기뻐하시면서도 반신반의하셔서 처분서를 바로 고양시에 보내드렸다.

나는 학교 살림을 경영함과 더불어 전문가로서 지역사회 발전에 적극 협조하는 것 또한 교장의 중요한 할 일이라고 생각해 왔다. 그래서 시청과 지역에서 나의 도움을 요청하면 시간을 내어 그 일에 참여하곤 했다. 내가 동참했던 대표적인 사회활동은 고양시 발전위원회의 기획행정분과위원장, 고양시 사회복지협의회 이사로서의 역할이었고, 우리 학교가 위치한 덕양구의 인사위원회 위원으로도 활동해왔다.

고양시 발전위원회는 봄과 가을 정기 모임과 더불어 일 년에 4차례 정도 분과위원회를 가져 전문가 집단의 자문을 수렴하고 고양시 과제에 대해 논의한다. 특히 내가 위원장으로 있는 기획행정분과는 고양시 기획재정국과 총무국에 관해 자문하는 가장 큰 분과위원회였지만 부족한 내가 가장 어리다는 이유로 분과위원장을 맡아 진행하고 있었다.

그런데 기획실장님이 7월에 임명되었음에도 불구하고 발전위원회 위원들께 인사도 못 드렸다면서 고양발전위원회의 분과위원장님들을 저녁식사에 모시겠다고 연락이 왔다. 나는 생활관 예산문제로 기획실장님과 몇 차례 만나 뵈었지만 위원들과 함께 모이자는 제안에는 썩 마음이 내키지 않았다. 그러나 침울한 내 심정을 달래며 그날 모임에 참석하여 기획실장님 옆에 조용히 앉아 있었다.

그런데 기획실장님이 느닷없이 큰 소리로 말씀하시는 것이었다.

"교장 선생님, 오늘은 아주 좋은 일이네요. 정말 축하합니다!"

나는 정신이 번쩍 들었다. 바로 오늘 아침 기획실장님께 체육관 문제가 경찰에서 무혐의로 처리되었다는 소식을 알려드렸고, 실장님은 그것을 기억하고 축하했는데 나는 정작 그 일은 까마득히 잊어버리고 그 자리에 망연히 앉아 있었던 것이었다. 정말 감사한 일인데 어쩐지 자꾸 기분이 가라앉자 나는 벌써 감사가 식었구나 생각하며 다시 기쁜 마음을 회복하려고 애를 썼다.

기획실장님이 모처럼 사주시는 귀한 인삼와인으로 힘차게 건배를 했다. 그런데 한쪽 끝에 앉아계시던 국제협력분과위원장이며 고양시 전(前) 시장이셨던 황○○ 전 시장님이 큰 소리로 물으셨다.

"그 쪽에서는 무슨 좋은 일이 있는 거죠?"

"강 교장 선생님한테 오늘 좋은 일이 있으셨어요."

기획실장님이 얼른 크게 대답하자, 황 전 시장님이 짧막하게 말씀하셨다.

"그래? 잘 됐네?"

나는 그렇게 저녁을 대접받고 집으로 돌아왔다. 사실 남자 분들과 함께하는 식사가 나에게는 대접받는 것이 아니라 어려운 자리였다. 그래서 특별한 경우를 제외하고는 늘 사양하지만 그날은 기획실장님의 신고식을 겸했으므로 부득이 참석할 수밖에 없었고 회식이 끝나자 비로소 편안한 마음이 되었다.

아직도 나는 사회생활하기에는 준비가 덜 된 교장인 것 같다. 내 집이 있는 학교로 돌아오니 아직까지 학생들이 가득한 학교는 불야성을 이루고 있었다. 그 밤에도 나는 집에 가서 얼른 옷을 갈아입고 다시 야간 자율학습하는 학생들을 보러 학급과 자습실로 향했다.

오늘은 즐거운 금요일 밤이다. 내일은 편안한 토요일, 긴장을 풀고 쉬려면 나와 학생 모두가 금요일 11시까지는 최선을 다해 학업에 정진해야 함을 우리는 잘 알고 있었다. 토요일에는 선생님 중 한 분이 결혼을 하신다. 나는 토요일에도 이런저런 일들로 바쁘지만 다행히 야간 자율학습이 없으므로 토요일 저녁부터 주일날은 안식일을 준비하고 지키는 평안한 주말인 것이다.

토요일 결혼식에 갔다가 집으로 돌아올 때, 황 전 시장님의 전화가 왔다. 나는 별 생각 없이 전화를 받았는데, 황시장님이 나에게 다짜고짜 물었다.

"강 교장, 왜 어제 그렇게 술을 많이 먹었어?"

"아, 건배한 거요? 그냥 건배만 했지 술은 먹지 않았어요. 저는 아직 술맛을 몰라서 그런 것 못 먹어요. 잘 아시잖아요. 그래도 건배는 할 수 있잖아요."

나는 웃으면서 대답했다.

"아, 난 또 정말 술 많이 마셨나 보다, 무슨 일이 있는가 보다 했지."

황 전 시장님은 그렇게 생각하시고 궁금하셨다고 했다. 그분은 우리 학교가 외고로 전환될 때 고양시장이셨고, 그때는 외고가 어떤 학교인지 잘 모르셨지만 고양외고 본관인 미래관 건축에 5억 원을 보조해 주셨다. 이후 각 지자체에서 수 십 억에서 수 백 억까지 지원하여 외고 유치하는 것을 보고는 그 당시 우리 학교를 많이 못 도와주신 것을 늘 미안해하셨다. 그러나 나는 서운한 것은 오래 생각지 않고 감사만 기억하려고 했고, 그때 어려웠던 일은 모두 잊어버렸다. 꼬치꼬치 묻는 그분께 나는 그 동안 있었던 일을 자세히 알려드렸다.

"그렇게 어려운 일이 있었군요."

황 전 시장님은 그래서 생활관 예산을 못 받게 되었느냐고 다시 물으셨다.

"네. 투융자 심의는 끝났고 이미 예산도 다 결정되어 올해는 안 될 것 같다면서 내년이나 생각하자고 하네요."

나는 힘없는 목소리로 대답했다.

"아니야, 올해 아직도 기회가 있어. 아직 끝난 게 아니야."

황 전 시장님은 당신께서 알아보신다고 힘을 주어 말씀하시는 것이었다.

나는 이미 마음을 정리하고 있었지만 또 어떤 일이 있을지도 모른다는 막연한 한 줄기 희망이 싹텄다. 집에 돌아와서 조금 쉬는데 전화가 왔다.

황 전 시장님이 여기저기 전화해 강 교장의 딱한 처지를 좀 살펴보고 도와주라고 당부하셨다면서 월요일 아침 당장 만나볼 사람들의 이름과 전화번호를 알려주셨다. 나는 고맙기도 했지만 이 일이 정말 효과가 있을지는 의문이었다.

"그래서 투융자 심의도 안 했는데요" 라고 말씀드리자, 그분은 50억 이하는 경기도에 가지 않아도 된다면서, 고양시에서 의지만 있으면 할 수 있다고 강조하셨다. 나는 자신의 일도 아닌데 이렇게 나를 도와주시는 분의 도움을 외면할 수 없어 월요일에 꼭 찾아뵙겠다고 말씀드렸다.

월요일 오전은 한 주가 시작되는 중요한 날이다. 나는 아침 10시 30분부터 교감과 13분의 부장, 행정실장과 함께 기획회의를 진행한다. 점심을 먹고 황 전 시장님의 당부하심이 있어 행여나 하는 마음으로 시청으로 향했다. 몇 분을 만나서 딱한 내 사정을 자세히 알리고 돌아오는 길에 기획실장님께 들렸다.

실장님은 모든 게 늦었고 고양시 예산이 빠듯하니 내년에 꼭 해드리겠다고 약속하시는데, 나는 더 이상 올해 꼭 해달라고 말씀드릴 수가 없었다. 학교에 돌아와서 다시 궁금해 하실 황 전 시장님께 전화를 드려 자세히 경과를 말씀드렸다. 그랬더니 단호하게 말씀하셨다. 올해 예산에 편성할 수 있다고 했는데 왜 내년이냐면서 오히려 짜증을 내는 것이었다.

나는 아무 소리도 못하고 마음속으로 '나도 포기했는데 황 전 시장님은 자기일도 아닌데 왜 이렇게 열심이실까!' 라고 생각하며 전화를 끊었다.

다음날 아침 여느 때와 마찬가지로 아침 예배를 드리며 힘차게 찬송을 불렀다. 그리고 늘 하던 대로 마무리 짓는 말을 하게 되어 일어나 교사들 앞에서 몇 마디를 하는데 주르륵 눈물이 흐르는 것이었다. 왜 눈물이 나는지 모르겠지만 그냥 눈물이 줄줄 흐르며 진정이 되지 않아 교감 선생님께 마무리를 부탁했다.

아침 예배를 마치면 나는 교감 선생님과 행정실 직원 한 분과 함께 1, 2, 3학년 전 학급을 순회하고 교실 밖 정원 운동장까지 한 바퀴 돌면서 학교를 살피는 것이 나의 하루하루 일정의 시작이었다.

그 날도 11월의 쌀쌀한 날씨였지만 생활관 예산은 물론이고 이제 막 치를 2009년 신입생 전형으로 분주한 마음을 달래며 고양외고 안팎의 순회를 마쳤다. 교장실에 돌아왔을 때 황 전 시장님의 전화가 왔는데, 어제 오후 기획실장님께 전화를 걸어 확인했다고 하셨다.

"강 교장도 어제 잘 이해하고 웃으면서 가셨다고 기획실장이 그러던데. 그래서 내가 그랬지. 강교장이 울어, 왜 사람 울리고 그러나!"

그러면서 나에게 한 번 더 기획실장을 만나 부탁해 보라고 했다.

나는 깜짝 놀랐다. 아니 이 분은 내가 운 것을 어떻게 알았을까! 아직 우리 남편도 모르고 오늘 아침 예배 참석한 선생님들만 아는데, 내가 눈물 흘린 것을 어떻게 아셨지? 라고 생각하며 "제가 오늘 운 것을 어떻게 아셨어요?" 라고 반문했다.

"내가 왜 몰라. 그 정도 되면 강 교장 울 수밖에 없을 거야 기획실장이 몰라서 그렇지, 얼마나 고생하면서 학교를 운영하는데. 도와주지는 못할망정 힘든 사람을 울려서 그렇게 보냈냐고 그랬지."

황 전 시장님은 마치 내 사정을 훤히 꿰뚫어 보시는 것처럼 말씀하셨다. 나는 놀랍고도 감사해서 알았다고 다시 전화 드리겠다고 했다. 그런데 오후에 기획실장님 전화가 왔다.

"미안합니다. 어떻게 도와드리면 될까요."

기획실장님이 처음으로 긍정적으로 묻기 시작했다. 나는 죄송하고 감사하다는 말밖에 할 수 없었다. 아, 하나님은 절대 포기하지 않으시고 사탄과 인간의 어떤 방해가 있어도 그분의 뜻을 꼭 이루신다는 믿음이 솟아나며 가느다란 희망의 햇살이 차가운 동토에 비추는 것을 느낄 수 있었다.

아침에 교사들 앞에서 영문도 모르고 흘린 눈물을 아버지 하나님께서도 보시고 그냥 넘어가실 수 없으셨다고 생각했다. 그분은 당신의 종의 연약함과 무능함을 아시고도 나에게 일을 시키셨는데 여기저기에서 무시당하고 빚쟁이처럼 취급당하는 나를 측은히 여기시는 것이 분명했다.

정말 우연히도 지난 주말에 황 전 시장님을 만난 후 며칠 사이에 일이 반전되는 것을 확실히 느낄 수 있었다. 지역 시의원과 도의원이 고양외고의 생활관 건축을 위해 고양시와 도교육청의 예산을 확보하려고 수고했지만, 검찰에 고발된 것과 투융자 심의를 받지 못한 것이 최종 이유가 되어 예산확보를 하지 못했다. 나는 그 사실을 받아들였지만 하나님은 포기하지 않으시고 황 전 시장님을 통해 반격을 개시했다는 생각에 혼자서 미소를 지었다.

저녁식사 중에 오늘 있었던 일을 남편에게 흥미진지하게 이야기했더니 남편이 딱 잘라 말했다.

"아, '20억의 눈물' 이야기네."

나는 50억 공사를 준비했지만 결국 교육청에서 보조를 확보할 수 없으므로 시에서 20억, 학교와 법인에서 25억으로 예산을 줄여 250명을 수용하는 800여 평 글로리아 생활관의 예산을 총 45억으로 수정했다.

애초에는 1,000평에 약 500명 수용이 가능하리라 생각했으나 학생들이 생활하는 침실 외에 독서실과 휴게실 등 복지 차원의 시설이 더 필요했기 때문에 500명의 수용 계획을 250명으로 수정해야 했다.

그해 여름 삼성의 이건희 회장 부인인 홍라희 여사가 대표로 있는 리움 미술관의 고가 미술품에 대해 연일 보도되었는데, 엄청 비싼 가격으로 구입했다는 '행복한 눈물'이 강도 높게 조사 중이라는 보도를 기억한 남편이 오늘 아침 사건을 '20억의 눈물'로 비유하며 간단히 정리해 준 것이었다. 정말 기막힌 비유였다.

나의 눈물이 하나님의 뜻을 확실히 이루도록 황 전 시장님과 강 시장님, 기획실장님을 움직여 20억의 예산이 세워질 것이라는 확신이 들자, 오랜만에 맛있는 저녁식사를 하면서 하나님의 마지막 정리 작업을 기대하게 되었다.

| 03 |
글로리아 타운

글로리아 생활관 예산이 극적으로 반영되고, 11월 말에는 최종적으로 의회의 예산 통과 절차만 남아 있었다. 실로 숨 가쁘게 진행되는 가운데 하나님을 느낄 수 있었으며, 수많은 방해와 어려움 속에서도 하나님이 뜻이 이루어지고 있었다.

그런데 한편으로는 정말 글로리아 생활관이 꼭 필요한 것일까? 때로 그런 의문이 들었지만 내가 다 이해 못해도 하나님이 명령하셨으니 순종할 수밖에 없고, 그것이 나에게 유익이라는 것을 이미 수없이 체험했기에 본격적으로 의문을 갖지는 않았다.

단지 생활관에서 영적인 부흥이 일어나고 고양시에 거주하는 3학년 학생들의 일부라도 수용할 수 있다면 생활관이 더 확장될 필요가 있다고 생각했을 뿐이다.

이런 내 생각은 한 치 앞을 못 보는 근시안적이고 미련한 인간의 한계라는 것을 고양외고 8기 신입생 전형을 치르면서 확실히 깨닫게 되었다.

외고의 신입생 선발방법이 지나치게 어려워 사교육을 유발한다면서 교과부와 교육청에서는 중학교 내신 반영을 높이고 언어 적성검사와 영어듣기는 공동 출제할 것을 지시했다.

지금까지는 중학교 내신이 도시와 농촌이 다르고 특별시와 광역시, 고양시 간에 차이가 있어 내신의 높은 반영은 도시의 학생들 특히 고양시처럼 교육열이 높은 지역의 학생에게는 불이익이었다. 그래서 내신 반영률을 높일 수 없었는데, 교과부에서 내신의 실질 반영률을 60%까지 높이라는 강도 높은 지시를 내렸다.

상부기관의 지침에 따를 수밖에 없었던 나는 내신 비율 증가가 고양시 학생의 합격률을 낮추고 타 지역, 특히 내신에서 절대 강자가 있는 농촌 지역 학생의 합격이 높아질 것이라 예상했지만 어느 정도일지는 정확하게 예측할 수 없었다.

2008년 11월 15일 실시되었던 2009년 신입생 전형에 사상 최대의 지원자가 응시했고, 480명 모집에 2,321명이 지원하여 경쟁률 5.5:1을 기록했다. 고양시에서 1,008명, 타 시도에서 1,313명이 지원했다.

처음으로 언어적성검사와 영어독해, 영어듣기까지 공동출제를 해야 했으므로 고사 당일 새벽 2시에 경찰차와 시험지 수송용 탑차와 함께 교감 선생님과 행정직원이 교육청에서 지시한 곳으로 가서 시험지를 수령했다. 고등학교 입시라지만 당해학교에서 감당하기는 어려운 시험 준비를 해야만 했다.

또한 수험생 모두를 고양외고에서 다 수용할 수 없어 같은 울타리 안에 있는 벽제중학교 교실까지 모두 빌리고 벽제중학교 교사들도 감독 교사로 부탁드려 시험 준비에 만전을 기했다.

각 교실에서 영어듣기가 문제없이 방송될 수 있도록 방송 시설과 교실 방송 상태를 점검했고 시험 전날 교육청에서 두 분의 장학사님들이 출장 나오셔서 모든 과정을 점검했다.

고사장은 고양외고에서 38개, 벽제중학교에서 23개가 최종 사용되었다. 정감독 61명, 부감독 61명, 본부 및 행정직원 35명이 투입된 매우 긴장되는 입시였다. 드디어 1교시 언어적성검사와 2교시 영어독해가 각각 60분씩 무사히 끝나고, 3교시 영어듣기 평가가 시작되었다. 듣기 평가를 위해 나는 교장실에서 아침 일찍 교육청 장학사님으로부터 듣기평가 CD의 이상 없음을 시험해 보고 전달받았다.

그런데 예비방송까지 끝난 다음 듣기 평가가 실시된 후 몇 분이 지나 본부 교장실에 있던 나에게 중학교 고사실에서 영어듣기 평가에 문제가 있다는 소식이 왔다. 나는 장학관님과 함께 총알같이 중학교 방송실로 달려갔다. 그랬더니 정말 잡음이 너무 심해서 들을 수가 없었다. 즉시 중학교의 영어듣기 방송을 중단하고 다른 여분의 CD를 준비하도록 했다.

방송 담당 선생님께 분명히 방송장비에 문제가 없느냐고 다그쳤다. 중학교 교장 선생님과 방송 담당자에게서 중학교 방송장비에 문제가 없다는 확신의 말을 듣고서야 방송을 다시 시작했다. 정상적으로 영어 소리가 들려 한숨을 돌리며 다시 교장실로 돌아오려는 순간 영어 선생님이 담당 교실에서 뛰어나오며 다시 잡음이 시작되었다고 말했다.

나는 앞이 캄캄했다. 그때, 기계 장비를 잘 아시는 중학교 김형철 교장 선생님이 당장 카세트 플레이어를 방송실로 가져오라고 했다. CD를 넣고 우리 학교 메인 보드에 연결하여 영어듣기를 다시 시도했다.

그렇게 일단 문제는 해결했지만 벽제중학교와 고양외고에서 함께 치른 영어듣기, 벽제중학교에서 두 번 이상 다시 들었던 듣기 문제에 대한 시비를 어떻게 해결할 수 있을까? 정말 난감했다. 나는 즉시 고양외고 방송실로 가서 방송으로 오늘의 상황을 간단히 수험생들에게 알려주고, 듣기 시험이 끝나도 중학교에서 실시한 듣기 시험이 다 마무리될 때까지 조용히 기다려달라고 부탁했다.

예정 종료시간보다 30분이 지나 양쪽 고사장이 모두 정리되었고 나는 이 문제에 대한 책임을 지고 지혜롭게 해결해야 하는 과제를 떠안게 되었다. 어제 철저히 점검해서 기계 문제가 아니라고 했는데 어떻게 이런 일이 일어났을까? 나는 너무나 궁금했지만 더욱 난감했던 분들은 중학교 교장과 방송 담당자였다.

참관했던 장학사님들과 장학관님 얼굴은 긴장감이 돌며 아주 난감한 표정이었다. 나는 교사들을 모아놓고 오늘의 상황을 간략하게 알리고 문제의 원인이 무엇인지 확실히 밝힌 다음 공식적인 입장을 홈페이지에 올리겠다고 했다. 따라서 학부모와 학생들의 문의가 있으면 조금만 기다려줄 것을 부탁드리라고 당부했다.

모든 시험이 끝나 홀가분해져야 할 시점에 나는 다시 해결할 수도 없고 만나 보지도 못한 새로운 문제 앞에 홀로 서 있었다. 걱정이 된 김형철 중학교 교장 선생님은 곧바로 중학교 정보부장과 함께 방송장비를 점검했는데 정말 이상하게도 다른 CD는 아무 문제없이 정상적으로 전 교실에 방송된다는 것이다.

지난주에도 경기도교육청 주관의 영어듣기 평가를 위해 교육청에서 CD를 보내왔는데 벽제중학교 방송장비로 아무 문제없이 실시했다는 것이다. 사실 영어듣기 평가를 위해 우리 학교에서 준비한 음악 CD도 양쪽 모두 문제없이 예비방송을 통해 방송상태와 방송장비를 점검했기 때문에 최종적으로 듣기평가를 실시했던 것이다.

나는 고양외고 교감 선생님과 선발고사를 채점할 몇 분의 선생님, 중학교에서 감독을 해서 듣기 문제점을 확실히 파악한 영어교사 몇 분, 교무부장과 수학선생님, 장학사님과 과장님과 함께 대책을 강구했다. 누구의 잘못인지 가리는 것도 중요하지만 듣기평가가 공정하게 되지 않은 경우를 어떻게 처리해야 할지가 걱정이었다.

유능한 우리 교사들은 일단 영어듣기를 제외하고 언어 적성과 영어 독해만으로 합격자를 가려보는 것과 영어듣기를 포함했을 때와 문제가 되었던 몇 문제를 버리고 채점하는 3가지 경우를 빠른 시간에 점검하는 안을 제안했다. 나는 이런 위기 상황에 떨리는 마음을 달래며 문제해결을 위해 정보실로 이동했다.

피곤한 토요일 오후, 나는 걱정과 긴장이 가득한 장학사님과 과장님을 애써 위로하며 문제가 잘 해결될 거라고, 최선을 다하겠다고 말하며 배웅했다. 그러나 나와 교감, 중학교 교장은 근본적인 문제의 원인을 찾기 위해 고민해야 했다. 이미 김형철 교장 선생님은 학교에 방송 시설을 납품했던 회사와 벽제중학교 방송 서비스를 담당하는 업체에 각각 전화를 걸어 월요일 아침 일찍 학교로 오라고 부탁했다.

새벽부터 문제지 수령을 위해 수원까지 다녀오셔서 아주 피곤한 상태였던 이 교감 선생님과 시험 내내 긴장한 교사들을 위해, 나는 언제나 도와주셨던 하나님을 의지하며 애써 태연한 모습으로 집에 가서 쉬라고 부탁했다. 교사 몇 분이 그날 밤을 꼬박 새워 새벽 3시까지 정보실에서 시험을 치룬 학생들의 시험결과를 최종 분석했다.

주일 아침 9시 교회로 출발하기 전에 이 교감 선생님으로부터 채점 결과를 보고 받은 나는 조금 안심이 되었다. 워낙 영어듣기 평가의 난이도가 낮아 변별력이 적었기 때문에 영어듣기를 제외해도 합격자의 변화는 그다지 크지 않고 영어듣기에서 문제가 된 몇 항목만 제외하면 13명 정도가 오버랩이 된다는 것이다.

따라서 문제가 되는 13명을 더 뽑는다면 이 문제는 잘 해결할 수도 있다는 잠정적인 결론을 얻었다. 나는 비교적 마음이 가벼워지며 교회 갈 준비를 하고 성가대 연습을 위해 일찍 집을 떠났다. 도중에 교육청 과장님의 전화를 받았다. 과장님은 걱정스런 음성으로 물었다.

"어제 채점 결과가 어떻게 되었어요? 다 끝났습니까?"

나는 밤새 교사들이 고생해서 결과가 나왔는데 문제가 된 항목만 버리면 13명 정도의 학생들을 추가 합격시키는 것이 좋을 것 같다고 말씀드렸다. 과장님이 당장 만나자고 했지만, 나는 교회에 가야하고 교감, 교무부장, 담당 교사들이 너무 피곤하여 조금 쉬셔야 한다고 했다.

"강 교장, 지금은 긴급 상황입니다."

"네, 맞습니다. 그러나 오늘은 주일이고 저는 교회에 가서 기도하고 예배드린 후 다시 오후에 교사들을 소집하겠습니다. 과장님도 조금 쉬십시오."

"그래요. 교회 가서 기도 많이 하세요."

과장님은 조용한 목소리로 말씀하셨다.

"네. 예배 후 5시에 학교에서 만나도록 하시지요."

나는 그렇게 전화를 끊었다.

과장님도 저렇게 걱정하시는데 나는 무슨 심정으로 이렇게 태연히 예배를 드리는 것일까? 그런 마음이 들었지만 모든 것을 아시는 주님께서 나를 도와주시고 이런 문제를 해결하는 방법도 훈련시키는 것 같아 마음이 평안했다.

주일날 5시부터 8시까지 학교에서 교감, 교육청 장학사님, 과장님과 다시 만나 CD상태와 방송시설을 점검했고, 학교의 문제를 해결하기 위해서 13명을 추가 합격시키는 쪽으로 교육청에 건의하기로 잠정 합의했다.

그동안 학교 홈페이지에는 사태 해결에 대한 학부모들의 문의와 항의 글이 빗발쳤고 나는 무엇인가 진지한 결론을 내려야했다.

월요일 아침, 중학교 교장은 방송설비 납품업체와 함께 학교 방송기계를 정밀 조사한 결과 학교 방송장비에는 아무 이상이 없다고 보고했다. 나는 월요일 오후에 신흥대학의 전산과 학과장님께 전화 드려 학교사정을 대략 설명한 후 문제의 CD를 가지고 대학을 방문했다.

대학의 전문가는 과연 달랐다. 문제의 CD를 컴퓨터에 넣어 보더니 입시전형에 사용되었던 듣기평가 CD는 오디오 CD이며, 보통 오디오 CD는 웨이브 파일(Wave file)로 굽는데 교육청 듣기평가 CD는 cda로 제작되었기 때문에 cda를 지원하지 않는 기계에서는 CD를 인식하지 못한다는 것이었다.

또한 오디오 CD는 보통 저배속으로 제작되어야 하는데 문제의 듣기평가 CD는 고배속인 16배속으로 제작되었기에 벽제중학교의 방송기계가 제대로 인식하지 못했다는 결론이었다. 웨이브 파일로 제작되었더라면 모든 장비가 다 인식했을 것이다. 음악 CD는 저배속 제작이 상식인데 고배속으로 제작되었고, 만일 고배속으로 제작되었다면 실시 전에 꼭 리허설을 했어야 문제를 사전에 발견할 수 있었다는 것이었다.

나는 며칠 사이에 음악 CD, 오디오 CD, Wave file, cda file 등 다양한 지식을 얻게 되었으나 이미 일이 끝난 뒤라 그와 같은 지식은 아무 소용이 없었다.

교육청 장학사에게 이 사실을 알리고 증명하기 위해 신입생 전형이 있기 전 주에 경기도교육청에서 벽제중학교에 제공한 듣기평가 CD를 찾아 벽제중학교 방송실에서 다시 방송을 해보았다.

예상대로 교육청에서 중학교에 보내준 CD는 여전히 벽제중학교 방송장비를 통해 듣기 문항들을 문제없이 알려주는 것이었다. 정말 어처구니가 없었다. 벽제중학교 방송장비의 문제가 아닌 CD 제작 문제임이 증명되었고, 조그만 무성의가 너무나 큰 어려움을 주게 된 것이다.

나는 성난 학부모들과 불안한 학생들에게 홈페이지를 통해 정중한 사과와 함께 앞으로의 진행 방향에 대해 간단히 설명했다. 교육청과는 어렵고도 긴 협상을 통해 13명 학생을 추가 합격시키기로 마무리 지었지만 그 과정에서 교육청과 학부모를 설득하는 일이 쉽지 않았다. 이렇게 힘들게 선발한 아이들을 나는 축복의 8기로 부르며 덤으로 들어온 13명이 어떤 학생들로 어떻게 자랄까 궁금했다.

그런데 더 큰 문제는 그 다음부터였다. 일단 합격된 학생들을 살펴보니 내신의 변별력이 높아져 고양시의 중학교에서 합격된 학생들 숫자가 총 503명의 합격자 중 259명을 차지했고, 타 지역 학생 합격률이 50%나 된 것이다. 고양외고 1기 98%의 학생들이 고양시에 거주했던 것에 비하면, 2009년 축복의 8기 학생들은 원거리 학생 합격률이 전체 학생들의 $\frac{1}{2}$이나 되어, 그 학생들 모두 생활관에 수용하겠다는 내 약속을 지키는 것은 불가능했다.

나는 비로소 올 봄에 하나님이 왜 나에게 생활관을 더 지으라는 말씀을 하셨는지 확실히 알 것 같았다. 정말 한 치 앞도 보지 못하는 내가 2009년 신입생을 선발한 후 생활관 때문에 당할 고통을 미리 아시고 봄부터 그렇게 나에게 준비시켰던 것이었다.

나는 놀라우면서도 하나님의 철저한 인도하심에 감사함으로 마음이 벅차올랐다. 그래서 그렇게 힘들어도 예산까지 준비시키셨구나! 하는 하나님의 정확하신 인도에 생각이 미치자 주님의 그 크신 사랑에 마음이 감격으로 출렁거렸다.

그러나 그것도 잠시뿐 예산이 통과되려면 아직 마지막 단계가 남아 있었고, 통과된다 해도 그린벨트 내에서 건물을 지으려면 관리계획이 승인되어야 하는데 7월에 올린 서류는 11월까지도 감감무소식이었다.

나는 급한 마음에 행정실장님과 함께 국토해양부를 찾아갔지만, 담당자는 전국을 묶어 한꺼번에 심의하므로 우리 학교 때문에 빨리 결정할 순 없다고 잘라 말했다. 그러면 왜 7월에 공문을 접수했느냐고 다그쳤더니 경기도와 서울에서 납골당과 경인 운하사업으로 협의가 안 되어 진행이 더디다고 했다.

정말 어떻게 해야 할지 몰라서 지역 국회의원님께도 부탁하고 경기도지사님께도 전화로 부탁을 드렸다. 하나님께서 부족한 나에게 은혜를 베풀어, 김 지사님은 어려움이 빨리 해결될 수 있도록 모든 조치를 신속하게 취하시겠다고 말씀하셨다.

도지사님까지 나서서 우리 학교 그린벨트 관리계획 승인을 애써 주셨지만 승인 기색은 보이지 않았다. 나는 애를 쓰면서도 속이 상해 걱정하며 나날을 보내는데, 하루는 아침 기도 중에 마음속에서 모텔의 모습이 생생하게 떠오르는 것이었다. 나는 뜬금없이 왜 모텔이 마음속에 떠오르나 놀라서 곰곰이 생각해보니 하나님이 이번에도 나에게 말씀하시는 것이라는 느낌이 강하게 들었다.

‘성화야, 네가 아무리 애써도 올해에는 관리계획을 승인받을 수 없다. 그러니 학생들을 모텔에라도 수용해야 되지 않겠니?

아, 하나님의 말씀이구나 싶은 생각이 들면서 마음이 정리가 되었
다. 지난번에 다시 국토해양부에 갔을 때 담당직원이 '잘하면 3월에나
관리계획이 승인될 것' 이라고 강하게 말하던 것이 생각났다.

"3월에 입학시켜야 하는데 생활관을 짓지 않고 어떻게 원거리학생
들을 수용할 수 있습니까?"

내가 그렇게 따져 물어도 담당직원은 그것은 댁의 사정이지 하는 눈
빛으로 단호하게 말했다.

"올해는 힘들어요."

그래도 언제나 하나님이 피할 길을 주시기 때문에 나는 그냥 밀고
가려고 했는데 기도 중에 하나님이 모텔을 보여주신 것이다. 그래, 이
제는 학교 안에 수용할 계획을 접고 학교 밖 건물을 찾아보자고 생각
했다. 둘러보았더니 우리 학교가 서울 주변과 고양시 외곽 통일로 주
변이어서인지 소위 말하는 러브 모텔이 학교 주위에도 여럿 있었다.

그런데 불 꺼진 모텔들이 눈에 띄었고, 영업이 잘 안 되어 망했나 하
는 생각이 들었다. 그러면 오히려 우리 학교에서 모텔을 통째로 빌려
생활관이 건축될 때까지 임시로 사용하면 이 어려움을 피해갈 수 있으
리라 생각했다.

그러나 막상 모텔까지 생활관으로 사용할 계획을 진행하려니 덜컥
겁이 났다. 귀한 자녀들을 열심히 준비시켜 고양외고에 입학시켰더니
생활관이라며 모텔에 수용한다면 학부모와 학생들이 가만히 있을 리
없었다. 아마 학교가 온통 벌집을 쑤셔놓은 것 같을 것이다.

그때 신기하게도 우리 학교에서 10분 거리에 있는 고양유스호스텔
이 번쩍 떠오르는 것이었다. 그곳은 아주 가깝고 규모도 작아 우리 학
교에서 가끔 교사 연수장소로 이용했는데 그때마다 썰렁했기 때문에

요즈음에는 더 고객이 줄어 영업을 하지 않을지도 모른다는 생각이 들었다.

그래서 교감 선생님과 행정실장님께 답사를 다녀오시라고 했다. 지금은 누구에게도 빌려주지 않고 당분간 리모델링하면서 새로운 건물을 건축한 후 영업하려고 한다는 말을 전해왔다. 놀랍게도 방이 많이 있어 약 110명까지 학생들을 수용할 수 있다는 것이다.

또 한 번 하나님의 기막힌 예비하심을 체험할 수 있었다. 신입생 중 여학생 98명과 남학생 40여 명을 위한 추가 생활관 시설이 필요했는데, 우선 여학생을 고양유스호스텔에 수용하면 아쉽지만 건물이 지어질 때까지 그곳에서 지낼 수 있을 것 같았다. 그곳에는 4명의 여자 생활관 지도 선생님이 필요했는데 여학생 98명과 4명의 선생님이 계시면 당분간 고양유스호스텔이 우리 형편에 꼭 맞는 장소였다. '여호와 이레'를 절로 외치게 되었다.

남학생 40여 명은 글로리아 체육관이 필로티 구조로 건축되었기 때문에 기초나 지붕 필요 없이 임시로 벽을 만들고 1층 바닥을 콘크리트하고 장판을 깔고 침대를 넣어 주면 숙소로 간단히 개조될 수 있었다.

이제는 건물을 짓고 헐 뿐 아니라 임시 숙소를 짓고 그것도 안돼서 외부 숙소를 빌려 학생들을 수용해야 하는 정말 다양한 방법을 통해 살아가고 적응하는 법을 나에게 손수 가르쳐주시는 하나님이 인생 코치이심을 마음속 깊이 느끼게 되었다.

고양시 예산도 미비한 부분을 보완하여 추경에 극적으로 반영되었고 학생들은 추가학생 13명을 포함하여 고양외고 역사상 최대인 513명이 축복의 8기로 입학했다. 훗날 이 모든 어려운 과정을 알게 되신 황 전 시장님은 농담으로 말씀하셨다.

"11월 그날 우연히 그 자리에 가서 이 일에 개입되어 고양외고를 너무 깊이 알게 되었어. 강 교장, 내가 그날 거기 간 것은 우연이었어. 그날 그 자리에 가려고 하지 않았는데 어떻게 하다 보니 가게 된 것이었어. 정말 하나님이 강 교장을 도와주신 것이야."

황 전 시장님은 그렇게 말씀하시며 그날 기획실장님과 함께 식사하면서 우연히 들었던 이야기와 딱한 사정에 도와주고 싶었다고 하셨다. 예산과 관리계획, 고양유스호스텔 이야기까지 모두 들으시고는 입학식 때 오셔서 축사도 해주셨다.

나는 학부모와 학생들과의 약속을 지키기 위해 4월에 착공한 글로리아 생활관을 4개월 만에 마무리 지었다. 글로리아 체육관 앞 글로리아 정원을 모퉁이에 두고 있는 글로리아 생활관은 너무 아름답고 멋지게 지어졌다. 과연 4개월 만에 건축할 수 있을까 걱정하는 건축소장과 함께 날마다 시설을 점검하고 격려하며 드디어 생활관을 완공했다.

예쁘고 화려한 화장실과 샤워실의 타일, 차분하고 품위 있는 벽지, 화장실 비데까지 신경 써서 고르고, 학생들이 외부에서 그동안 고생한 모든 것들이 이곳에 와서 감사로 바뀌기를 기대했다. 각 방마다 냉난방시설과 새 침대, 옷장, 샤워실, 화장실이 구비되어 효율적으로 생활할 수 있게 계획되었고, 면학분위기 조성을 위해 공동의 독서실과 휴게실을 각층에 두었다.

웅장하고 화려한 지상 4층, 지하 1층의 생활관에는 여학생 250명과 8분의 여자 생활관 선생님들이 생활한다. 글로리아 체육관 밑에 임시로 남학생 숙소로 쓰던 장소는 잘 정리하여 그동안 보관이 쉽지 않았던 자료를 관리하는 자료실 겸 회의실로, 장미, 백합, 튤립방과 글로리아 카페를 갖춘 글로리아 게스트 하우스로 변신했다.

그래서 나는 이 모든 시설을 묶어 하나님께 영광을 돌리는 글로리아 타운으로 부른다. '이 모든 영광을 하나님께!'

원래 글로리아 생활관은 아름다운 노을을 볼 수 있는 서녘 하늘이 있는 정원터였다. 그런데 이곳 말고는 생활관을 지을 장소가 없어 정원의 일부를 잘라내 글로리아 생활관을 지었으므로 이제는 더 이상 늦여름의 아름답고 황홀한 저녁노을을 볼 수 없게 되었다. 그래도 나는 노을과 바꾼 글로리아 생활관이 우리에게 훨씬 더 유익할 것이라고 생각하며 이곳에서 학생들이 실력과 영성을 갖춘 멋진 지도자들로 자라기를 기도하고 기대한다.

513명의 축복의 8기 신입생들은 교사와 학부형과 함께 쉼 없이 3년을 수고하여 2011년 서울대 31명, 연세대 124명, 고려대 68명이 합격했을 뿐 아니라 해외의 명문 콜롬비아 대학 등으로 진학했다. 신입생 모집부터 온갖 어려움을 겪게 했던 8기였지만 놀라운 입시 실적을 통해 진정한 축복의 8기임을 증명했다.

2012년 3월 13일 중앙일보에는 SKY(서울대, 연세대, 고려대를 지칭) 200클럽에 대원외고, 고양외고, 상산고, 용인외고라는 제목으로 올해 SKY에 200명 이상 합격시킨 4학교를 소개했다. 드디어 SKY 200클럽 2위로 소개된 고양외고 축복의 8기는 역사와 전통을 자랑하는 대원외고의 맞수가 되었다.

2009년은 외고 존폐로 너무나 어려웠던 한해였다. 10월, 11월, 12월까지 전국 외국어고등학교 교장 장학협의회 회장인 나는 정부의 공청회에 참석하고 외고대책 발표에 대응하는 우리의 입장을 언론에 밝히며 한편으로는 외고 단독 주관으로 정책토론회를 가졌다.

전쟁터 같은 날마다의 긴장감 속에서 하루하루 불안한 마음으로 그

늘지던 11월 어느 날, 아침 일찍 교직원 예배에 참석하기 위해 신망애관으로 향하던 나는 글로리아 생활관이 빛 한가운데서 환하게 빛나는 것을 느낄 수 있었다.

아! 정말 신기하다. 어떻게 저 건물만 저렇게 환하게 광채가 나는 것일까? 궁금하면서도 곧 발길을 재촉하여 아침 예배에 참석했다. 말씀을 보고 기도를 하는데 하나님의 조용한 음성을 듣게 되었다.

'너는 얼마 전 글로리아 생활관이 지어져 기쁘지 않느냐? 불가능했던 일, 네가 계획하지도 않았던 그 일을 이렇게 이루었는데 그래서 저렇게 멋지고 밝게 빛나는데 무엇이 걱정이냐? 아무 걱정하지 말라.'

하나님의 음성이 내 마음에 녹아들었다. 나는 마음속 깊이 감사와 영광의 기도를 드렸다.

'오! 주님, 그렇습니다. 여기까지 저를 인도하신 에벤에셀의 하나님, 제 믿음 없음을 용서하여 주시옵소서. 자식이 떡을 달라 하면 돌을 주고 생선을 달라 하면 전갈을 줄 아버지가 어디 있느냐고 하신 주님, 세상 아버지보다 더 깊고 넓은 사랑과 능력으로 나를 인도하시는 아버지! 제가 오늘 눈앞의 걱정으로 기쁨을 잃었습니다. 주님, 결코 쓰러지지 않고 항상 기뻐하고, 쉬지 말고 기도하고, 범사에 감사하도록 저를 도와주십시오. 온전한 영광을 저와 우리 가족, 우리 학교, 우리 교사, 우리 학생, 우리 학부모 모두 하나님께 높이높이 드리기를 간절히 바랍니다.'

2010년 신입생들의 팀명을 영광의 9기로 정했다. 우리 학생들과 온 교직원이 한마음으로 온전한 영광을 하나님께 드리기를 간절히 원하는 심정으로…….

▲ 고양외고 전경

태산을 넘어 험곡에 가도 빛 가운데로 걸어가면
주께서 항상 지키시기로 약속한 말씀 변치 않네.

하늘의 영광 하늘의 영광 나의 맘속에 차고도 넘쳐
할렐루야를 힘차게 불러 영원히 주를 찬양하리.

하늘의 영광 하늘의 영광 나의 맘속에 차고도 넘쳐
할렐루야를 힘차게 불러 영원히 주를 찬양하리.

주님을 찬양합니다. 주님을 사랑합니다.
부족한 저를 사랑하시는 아버지의 깊은 사랑에 감사드립니다.
우리를 통해서 영광 받으시기를 간절히 바랍니다.

part. 7

건강한 학교 공동체를 위해

미션스쿨인 고양외고는 하나님을 사랑하고 나라와 민족을 사랑하는
미래의 지도자들을 육성한다는 설립 이념을 실천하기 위해
교과 교육 뿐 아니라 봉사활동 및 여러 동아리 활동들을 소개한다.
특히 한 달에 두 번씩은 각계각층에서 활동하는
명사들을 초청하여 귀한 말씀을 듣는다.

| 01 |
세계로 미래로

학창시절은 우정과 젊음, 꿈과 미래가 있는 아름다운 시절이다. 그러나 오늘날의 학교는 더 이상 학생들이 안심하고 공부할 수 있는 곳도, 아름다운 우정을 쌓을 수 있는 곳도 아닌 것 같아 안타깝다.

2012년 새해 벽두부터 언론은 연일 1면에 중학교에서 일어나는 끔찍한 폭력과 왕따에 관한 기사를 보도했고, 국민 전체의 정신건강 상태에 적신호가 왔다는 반갑지 않은 기사를 내보냈다.

우리 국민 중 130만 명이 최근 1년에 우울증을 경험했고 평생 우리나라에서 우울증을 앓은 적이 있는 인구는 370만 명에 달한다고 했다. 또한 우리나라 성인(18세 이상) 577만 명이 최근 1년 사이 우울증 등 20여 개의 정신 질병을 앓았는데, 이는 성인 6명 가운데 1명꼴이라는 것이다.

2012년 2월 16일 조선일보 기사를 보면, 남성의 우울증이 가장 많이 나타나는 연령대는 20대와 50대였다. 입시와 취업 스트레스, 은퇴와 노후 불안이 그들을 우울증 수렁 속으로 밀어 넣은 것이라고 풀이했다. 여성 우울증은 저소득층(월 소득 200만 원 이하)이 월 소득 300만 원 이상 소득계층보다 3배나 많았다.

나는 세월이 흐를수록 정신적인 우울증 환자가 더 증가하리라 생각한다. 즐겁고 꿈이 있고 우정을 간직한 청소년기의 학창 시절을 겪지 못한 세대가 성인이 되었을 때 어떻게 우울증이나 자살률이 지금보다 낮아질 수 있을 것인가? 이와 같이 생각하면 교육자의 한사람으로서 걱정과 함께 두려움이 엄습한다.

선진국은 경제적 부로 측정하는 것이 아니라, 선진국에 걸맞은 수준 높고 건전한 삶을 사는 국민들의 능력으로 평가해야 한다고 나는 생각한다.

물질만능의 시대인 만큼 청소년들도 돈과 경제 개념을 삶의 우선 가치로 꼽는다. 돈은 우리 의식주에 큰 영향을 주는 매개체임이 확실하다. 그러나 책임감, 정의감, 창의성, 미래에 대한 도전의식, 비전, 우정, 꿈, 사랑 같은 이상적인 것들이 가장 현실적일 수 있는 청소년 시절에 우리나라 학생들은 폭력과 왕따를 일상처럼 경험하며, 우울증과 자살충동, 돈에 대한 무지한 동경이 가득하다.

이를 생각하면 우리나라의 미래가 심히 걱정된다. 더욱이 무서운 것은 대부분의 청소년 폭력 후에는 강한 학생들이 약한 학생들에게 금품을 요구한다는 것이다. 이런 현실을 대하면서 나는 우리가 책임지고 교육하는 고양외고의 학생들만큼은 푸른 꿈을 갖고, 미래로, 세계로 향하기를 바라는 마음으로 교가를 지었다.

우리 학생들은 언제나 고양외고 교가의 1절과 2절을 모두 부른다. 그리고 미래로 나아가며 세계로 나아가는 꿈을 꾼다.

제자들이 실력을 기르고 우정을 나누며 한마음이 되어 함께 꿈을 꾸고, 언젠가 더 큰 세상에서 자신이 처한 곳곳에서 시대를 변화시키고, 민족의 지도자, 세계의 지도자가 되고, 섬기며 사랑하는 사람들이 되기를 나는 교사들과 함께 아침마다 기도한다.

고양외고 교가

1. 세계로 뻗어가는 통일로의 길목에
   희망찬 푸른 이가 사방에서 모였다
   새 역사의 물결을 일으키기 위하여
   믿음과 소망으로 실력을 쌓아가자
   세계로 나아가자 미래로 나아가자
   아– 아– 영원하여라 고양외고

2. 우람한 북한산의 빼어난 정기 따라
   모여든 영재들이 한마음이 되었다
   새 시대의 지도자로 거듭날 우리들
   사랑을 실천하는 강인한 용사되자
   세계로 나아가자 미래로 나아가자
   아– 아– 영원하여라 고양외고

02

학생들의 실력 향상

전국의 모든 인문계 고등학교는 학생들이 1학년 때 국민공통기본과정을 이수하면 2학년부터는 자신의 성향이 문과 또는 이과인지에 따라 과학탐구 계열과 사회탐구계열의 과목들을 선택하여 수강한다. 2, 3학년이 되면 수능 관련 과목과 비수능 과목에 대한 학생들의 흥미와 관심도가 달라진다. 즉, 수능에 필요 없는 과목을 수강할 때는 학생들의 관심이 흩어지기 때문에 교사가 가르치는데 애를 먹는다.

대학에서 수시로 학생들을 선발하는 비율이 높아지면서 수시로 진학할 경우 학생들은 학교 교과에서 골고루 좋은 성적을 보유해야 한다. 특히 2005년부터는 학생 성적을 절대평가에서 상대평가로 전환함에 따라 학생들은 수, 우, 미, 양, 가 대신 1등급에서 9등급 사이의 점수를 받게 된다.

이와 같은 내신 상대평가 등급제는 외고나 과학고 등의 특목고나 자율형 사립학교처럼 우수한 학생들이 모여 있는 학교의 학생들에게는 매우 불리한 제도이다. 하지만 일반계 고등학교에서는 노력한 학생과 노력하지 않은 학생과의 차이가 많이 나므로 노력한 만큼 높은 등급을 받을 수 있는 장점이 있다.

대학의 수시 전형 요건은 학교 내신은 기본이고 다양한 특별활동의 내용을 점수화하므로 학창 시절, 다양한 활동을 통해 소위 스펙을 준비하는 것이 필수적이다.

고양외고의 교사들은 진학지도를 위해 각 학생이 수시형인가 정시형인가에 따라 맞춤형 교육을 계획한다. 학생들이 1학년 때 국민공통과목을 배우는 동안 교사들과 학급 담임들은 각 학생의 학교 생활태도, 교과와 모의고사 성적을 분석한다. 교과 과목을 골고루 충실하게 공부하여 내신이 좋고 다양한 특별활동을 하는 학생들은 수시자원으로 분류한다. 그러나 수학이나 국어 등에서 뛰어난 실력을 보이고 모의고사 성적에서 높은 점수를 받는 학생들은 정시형으로 분류한다.

학년이 올라가면 학생들의 상담 기본 자료가 다음 담임에게도 그대로 전달되어 학생 개개인을 위한 포트폴리오를 작성해 간다. 담임교사는 학생의 생활을 관찰하여 봄가을 두 번 학부모님과 상담 시간을 갖고, 또한 자율학습 시간에 임장지도를 통해 학생들이 능률적으로 집중하여 자율학습하도록 지도할 뿐 아니라 각 학급에서 교과시간에 관찰할 수 없었던 학생들의 특별한 행동 등을 세심히 관찰한다.

나는 미국에서 학위를 받고 교육현장에서 교육한 경험을 통해 선진국 교육의 장단점을 파악할 시간이 있었다. 내가 생각하는 미국 교육의 장점은 학급당 학생수가 30명 내의 소수이며, 교사들이 자신의 전공을 충분히 전달할 수 있는 교과 교실과 시설, 수업을 준비하고 연구할 수 있는 시간적 여유라고 생각했다.

이런 장점에도 불구하고 미국의 공교육도 심각하게 훼손되어 어떤 학교는 우리나라 학교의 현실보다 더 살벌하다. 고등학교까지 무상 교육을 실시하는 미국에서조차 교육의 힘을 믿는 사람들은 보다 안전하며 학생 개개인을 인격적으로 지도해주는 지역의 사립학교에 비싼 학비를 지불하면서 자녀를 보내는 경우가 많다.

고양외고는 비록 학급당 학생수가 40명이 되지만 모두 우수한 학생들이기 때문에 집중력이 높고 수업 태도가 좋아 교사들이 교육하기에 그다지 어렵지 않다는 것을 교사들을 통해 듣고 있다.

그런데 형식적인 담임이 있는 미국과 달리 한국에서는 담임교사 제도가 강하고, 이런 제도가 책임 교육을 하기에 적합하다고 생각한다. 나는 미국식의 교과 교실제보다는 담임과 협동 담임 체제의 상담을 통한 맞춤식 교육을 선호하며 교사 업무와 입시 결과를 통해 나의 판단이 옳다는 것을 확인해 왔다.

미국식의 교과 교실제는 교사에게는 편리하지만 학생들이 매시간마다 자신의 교재를 들고 옮겨 다녀야 하며 분실물도 많이 생겨 그로 인한 어려움이 많다. 그러나 담임 담당제 학급은 학생이 속한 학급에서 대부분의 수업을 받게 되므로 친구들과 친밀한 관계도 갖고 서로 문제풀이도 도와주며 학급별로 쉽게 학교정책을 전달할 수 있고 특별 활동을 관리하기에도 편리한 여러 장점이 있다.

그러나 교사들 입장에서는 매시간마다 자신이 가르쳐야 하는 교실을 방문해야 하는 번거로움도 있지만, 우리나라는 오랫동안 교사들이 학급을 방문해 수업했기 때문에 특별히 어렵다고는 생각하지 않는 것 같다.

최근 정부에서는 교과 교실제를 점차 확대하려고 하지만 나는 교과 교실제보다는 담임과 협동 담임이 책임감을 갖고 학급 단위로 학급 공동체를 만들어 가는 것이 필요하다고 생각하고 우리 학교에서는 외국어의 효율적 수업을 위한 회화실 수업, 컴퓨터를 이용한 정보실, 음악실, 미술실, 과학실 등의 특별실을 제외하고는 거의 모든 수업이 학생들의 학급에서 이루어진다.

다만 방과 후 수업에서 수준별로 지도하는 언어, 수학, 외국어 과목은 자신의 수준에 따라 선택한 교사를 찾아가는 식으로 운영해 오고 있어 학교가 안정적이기도 하지만 때때로 역동적으로 운영된다.

학교 교육의 기본 교과목이 학생들의 학급에서 실력 있는 교사들에 의해 안정적으로 전달되면 방과 후 보충수업을 통해 자신의 부족한 과목을 보충하고 저녁식사 후에는 3시간 이상의 긴 자율학습 시간이 주어지는 것이 바로 고양외고 교육의 큰 틀이다.

나는 교육의 효율성을 높이기 위해, 학생들이 살고 있는 환경이 다르므로 같은 환경에서 수업 받고 함께 자율학습하면서 그날 배운 것들을 매일 소화하고, 집에 가서는 짧은 시간이지만 가족과 함께 휴식을 취하고 건강하게 다음날 또 등교하는 고양외고의 교육의 틀을 유지해 오고 있다.

이렇게 고등학교 1학년부터 날마다 알차게 교육하고 상담하고 자율학습하면서 학생들의 실력이 조금씩 향상되는 것을 모의고사 결과를 모니터링하면서 확인한다. 또한 이처럼 책임지고 학생을 지도하는 학교의 방침은 우리 학교 학생들의 사교육 의존도를 낮춰왔다.

어떤 학생들은 자율학습 시간에 학원에 가야한다며 부모님까지 나서서 항의하는 통에 특별히 허락하는 경우도 있지만, 사교육을 받고 자율학습 시간을 충분히 갖지 못해 바라던 결과를 얻지 못하는 경우가 대부분이 되면서, 이제는 전교생 모두 특별한 경우가 아니면 11시까지 자율학습하는 것이 일상이 되었다.

심은 대로 거둔다는 성경 말씀대로, 노력하지 않고 얻으려는 것은 실력 있는 사람의 생활 자세가 아니기에 우리 고양외고는 아침 7시에 등교하여 11시에 하교할 때까지 하루를 알차게 보내기 위해 모든 일이 학생 중심적으로 실행되고 있다.

그러나 지난해부터는 교육청 지시로 7-11의 오랜 전통을 깨고 학생들이 10시에 귀가할 수밖에 없다. 고양외고는 월요일부터 금요일까지 밤11시에 귀가하는 대신 수요일에는 6시에 일찍 귀가하여 학생들이 가족과 함께 시간을 보내는 고양외고만의 효율적인 전통이 있었다.

각 학교 사정을 고려하지 않은 일방적인 상부기관의 지시는 교육 자율권을 침해할 뿐 아니라 공교육 전반에 걸친 심각한 황폐를 초래할 것이라는 불길한 생각을 떨치기 어렵다. 학교에서의 자율권이 말뿐이고 교장과 교사의 권위가 보장되지 않는 현재의 상황을 중·고등학교의 학생과 학부모들도 잘 알고 있다.

그래서 학교에 불만이 있는 학생들과 학부모들은 학교와 대화하기보다는 직접 상부기관에 민원을 넣는 등 극단적인 해결책을 사용한다. 상부기관에서도 민원을 제기한 학생이나 학부모에게 학교와의 대화를 통해 원만히 해결하도록 유도하기보다는 당해 학교에 일방적인 시정 명령을 지시할 뿐이다.

아직 자신의 감정을 잘 다스리지 못하는 중·고등학생들이 때때로 교사의 지도를 받아들이지 못해 교사에게 반항할 뿐 아니라 신체적인 가해까지 저지르는 끔찍한 언론 보도를 접하기도 한다. 이런 현실 속에서 어떤 교장과 교사가 자신의 불이익을 감수하고 소신을 다해 학교를 경영할지 걱정스럽다.

　　그러나 황폐한 교육 현장에서도 고양외고는 학생들을 위해 학생 중심의 교육을 다각적으로 실시하고 있다. 학생들의 건강을 고려한 아침, 점심, 저녁식사가 제공되고 배식시간을 조금이라도 단축하여 학생들이 잠깐이라도 휴식시간을 갖도록 1, 2, 3학년이 각기 다른 장소에서 식사한다.

　　학교수업과 자율학습, 보충수업, 세끼의 식사만으로는 학생들을 공부벌레로 만들 수 있다는 생각에 학생들이 독서하면서 좋은 생각과 폭넓은 사고를 하도록 아침 식사 후 본 수업을 하기 전 1시간 동안 필독 독서시간이 일주일에 3일 주어진다. 학생들은 독서시간 후 자신의 독서 기록장에 읽은 내용을 꼭 기록한다. 고양외고의 독서 기록장은 수년에 걸쳐 보강된 아주 특별한 기록물이다.

　　미션스쿨인 고양외고는 하나님을 사랑하고 나라와 민족을 사랑하는 미래의 지도자들을 육성한다는 설립 이념을 실천하기 위해 교과 교육 뿐 아니라 봉사활동 및 여러 동아리 활동들을 소개한다. 특히 한 달에 두 번씩은 각계각층에서 활동하는 명사들을 초청하여 귀한 말씀을 듣는다.

03

건강한 학창 생활

고등학교 학창생활에서 공부, 즉 교과교육은 큰 비중을 차지한다. 성년을 준비하는 청소년기, 무한한 가능성과 미래에 대한 꿈이 있는 이 시절은 인생의 어느 시간보다 불안하면서도 한편으로는 홀가분하게 자기 목표에 전념할 수 있는 시기이다. 따라서 이 시기를 어떻게 보냈는가가 앞으로의 인생에 커다란 영향을 미친다.

앞서 언급했지만 나는 교육자로서 소명을 갖고 우리 학생들이 공부만 열심히 하는 공부벌레가 아닌 인성과 지성, 마음과 영혼이 건강하고 아름다운 성숙한 사람들로 성장하도록 교사들과 끊임없이 고민하고 있다.

우리 학교는 GYFL - Go Yang Foreign Language Highschool(고양외고)의 첫 자를 뽑아 만든 GYFL 인증제를 실시한다.

G - Global standard(글로벌 기준) 글로벌 리더로서 필요한 활동들의 기준

Y - Youth standard(젊음의 기준) 젊음의 기준이 되는 활동들의 기준

F - Faith standard(신앙의 기준) 신앙적인 삶을 위한 활동들의 기준

L - Leadership standard(지도자 기준) 지도자로서 필요한 활동들의 기준

푸른 꿈을 가진 미래의 리더들이 균형 잡힌 인격자로, 섬기는 리더로 성장할 수 있도록 이러한 기준을 제시하여 고교시절에 학교나 지역에서 활동하도록 하여 그에 따라 금상, 은상, 동상의 품격에 따라 시상한다. 학교가 제공하는 큰 틀 안에서 학생들이 교육받고 활동하면서 바쁘지만 건강하게 생활하는 것을 볼 수 있다.

'아직도 몸과 마음이 뜻대로 따라주지 않고 감성이 풍부하고 현실감이 떨어지는 사춘기 학생들이 어떻게 건강하고 슬기롭게 학창시절을 보낼 수 있는가?'

이것이 나와 교사들의 가장 중요한 고민이며 임무이다. 그래서 GYFL의 기준을 정하고 그에 따른 활동들을 제공하면서 교사들은 전인격적인 만남을 통해 학생들을 지도한다. 그러나 아무리 우수한 집단에서도 그 안에는 상대적인 열등감을 갖고 부정적 감정의 늪에서 헤어나지 못하는 사람들이 있듯이 고양외고에서도 모두가 건강하고 충실한 고교시절을 보내지만은 않는다.

중간고사나 모의고사가 끝난 후, 각종 시험을 마친 다음, 또한 갑작스런 부모의 경제활동의 실패나 친구들과의 불화, 건강상의 문제로 학생들은 종종 슬럼프에 빠진다. 이렇게 다양한 고민에 빠진 학생들을 일으켜 세우고 마음을 다스리게 하여 인생의 경기장으로 다시 불러들

이는 일은 교장과 교사들의 힘뿐 아니라 하늘에 계신 하나님의 무한하신 사랑과 힘이 필요하다.

그래서 우리 교사들은 매일 아침 예배를 통해 하나님께 우리의 사정을 알리고 학교와 학생들을 위해 기도하며, 주중 저녁 시간에는 각 학년의 교사들이 자발적으로 학생들을 위해 기도회를 열어 준다.

목요일에는 전체 학생들을 대상으로 목요찬양집회가 열리고 새해 첫 주에는 신입생, 재학생, 졸업생들이 함께 하는 비전캠프로 영성을 충전한다. 근래에는 교사들이 기도회뿐 아니라 없는 시간을 쪼개어 소그룹으로 원하는 학생들에게 소그룹 제자화 공부도 제공한다. 고양외고 교사들이 얼마나 힘든지, 하지만 늘 거룩한 사명으로 자신을 깨우는지 하나님만이 아실 것이다. 학생들의 에세이와 고양외고 교사들의 에세이를 통해 그들의 마음 상태를 엿볼 수 있다.

[아침 기도회 에세이]

말씀 훈련을 통해 세워지는 신앙생활

5기 이광훈

중학교를 졸업하고 고등학교 1학년이 되어 3월에 처음 등교했을 때였다. 교실 앞에 '아침기도회 오전 7:00 대강당' 이라는 문구가 적힌 종이가 붙어 있었다. 그 때 나는 매일 하나님과 기도로 교제하는 시간이 필요함을 간절히 느끼고 있었기 때문에 망설임 없이 기도회에 참여하게 되었다. 처음 기도회에 갔을 때 어땠는지 잘 기억나지 않는다. 아마도 말씀 한 단락과 찬양이 인쇄되어 있는 낡은 갱지와 함께 지금 진행되는 형식과 똑같이 진행되었던 것 같다.

처음으로 기도회에 나간 그 때부터 고3 졸업할 때까지 나는 매일 아침 기도회를 통해 경건의 시간을 가졌다. 아침 기도회 시간에 정영종 음악선생님께서 항상 강조하셨던 것은 경건의 훈련이 되어야 한다는 것이었다. 고등학교 시절, 매일 아침 나와 하나님과의 시간을 갖는 것이 훈련되지 않으면 나중에 대학생이 되고 사회에 나갔을 때는 하나님을 찾지 않게 된다는 말씀을 하시면서, 언제나 우리가 아침의 시간을 강당에서 지키게 하셨다. 지금 돌이켜보면 그 때 음악선생님 말씀을 듣고 매일 아침마다 기도했던 습관 덕분에 졸업 후에도 정신적으로 많은 도움을 얻을 수 있었고, 지금도 하나님과 더욱 친해지기 위해 노력하고 있다.

아침 기도회에서 가장 인상 깊었던 것은 여호수아를 통독하면서 가졌던 믿음과 용기와 담대함, 사도행전을 통독하면서 뜨겁게 성령을 구했던 기도들, 히브리서 11장에 나오는 믿음의 정의, 열왕기하에 나온 히스기야의 고자질 같은 기도, 요한복음에 나타났던 예수님의 끝없는 사랑 등이었다.

매일 아침 7시에 모여 기도하는 것이 어려운 일일 수는 있지만, 대학에 와서 주위를 보고 여러 가지로 신앙생활을 하면서 깨달은 것은 순간적으로 느꼈던 감정적인 신앙이나 충동적인 결단들은 사라지기 쉽다는 것이었다. 오직 하나님의 말씀에 근거한 신앙만이 세상 속에서 끝까지 살아남을 수 있다는 것을 절실히 느꼈다. 그래서 아침 기도회는 하나님이 고등학교 시절 나에게 주셨던 가장 큰 선물이자 소중했던 시간들이었다. 앞으로도 아침 기도회 훈련을 통해 고양외고에서 말씀과 기도로 무장한, 영향력 있는 하나님의 사람들이 많이 배출될 것을 기대하고 소원한다.

"나에게로 오라"는 말씀 따라

8기 정소영

■ 같은 길을 걸으며 함께 드리는 기도

아침 7시부터 밤 11시까지. 바쁜 학업 일정 가운데 하루하루를 지내다 보면 어느새 마음속에는 '내 생각'만이 가득 차고 '하나님의 뜻'은 사라질 때가 많다. 하지만 감사하게도 주님께서는 우리 안에 주님 없이 일주일이 지나가도록 내버려두지 않으시고 고양외고 안에 다양한 예배의 자리를 세우셔서 우리들의 지친 영을 채우시고 달래주신다.

학년기도모임은 고양외고만의 특별한 예배이다. 다른 예배의 장에서도 충분히 지혜와 용기를 받을 수 있지만 학년기도모임은 같은 기수끼리 모인다는 점에서 더욱 소중하다. 같은 기수들은 처해 있는 상황이 같고 바라보는 방향 또한 비슷해서 서로의 상처와 두려움을 누구보다도 더 잘 이해할 수 있다. 그런 이들끼리 함께 모여 기도를 하면 기도 내용이 더욱 간절해지고 서로의 마음을 털어놓고 이야기하기가 훨씬 편해지는 것은 당연하다.

■ '나'의 죄를 뉘우치며 '우리'를 바라보다

"나에게로 오라." 주님께서는 항상 우리에게 말씀하고 계신다. 나는 기꺼이 그 말씀에 순종하여 학년기도모임에 나갔고 이를 통해 힘과 은혜를 많이 받아 힘겨운 수험생활을 잘 견뎌낼 수 있었다. 그 중 가장 기억에 남는 은혜는 '회개'와 '중보'이다. 학년기도모임에 나가 말씀을 들으면서 스스로 나를 되돌아보는 기회를 많이 가질 수 있었고, 학교를 다니면서 혹은 그냥 살아가면서 알게 모르게 지은 죄에 대해 눈물로 회개하게 되었다. 나뿐 아니라 8기에 속한 많은 친구들 또한 나와 같이 그들의 죄에 대하여 기도가 많이 필요하다는 생각을 했을 때, 나는 어느새 나를 넘어서 옆에 있는 친구, 그리고 공동체를 바라볼 수 있게 되었다는 것을 깨달았다. 그러한 간절한 마음으로 회개하고 다른 이들을 위해 기도하니 세상일에 지친 마음도 위로받고 활기를 띠게 되어 그 안의 두려움도 눈 녹듯 사라진다.

이처럼 학년 기도모임은 힘겨운 수험생활 동안 나에게 신앙적 버팀목이 되어 주었다. 이 버팀목을 기반으로 나는 하나님과 소통하며 그분이 주시는 많은 은혜를 누릴 수 있었다. 앞으로도 학년기도모임을 통해 고양외고 학생들 모두 하나님과 진정으로 교제하며 그 따뜻한 은혜 안에 머무를 수 있기를 진정으로 바란다.

내 영혼의 쉼터 학년기도모임

9기 변영우

매주 월요일 저녁시간이면 나는 식당이 아니라 음악실로 향한다. 학년기도모임에 참석하기 위해서이다. 일주일에 한 번, 저녁시간 50여 분 정도의 짧은 기도모임이지만 나는 그 곳에서 표현할 수 없을 만큼의 많은 은혜를 받는다. 가족과 지인들로부터 많은 기대를 받는다는 사실이 괴로울 때, 무리한 학업 일정으로 몸과 마음이 지쳤을 때 나는 기도모임에 참석한다. 선생님들께서 전해주시는 말씀을 듣고 간절히 기도하며 내 안의 아픔의 체증이 내려가고 말씀 속에서 고민에 대한 해답을 얻을 수 있었다.

뿐만 아니라 학년기도모임은 다른 모임과 다른 특별한 감동이 있다. 학생들과 선생님들의 자발적인 찬양과 기도가 있고, 저녁시간까지 퇴근하지 않으시고 자발적으로 헌신하시는 선생님들의 진심어린 섬김이 있기 때문이다. 앞으로도 나처럼 이 모임을 통하여 더욱 많은 학생들이 영혼의 안식을 얻길 바란다.

학급 친구들과의 아침 예배

5기 박혜진

저는 현재 부족하지만 대학 캠퍼스에서 대학생을 전도하고, 믿지 않는 친구들과 성경공부를 하며 열방을 위해 기도하고 있습니다. 그런 삶의 시작은 아마도 고양외고에서부터였던 것 같습니다. 귀국한 후 편입으로 학교에 들어온 저는 같은 반 친구들에게 먼저 다가갈 생각조차 없었습니다. 나를 위한 기도밖에 하지 않는 이기적인 저에게 담임선생님은 아침 찬양을 인도하는 기독부장을 맡으라고 하셨습니다.

그 시작은 그다지 어렵지 않았습니다. 7시 50분부터 노트북으로 찬양 가사를 띄우고 CCM 찬양을 틀었습니다. 함께 성경을 보며 말씀을 선포하는 시간에는 주로 목사님께 들었던 좋은 설교를 함께 나누고 기독부 친구들이 한 명씩 날마다 돌아가며 말씀을 전했습니다. 말씀 선포 후에는 기도하고, 그렇게 그날의 학급 아침 찬양을 마칩니다. 말씀을 전하는 시간에는 반 친구들의 표정을 볼 수 있었습니다. 그러면서 친구들 한 명씩 가슴에 품고 기도하게 되었습니다. 아직 예수님을 잘 모르고, 그 사랑과 생명을 잘 모르는 친구들에 대해 너무 안타까운 마음이 많이 들었습니다. 이제는 제가 복음을 들고 그 친구들에게 다가가야 한다는 사실도 알게 되었습니다.

1학년 때는 그 자리가 어떠한 자리인지 잘 몰랐습니다. 2, 3학년이 되면서 말씀을 전하는 그 자리는 광야에 서서 외치는 자의 소리처럼 고독과 핍

박을 겸하는 자리라는 것을 절실히 깨닫게 되었습니다. 말씀을 전해도 믿지 않을뿐더러 거리를 두는 그런 친구들을 미워하는 마음을 저 또한 갖고 있다는 것도 깨달았습니다. 그렇게 주님께 나의 죄를 고백하면서 많이 울었습니다. 그렇게 부족한 저에게 하나님은 기도의 응답을 주시고 열매를 주셨습니다. 저의 많은 친구들이 하나님을 믿게 된 것입니다. 그런 응답들 하나하나를 통해 하나님은 오래 전, 고양외고 기도실에서 기도하던 저를 떠올리게 하시며 저조차도 잊었던 기도들을 생각나게 해주셨습니다.

제게 많은 의미를 갖는 고양외고가 어느덧 10주년이 되었다고 합니다. 앞으로도 고양외고에서 하나님의 마음을 품고 주님의 나라와 그 의를 구하며 추수하는 일꾼으로 일어나는 주님의 신실한 자녀들이 많이 일어나기를 소원합니다.

[제자훈련 에세이]

제자훈련을 통해 부으신 은혜

교사 송민희

■ 제자훈련을 통한 상처의 회복

저는 대학원 재학 시절 아주 호된 고난을 겪었고, 사람들로부터 참 많은 상처를 받았습니다. 그 상처를 그대로 간직한 채 고양외고에서의 생활은 시작되었습니다. 아이들을 가르치고 섬기러 고양외고에 온 제게 하나님은 지난 상처를 회복시키는 일부터 시작하셨습니다. 그 당시 제게 일어난 많은 일들 중 가장 크고 의미 있는 일이 바로 제자훈련이었습니다.

고양외고에서의 제자훈련은 2008년에 시작되었습니다. 아이들과의 제자훈련에 앞서, 그 해 처음 고양외고에 부임하신 이보라 선생님의 인도로 교사들의 제자훈련이 이루어졌습니다. 저는 제자훈련을 하면서 하나님에 대한 오해를 풀고 회개하고, 자존감의 근거를 하나님의 사랑에 두게 되었습니다. 하나님과 그분의 사랑에 대해서 바로 안다는 것이 얼마나 큰 은혜인지, 그것이 삶을 얼마나 능력 있고 윤택하게 바꾸는지 알게 된 것입니다.

■ 마음을 열고 조금씩 변화하는 아이들

그래서 이 크나큰 은혜를 아이들에게도 나누어 주고 싶었습니다. 그러던 중 복음을 듣고 성경공부를 하고 싶다는 몇몇 아이들의 이야기를 듣고, 6명의 아이들과 제자훈련을 시작하게 되었습니다. 하나님에 대해 전혀 모르는 아이들이었지만, 하나님께서 맡겨주신 그 아이들이 참된 믿음을 갖기를 기도하며 일주일에 한 번씩 꾸준히 모였습니다. 물론 쉽지만은 않은 일이었습니다. 성경공부보다는 모여서 간식을 먹는 일에 더 관심이 많은 아이들을 보며 안타까울 때도 있었습니다.

그러나 하나님께서 아이들을 너무나 사랑하시며, 또한 그들의 속도에 맞추어 가르치고 계신다는 확신을 주셨기에 감사했습니다. 믿음은 들음에서 난다는 말씀처럼, 시간이 지날수록 아이들의 마음에도 조금씩 변화가 생기기 시작했습니다. 반 친구에게 큰 상처를 주고서도 담임선생님 앞에서는 잘

못을 인정하지 않던 아이가, 죄를 고백하는 시간에 자신의 잘못을 인정하고 회개하게 되었습니다. 하나님을 인정하지 않던 다른 아이는 하나님의 사랑과 구원에 대한 믿음을 가지면서 캠퍼스 사역자의 비전을 품고 기도하게 되었습니다.

이후에도 제자훈련을 통해 많은 아이들을 만나게 되었습니다. 고3이기에 주일 예배를 포기하고 공부를 택하겠다던 아이가 결심하고 주일 성수하여 오히려 좋은 진학 성적을 은혜로 받기도 했습니다. 복음을 듣고 영접하여 3학년 2학기라는 비교적 늦은 시기에 제자훈련을 시작했지만, 뜨거운 열정과 하나님을 놓지 않는 믿음으로 경건 생활을 훈련한 아이는 먼저 믿은 친구들을 섬기며 지금도 신실한 신앙생활을 하고 있습니다.

■ 비전의 지경이 넓어지는 아이들

제자훈련을 하면서 매주 말씀을 읽고 묵상하고 기도하며 하나님을 만나는 일이 아이들의 삶을 얼마나 바꾸고 있는지 보았습니다. 하나님에 대한 오해를 풀고 그 사랑을 바로 알며, 영적인 건강을 회복하는 것을 보았습니다. 자신들이 받은 은혜와 사랑을 기억하고 그것을 나누기 위해 복음을 전하고자 노력하는 아이들의 마음을 보았습니다. 고양외고를 하나님의 공동체로 여기고 그 공동체를 위해 기도하는 모습을 보았습니다. 이 모든 일을 고양외고에 이루신 은혜와 능력의 하나님을 찬양합니다.

지금도 고양외고에는 곳곳에서 제자훈련 모임이 이루어지고 있습니다. 제자훈련에 참여한 많은 아이들이 하나님에 대한 믿음을 갖고 새로운 삶을

▲ 추수감사예배

살아가고 있습니다. 이처럼 말씀을 통해 그리스도를 영접한 아이들이 주의
제자로 다시 태어나는 은혜로운 일이 고양외고에서 일어나고 있다는 것에
언제나 주께 감사합니다.

04

실력 있고 영성 깊은 건강한 교사들

고양외고 교사들은 젊고 싱싱하다. 그들은 사려 깊고 지혜로우며 깊은 영성으로 학생들을 지도한다. 학생들에게 존경받는 교사가 되기 위해서는 먼저 교사 자신이 건강하고 균형 잡힌 실력자여야만 한다. 워낙 우수한 학생들이 집중해서 공부를 하니 교사들은 늘 긴장하여 수업 준비를 해야 한다.

특히 수학 문제 같은 경우는 잘못 풀면 답이 바로 틀리기 때문에 수학 선생님들은 학생들이 질문할 모든 문제에 늘 대비하고 있어야 한다. 1학년 국민공통기본과정을 교육하는 동안에는 방과 후 보충수업이 수준별로 선택형으로 진행되므로 학생들이 선택하는 교사로 남아 있으려면 끊임없이 교수학습법을 향상시키고 수준 높은 교육을 제공해야 한다.

수업이 끝난 후에는 일주일 한두 번 밤 11시까지 학생들과 함께 있어야 하는 고양외고 교사들의 책임감과 노동량은 매우 과중하다. 그러나 나는 교사의 헌신과 노력 없이 실력 있고 건강한 학생들을 교육할 수 없고, 교사로 소명받은 이상 진정한 보람은 자신의 제자들이 모두 잘 되는 것이라고 생각한다.

교사로서의 소명과 학생들에 대한 사랑, 교사로서의 공동의 목표를 새롭게 하기 위해 고양외고는 아침 7시 30분마다 교사 아침 예배를 드리며 하루를 연다. 함께 찬송을 부르고 기도하고 성경말씀을 읽으며 피곤한 아침을 새롭게 하며 함께 격려한다.

또한 그날 있을 여러 행사와 당부할 일들을 전달하고, 그날 생일인 교사를 위해 생일축하 노래를 불러준다. 학생들에게 교사가 필요하듯 교사들에게도 함께 일하는 좋은 동료와 부족한 부분을 지도하고 품어주는 교장과 교감이 필요하다.

어렵고 피곤한 직장생활이지만 제자들을 진심으로 사랑하는 훌륭한 교사들이 서로를 격려하고, 교사들을 존경하는 생기발랄한 제자들이 있기에 피곤한 직장이 즐거운 직장이 될 수 있고, 희망의 꽃이 피고 열매가 맺히는 것이다.

나는 교사들이 학생들을 지도하면서 공동의 생각을 함께 나눌 수 있도록 1주일에 한 번씩은 꼭 학년모임을 하여 학년별로 학생들의 상황을 파악하고 학교의 전체 방침이 제대로 실시되는가를 점검하게 한다. 또한 각 학년에서 발생하는 문제를 자체 내에서 교사들과 협력해 풀어나가는 효율적인 회의가 되도록 강조한다.

실력 있는 교사들이 서로의 장점을 나누는 우리 학교는 중간고사나 학기말고사 중 하루는 꼭 전체교사가 참여하는 연수시간을 갖는다. 지금(now) 이곳에(here) 가장 필요한 현안 문제에 대한 발표와 심층적인 토론을 전개하는 고양외고의 교사 연수는 시대의 요청과 교육정책의 변화에 빠르게 대처하는 우리 학교의 전략적 연수이며, 모든 교사가 참여하여 많은 유익을 얻는다.

새해 첫 달에는 학년별 1박 2일로 1년 동안 학년을 이끌 교사들이 함께 모여 학생들의 교육과 진학에 대해 열띤 토론으로 이어지는 교사 학년 연수가 있다. 학년별 교사 연수를 마치면 교장, 교감, 부장들로 구성되는 부장교사 연수가 있다.

교사들은 숨 가쁘게 이어지는 교육활동을 감당하느라 학기가 시작되면 쉴 틈도 없고 숨이 턱턱 차오르는 긴장도 느낀다. 중간고사, 학기말고사, 모의고사 등 학교에서 시험이 있는 날에는 자율학습이 없으므로 교사들은 조금의 여유를 갖게 되고 재충전하며, 여름방학과 겨울방학을 통해 부족한 것을 보충하고 가족과 친지들과도 여유를 갖고 가족 간의 사랑을 회복한다.

학생들은 무한한 실력과 깊은 사랑, 부드러운 지도력을 갖춘 교사들을 요구하고, 교사들은 인간의 한계를 넘어 존경받는 스승이 되기 위해 부단히 노력한다. 힘들지 않은 직장생활이 있을까? 나는 힘들지만 보람 있는 직장이 존재한다고 생각하며, 그런 직장이 고양외고이기를 바라며 기도한다.

고양외고 교사들은 수요일 오후 3시 30분에 각 팀별로 모여 신우회 모임을 갖는다. 수요일은 고3을 제외한 모든 학생들이 7-11에서 풀려나는 날이고 일찍 귀가해 부모님과 맛있는 저녁을 먹는 날이다. 교사들은 신우회를 통해 동료 교사들과 성경공부와 기도로 직장에서의 어려움을 신앙으로 서로 격려하면서 개인이 갖고 있는 고민을 함께 나누고 기도하면서 동료애와 사명을 새롭게 한다. 수요일은 일찍 귀가하여 1주일에 1일은 가족과 편안한 저녁시간을 갖는다.

봄, 여름, 가을, 겨울과 아침, 점심, 저녁이 있듯이 고양외고의 식구들은 1주일, 한 달, 1학기, 여름방학, 2학기, 겨울방학 등을 계절이 지나가듯 시간을 보내며, 그 시간 속에 적응하고 파도를 타듯 어려움을 이겨내고 건강한 공동체로 점점 힘을 발휘하게 되는 것을 느낀다.

처녀 총각 교사로 고양외고에 임용되어 결혼하고 자녀를 낳고 기르면서 어려움도 많았지만, 학생들을 사랑하고 아낌없이 주는 교사들에게 나는 행복한 아빠와 엄마, 뿌듯한 가정생활로 하나님이 보상해주실 것을 믿고 늘 바쁘게 움직이는 교사들을 위해 무엇을 도와줄까 고민한다.

지혜로운 교사들은 교장의 도움보다는 하나님의 도우심과 동료와의 협력을 통해 문제를 푸는 능력을 빠르게 향상시킬 뿐 아니라 고양외고에 대한 자부심과 애착을 갖는 교사로 성장해 가는 것을 보면서, 오히려 나는 더 큰 기쁨을 누리고 있다.

위로와 회복의 시간 교사 아침 예배

교사 이성아

연이은 회식과 접대에 치이던 생활에서 벗어나, 함께 기도하며 나아가는 믿음의 직장에서 일하게 된 것은 제게 정말 크나큰 축복이라고 생각합니다. 특히나 주님을 찬양하고, 기도로 하루 일과를 여는 교사 아침 예배는 저에게 '위로와 회복'의 시간이 되었습니다. 처음 고양외고에 왔을 때 제 자신은 참으로 많이 망가져 있었습니다. 이런저런 좌절감과 세상에 대한 분노,

무엇보다 믿음에서 멀어진 상황을 이겨내는 것이 너무나 어려웠습니다. 쉽지 않은 업무와 생활관에서의 어려움이 이어졌지만 아침에 찬양하고 눈물을 흘리며 기도하는 가운데 믿음을 회복하고, 동역하는 선생님들과 마음을 나누며 치유 받았습니다. 각자의 분주함에 지쳐 있던 교사들은 서로의 마음 상태를 알아가고 함께 기도하며 정결함을 돌이키는 가운데 사랑을 회복합니다. 합력하여 선을 이루는 일의 시작점이 여기 있는 것입니다.

개인적으로는 최근 예배 반주에 합류하게 되어 더욱 감사할 일들이 많아졌습니다. 한때는 저의 가장 큰 우상이었고, 전공을 바꾼 이후에는 짐이었던 음악을 이제는 주님이 주신 빛나는 달란트라 여길 수 있게 되었습니다. 제가 귀하게 쓰임 받고 있음을 날마다 확인하며 비전을 구체화시켜 나아갈 힘을 얻게 된 것입니다. 영적인 공격이 더욱 강해지는 악한 이 시대에, 아침 예배를 굳건히 붙들어 저희가 성령 충만으로 무장해 나아갈 수 있기를 소망합니다. 고양외고가 사랑과 믿음을 회복하고 참된 교육을 통하여 하나님의 의를 이루는 축복의 통로로 거듭날 것임을 믿습니다.

하나님의 역사 한 구절 신우회

교사 김상은

"여호와의 행사가 크시니 이를 즐거워하는 자가 다 연구하는도다. 그 행사가 존귀하고 엄위하며 그 의가 영원히 있도다. 그 기이한 일을 사람으로 기억케 하셨으니 여호와는 은혜로우시고 자비하시도다(시편111편 2절~4절)."

이는 고양외고 신우회에 대한 이야기만이 아니다. 고양외고에서 함께 하신 그분의 역사에 대한 이야기이다. 고양외고 10년 동안, 그 어마어마한 이야기를 이끌어 오신 그분의 이야기 중 한 편, 한 장, 한 단락의 한절 쯤 되는 신우회 이야기를 하려고 한다.

내가 고양외고에 온 것은 2003년, 고양외고는 하나님의 사람들이 함께 모여 원탁회의를 통해 꾸려가는 학교라는 느낌이 들었다. 고양외고에는 다른 학교에서는 볼 수 없는 광경이 있다. 매주 수요일 오후 3시 30분이면 전 교사가 각자에게 정해진 장소에 모여 진행하는 신우회가 그것이다. 어느 교회에서도 맛보지 못했던 나눔과 묵상과 찬양이 함께하는 그런 모임이 전 교사 안에서 이루어진다. 한 모임 당 많게는 12~13명, 적게는 5~6명이 모인다. 전 교사가 거의 대부분 하나님을 믿고 알고 섬기는 분들이다. 어떻게 이런 일이 있을 수 있는가? 하나님이 그렇게 고양외고의 교사들을 모이게 하셨다.

■ 2003년 초신자 신우회

2003년에 나는 초신자 신우회에 소속되었다. 당시 한 목사님이 오셔서 구원의 여정에 대해 설교하셨다. 10회를 하시면 10회 모두 복음과 구원에 대한 이야기였다. 정말 같은 이야기를 계속 똑같이 하셔서 당시에는 정말 재미없고 지루하다는 생각도 들었다. 그런데 그 이후 내 안에 교만이 드러났다. 하나님의 복음은 날로 새롭고 구원은 매일 감격이어야 한다는 메시지였던 걸 그 당시에는 왜 몰랐을까? 제일 처음 고양외고 신우회를 통해 하나님은 이 학교에서 내가 가르쳐야 할 내용이 바로 '복음과 구원'이라는 것을 매 신우회 시간에 알려주시려고 했던 것이었다. 주님의 종을 판단하려 했던 교만을 회개하며 나를 만지신 하나님의 은혜를 맛 본 한해였다.

■ 2004~2005년 생활관에서의 신우회

2004~2005년 나는 고양외고 생활관 지도교사로 들어갔고, 생활관 신우회에 소속되었다. 생활관 지도교사들이 함께 모여 기도하고 수요일 생활관 채플을 준비하며 생활관 학생들과 성경공부를 하기 위한 준비를 했다. 생활관 지도 책임자인 한대수 전도사님은 모든 생활관 학생과 지도교사의 영성을 위해 기도하는 하나님의 사람이었다. 그 가정에 교사들을 모두 초대하여 식사를 대접하고 섬겨주시는 일도 있었다. 사모님이 2005년도에 대장암에 걸렸지만, 기도로 완쾌되는 기적을 경험하고 삶으로 하나님의 살아계심을 보여주신 분이었다.

우리의 가장 큰 기도제목은 생활관 학생들이 하나님의 사랑 안에 머물기 바라는 것이었다. 생활관 신우회에서는 고아와 과부를 사랑하시는 하나님을 만날 수 있다. 집 떠나 멀리 학교에서 생활하기에 자칫 사랑을 충분히 받지 못하고 살 수 있는 학생들의 마음을 잘 아시는 하나님께서는 우리 신우회 교사들을 통해 아이들을 섬기고 사랑하게 하셨다. 학생들과 함께 기도제목을 나누고 찬양하며 밤새 학생들의 고민과 기도제목을 듣는 가운데 학생들은 하나님을 만났다.

■ 2006년 중보기도팀 신우회

2006년 나는 학교를 위해 기도하는 중보기도팀에 소속되었다. 이은영 선생님이 우리 신우회 리더였다. 섬기는 은사와 하나님에 대한 열정과 지성이 빛나는 교사였다. 학교의 크고 작은 기도제목을 받아서 기도하는 모임이었다. 공식적인 기도제목부터 교사들의 개인적인 기도제목까지 다 파악하고 기도하는 모임이었다. 개인적으로는 이 모임 교사들과 참여했던 기독교사대회에서 기독교사로서 나의 신앙이 깊어졌던 기도응답뿐만 아니라 이루어질 것 같지 않았던 학교 기도제목들이 다 이루어지는 것을 보며 하나님의 크심과 살아계심을 보았다.

■ 2007년~2009년 학생들을 위한 신우회

교사들은 2007년 가장 기억에 남는 신우회를 '우행시-우리들의 행복한 시간'이라고 했다. 당시 한 영화제목을 패러디한 것이다. 2회에 걸쳐 정말 기도제목이 필요한 각반 아이들을 위한 기도합주회 시간이었다. 교사들의 기도제목이 쏟아져 나왔다. 왕따 당하는 학생, 체력이 떨어지는 학생, 부모와 화해하지 못하는 학생, 경쟁 심리로 압박당하며 교우관계가 어려운 친구, 중국에서 살다와 한국에 적응이 안 되는 학생, 이단에 빠져있는 친구, 아버지가 위암 판정을 받은 학생, 이혼부모 밑에서 마음 아파하는 학생, 가정형편이 어려워 힘들어하는 학생, 정신적으로 힘들어 40일 넘게 결석하는 학생, 이성교제에 빠져 학업을 힘들어하는 학생, 강박장애로 치료받고 있는 학생, 심리적으로 불안하고 외로움을 잘 타 자살 충동을 느끼는 학생 등등. 이런 학생들을 위해 눈물 흘리며 기도하는 우리들의 신우회 시간에는 늘 학생들을 위한 중보와 축복의 기도가 있었다. 이는 학생들을 주님 앞으로 데리고 나오라는 명령에 따르는 것이었다.

2008년 행운의 7기 1학년부 신우회에서도 하나님은 교사들을 만나주셨다. 학생을 위해 기도하는 동시에 교사들 간의 나눔도 깊어졌다. 신우회 활동에는 한 학기 한번 회식할 수 있는 시간과 재정이 주어진다. 우리 신우회는 한 끼 회식 대신 교사 당 한권의 경건서적을 구입해서 읽고 책 소개를 통해 하나님의 은혜를 나누는 시간을 가졌다. 이를 통해 하나님과 교제가 두터워지는 교사들의 고백을 들을 수 있었다. 이렇게 하나님은 신우회 시간을 통해 교사들의 마음을 구석구석 만지시고 살찌워주셨다.

이런 은혜는 2009년 축복의 8기 1학년부 신우회에서도 계속 되었다. 그 은혜를 어찌 다 말할 수 있을까. 나의 죄성과 불완전함 속에서도 희망을 노래하게 하시며, 소망을 발견하고 기대하시는 하나님의 은혜를 어찌 다 말할 수 있을까. 신우회를 통해 교사들이 각자의 죄성을 고백하는 시간도 가졌다. 교사로서 가장 많이 범하는 죄목은 '교만'이었다. 선생으로서 말의 권세가 있고 가진 지성이 있어서 쉽게 판단하고 정죄하는 교만의 죄로 다 같이 아파하며 회개하는 시간을 가졌다. 어떤 교사는 자신 때문에 상처 받은 학생을 위한 기도제목을 내놓고 기도하길 원했다. 우리는 교사로 서 있지만, 한없이 나약하고 한없는 기도와 하나님의 은혜가 필요한 사람들이다. 두렵고 떨리는 자리에서 하나님의 때를 기다려야 인생이 풀어지고 해답을 얻는 그런 사람들이다. 신우회가 없었다면 우란 감히 이런 교사의 자리에 설 수 없었을 것이다.

2010년 나는 중보 기도팀에서 학교를 위해 중보하는 자리에 있을 수 있었고, 2011년에는 영광의 9기 2학년부 신우회를 섬겼다. 어떨 땐 조바심으로 기도하고 어떨 땐 깨달음으로 행복해하며, 또 어떨 땐 가벼운 쉼의 장소로, 또 어떨 땐 나보다 더 큰 인생의 무게를 짊어지고 가는 학생들을 위해 기도하는 그런 신우회는 하나님의 역사 안에 살아 숨 쉬고 있다. 내게 고양외고의 신우회는 하나님과 동행하는 섬기는 자리로 계속 불러주시는 축복의 자리이자 사명이고 소명이며, 은혜 위의 큰 은혜이다. 고양외고에 있는 한 하나님의 역사에 한 편, 한 장, 한 구절, 한 문장이라도 쓰여지고 싶다는 거룩한 욕심을 내어 본다.

▲ 교사들의 기도

|05|
사춘기 자녀와 평화를 누리는 학부모들

사춘기 청소년기의 자녀를 둔 학부모들은 자녀를 양육하며 얻는 기쁨보다 두려움과 걱정의 늪에서 헤맬 때가 많다. 그러나 고양외고의 학부모들은 자녀들이 거의 대부분 시간을 학교에서 보내기 때문에 자녀들과 감정적으로 대립할 시간이 적다. 또한 학생들이 학교생활에 잘 적응하면서 자녀들로 인해 고민하기보다 학교에 고마운 마음을 전하는 경우가 많다. 그러나 아무리 학교가 자녀들을 잘 돌본다고 해도 학부모들은 늘 불안하고 자녀들의 미래를 걱정한다.

나는 부모들의 걱정 중에 많은 부분이 근거가 없거나 또는 막연한 것임을 알기 때문에 다양한 방법을 통해 학부모와 대화하려고 노력한다. 학부모들은 자녀들이 고양외고 신입생이 되기 전부터 학교 설명회를 통해 고양외고의 입시전형뿐 아니라, 학교 설립이념, 운영방침, 졸업생들의 실적 등에 대한 기본적 지식을 갖는다.

고양외고에서는 자녀가 합격하면 입학식 전에 학생들을 대상으로 오리엔테이션은 물론 학부모님들에게도 오리엔테이션을 제공하여 구체적으로 고양외고의 생활들을 알려드린다.

3월 입학식 다음날부터 학생들이 등교하기 시작하면 한 달 뒤 학교 방문의 날을 통해 학부모에게 학교를 개방하고 학급에서 교사와 면담하게 한다. 학급경영을 위해 학급 안에서 반장, 부반장 등의 학급임원이 결정되면 그 학생들의 학부모들은 자동적으로 학급의 학부모 대표와 부대표가 되어 학급학부모회를 이끌어간다.

대부분의 학급학부모회의 어머니들은 한 달에 한 번 학부모 반모임을 자체적으로 가진다. 3월말 학교운영위원회가 구성되고 학부모 대표 중에서 운영위원장, 1, 2, 3학년 학부모 대표, 급식위원장, 교복선정위원장, 스쿨버스 위원장 등이 결정된다.

운영위원 중 1, 2, 3학년 학년 대표 어머니들은 학급 어머니 모임에 참여해서 학교의 결정사항과 방침을 자세히 전달하고 학부모님들의 고충을 학교에 전달한다. 급식위원장, 교복선정위원장, 스쿨버스 위원장들은 학생들의 급식생활, 교복선정, 스쿨버스에 관한 학부모들의 민원을 적극적으로 처리하면서 학교에 협조한다.

매일매일 급식메뉴를 점검하고 영양 상태를 살피는 급식위원들과 학생들의 교복 품질을 관리하고 시대에 맞는 생활복 제작을 준비하는 교복선정위원들, 학교 통학버스의 불편함을 시정하는데 도움을 주는 스쿨버스위원들은 각 학과의 학급 대표로 구성되어 학교운영위원인 위원장을 도와 학생들의 생활의 질을 향상시킨다.

학교운영위원회와 학부모 대표들은 학교 관리자들과 긴밀히 협조하며 학부모, 학생들과 교직원들의 문제들을 신속히 해결하는 창구 역할을 한다. 그러나 학부모들은 항상 학생들의 교과실력과 학교생활에 대해 궁금해하므로 1년에 2회 학부모와 담임교사의 면담시간을 갖고 자녀들에 대해 상담한다.

1년이 지나고 새 학기가 되면 곧바로 학년별로 학급대표들이 구성되고 학년별로 학부모 설명회를 갖고 학년 설명회를 통해 학교중점사항들을 전달하고 각 학급담임을 소개한다. 특히 2학년은 새 학년이 되기 전, 고3이 수능을 치르고 자율학습을 실시하지 않게 되면 곧바로 11월 수능일 후부터 3학년 체제에 돌입한다. 예비 고3 설명회에서 고2 학생들에게 고3으로서의 각오와 결심을 새로이 하게 하는 한편, 학부모들에게도 고3 학교생활을 자세히 설명해 불필요한 불안감을 덜고 효율적인 부모 역할을 하기 위한 여러 전략들을 소개한다.

고양외고는 이렇게 신입생 모집부터 대학진학의 자녀를 앞둔 학부모에게까지 학부모 설명회를 통해 각 단계마다 학교의 방침과 담당 교사들을 소개시켜 학부모들이 학교에 대해 신뢰하도록 노력해왔다.

부모님들과의 끊임없는 대화의 노력은 학부모님이 자녀들을 이해하고 학교에 협조하는 통로가 되지만 1,500명의 학생과 3,000명(학부모인 아빠, 엄마)을 대상으로 계획해야하는 학교에게는 대단한 수고가 요구된다. 그러나 우리 학교는 교감, 교무부장, 각 학년부장의 협조로 지금까지 꾸준히 이어지고 있다.

학부모들의 적극적 참여를 위해 학부모 설명회는 언제나 저녁시간에 이루어진다. 이런 통로를 통해 학부모들과 지속적으로 대화하게 되면 학부모들은 학교와 자녀들을 신뢰하고 대견해하며 자랑스럽게 여길 뿐 아니라 궁극적으로 자녀들과 평화를 누린다.

그러나 모든 학부모의 성향이 같은 것이 아니다. 그래서 나는 자녀들과 학교를 위해 기도를 통해 하나님의 능력의 문을 두드리고 싶어하는 학부모들과 함께 한 달에 2회 학부모 기도회를 한다.

학교에서 진행되는 일들, 하나님의 응답이 필요한 기도제목을 학부
모님께 솔직히 알리고 큰소리로 하나님께 부르짖어 기도하는 학부모
기도회는 은혜의 통로이다. 지금까지 학부모 기도회의 기도제목은 단
1개를 제외하고는 100% 응답되었다. 그 한 가지 기도제목은 고양외고
뒤편에 병풍처럼 둘러싼 장령산을 달라는 기도였다.

우리 기도가 산을 옮길만한 믿음이 없어서인지 아니면 그 산이 우리
에게 필요하지 않아서인지 그 기도제목은 아직 이루어지지 않았다. 그
러나 기도제목이 하나씩 응답될 때마다 나는 학부모들과 함께 감사와
감격으로 하나님께 영광을 돌린다.

학부모를 대신해서 수고하시는 학부모 기도회의 회장, 총무, 각 학
년 대표들의 자녀가 잘 되고 기도로 함께하는 학부모의 자녀들이 더
잘 되도록 마음속으로 기도할 뿐이다.

많은 분이 참석하지는 못하지만 10년째 말씀을 전해주는 신정숙 전
도사님과 함께 학부모들이 진실하게 하늘의 문을 두드리는 정성에, 하
나님은 우리 기도에 늘 응답해 주신다.

[학교 설명회 원고]

고양외고 학교 설명회(2008년 5월)

계절의 여왕 5월에 여러분을 모시게 되어 정말 기쁩니다. 고양외고가 있
는 통일로 길목은 전원적이고 한가해서 이곳으로 오시는 여러분의 마음에
설렘이 있었을 것입니다.

오늘 이곳에 오신 귀하신 분들을 위해 특별히 「5월의 시」를 드립니다.

5월을 드립니다.

오광수

당신 가슴에

아름다운 꽃이 만발한

5월을 드립니다.

5월엔

당신에게 좋은 일들이 생길 겁니다.

꼭 집어 말할 수는 없지만

왠지 모르게

좋은 느낌이 자꾸 듭니다.

당신에게 좋은 일들이

많이많이 생겨나서

예쁘고 고른 하얀 이를 드러내며

얼굴 가득히 맑은 웃음을 짓고 있는

당신 모습을 자주보고 싶습니다.

5월엔

당신에게 좋은 소식이 있을 겁니다.

뭐라고 말할 수는 없지만

왠지 모르게

좋은 기분이 자꾸 듭니다.

당신 가슴에

당신을 사랑하는 마음이 담긴

5월을 가득 드립니다.

고양외국어고등학교를 방문하신 학부모, 학생 여러분 진심으로 환영합니다. 여러분의 격려와 협조로 고양외고로 전환한지 7년째를 맞는 고양외고는 명문 고등학교로 확고히 자리매김했고 최고의 자리를 향해 쉼 없이 달려가고 있습니다.

올해 4기 졸업생 중 141명이 서울대, 연대, 고대로 진학했습니다. 또한 이대, 서강대, 성균관대 등 국내 유수한 대학까지 포함하면 398명으로, 명문대 진학률 82.2%를 기록했습니다. 뿐만 아니라 세계로 뻗어나가 미국 11명, 일본 와세다 12명, 일본공대 전액 장학생 2명, 호주 멜버른의대 등 해외 대학으로 진출했습니다. 진학실적과 더불어 학생들의 품성과 인성발달로 명문 고등학교로 손색이 없습니다.

저희 학교는 우정과 실력, 믿음이 있고 폭력과 흡연, 왕따가 없습니다. 고양외고에서 3년 동안 고교시절을 지낸 졸업생들이 국내와 세계의 명문대학에 진학한 뒤에도 끊임없이 모교로 찾아와 그리워하고 있습니다. 1, 2기 졸업생들과 작년 수시에 합격한 학생들의 이야기를 담아 제작한 동영상을 여러분께 보여 드리겠습니다.

졸업생들의 다시 찾으며 자랑스러워하는 고양외고 비전은 무엇일까요?

첫째, 고양외고에는 실력 있고 열정적이며 신앙심 깊은 교사들이 많습니다.

둘째, 고양외고는 7-11체제의 완벽한 교육시스템을 갖추고, 상담을 통한 맞춤식 교육을 합니다. 저희 학교에서는 신입생들이 입학하면 곧 교사와 학생간의 상담이 있고, 5월에는 학부모 상담이 있습니다. 진학 관련 정보를 제공하고 학생들이 소유하고 있는 재능을 파악하여 시작부터 바르게 단추를 끼우는 작업을 합니다. 7-11은 고양외고가 원조로 그 밖의 학교는 짝퉁입니다. 7-11은 효과가 검증된 시스템으로 여러분께서 이미 잘 알고 있을 것입니다.

셋째, 고양외고는 학생들의 건강을 귀중한 자산으로 생각합니다. 아침, 점심, 저녁을 제공하여 3년 동안 건강한 생활을 하도록 도와줍니다. 3명의 영양사와 30여 명의 조리원이 있습니다. 밥심은 3학년이 되면 본격적으로 발휘됩니다.

넷째, 고양외고는 학생들을 공부벌레로 만들지 않습니다. 고양외고에는 젊음과 꿈, 열정이 있습니다. 학생들은 공부뿐 아니라, 28개 동아리를 통한 동아리 활동 및 봄 G-leage 축구대회, 가을 농구대회, 학기말 성가경연대회 등의 다양한 프로그램을 통해 학생들의 개성과 소질을 신장하고, 사회성과 협동심을 기를 수 있도록 다방면에서 노력하고 있습니다. 또한 글로벌 리더를 육성하기 위해, 고등학교 시절을 시작하기 전에 1학년 전체 학생이 리더십 수련회를 다녀옵니다.

다섯째, 가정과 같은 기숙사를 운영하여 원거리에 사는 학생들에게 편의를 제공합니다. 위탁관리가 아닌 교사들과 전담 사감이 책임지고 관리합니다. 36대 스쿨버스로 고양시, 파주, 서울 전 지역 학생들이 편리하게 통학할 수 있습니다.

여섯째, 최고를 향해 끊임없이 노력하고 보완하는 학교입니다. 학교 건물은 해마다 보완하여 작년 2월에는 글로리아 체육관이 완공되었고, 7월에는 남학생 기숙사 지우관Ⅱ가 완공되었고, 올해 2월에는 2학년 전용 자율학습 도서관인 Wisdom House가 완공되었습니다. 또한 글로리아 정원, 장미 정원, 사색의 정원, 우정원 등 아름다운 정원이 있는 친자연환경을 학생들에게 제공하고 있습니다. 또한 개교 7년째를 지나오며 학생들의 다양한 진학지도를 위해 해외유학반, 국제반, 영어강의반, Vision project, 글로벌리더 등의 프로그램을 실시하고 있으며, AP 공인기관, IET 공동주최, TOSEL 공동인증기관, ESPT 협력기관, TEPS 특별시험 장소 등의 국제적이고 대외적인 기관들과 협력하고 있습니다.

일곱째, 고양외고는 좋은 친구들과 하나님의 사랑이 가득한 학교입니다. 교사와 학부모, 학생들이 기도하며, 한계를 뛰어 넘고 하나님의 기적의 축복이 고양외고와 함께하는 학교입니다. 저는 그동안 하나님이 고양외고에 내려준 축복을 생각하며 작년에 「아침 7시 특목고는 기도 중」이라는 책을 썼습니다. 고양외고는 축복이 쏟아지는 땅 'The land of blessing' 입니다.

마지막으로 고양외고는 3년 동안 학비 없이 장학금으로 학교에 다닐 수 있습니다. 내신 1.5% 안에 있는 학생들은 글로벌 리더 전형에 응시하십시오. 올해 대단한 학생들이 지원하여 1학년 신입생이 되어 열심히 노력하고 있습니다. 고양외고를 선택하셔서 후회 없는 3년을 이곳에서 보내도록 하십시오. 여러분의 꿈이 이루어지실 것입니다. 감사합니다.

하나님의 아이를 위한 어머니의 기도

8기 구반석 어머니

■ 자식 욕심 때문에

모든 그리스도인 부모가 그렇듯이, 저 역시 제 아들을 부모 말 잘 듣고 열심히 공부하는 아이, 어려서부터 믿음을 가진 자녀로 키우려고 나름대로 노력했습니다. 중학교에 들어간 아이를 수학과 과학 올림피아드 준비도 하게 하면서 밤늦게까지 학원에 붙들어 두었으나, 예상했던 결과는 나오지 않고 아이가 점점 공부에 흥미를 잃는 것을 느끼게 되었습니다. 결국 목표로 했던 과학고등학교 입학을 어쩔 수 없이 포기하게 되었습니다.

그런 상황에서 우연히 믿음을 가진 중학교 선생님의 권유로 고양외고를 알게 되었습니다. 그렇게 저와 제 아들은 고양외고와 인연을 맺게 되었으나, 그것은 또 다른 마음고생의 시발점이었습니다. 아들은 입학 후 1학년 내내 대부분의 과목 성적이 바닥이었고, 학교 규칙조차 지키지 않아 선생님께 야단을 맞으며, 시간만 나면 PC방에 간다는 소문까지 들려왔습니다. 결국 전학을 심각하게 고려하는 지경까지 이르렀습니다. 아이가 집에 와서도 귀를 막고 방문을 잠그고 아예 대화 자체를 거부하는 상황에서 저는 교회에서나 학교 기도회에서나 눈물만 흘릴 뿐 제대로 된 기도도 하지 못했습니다.

▲ 학부모기도회

■ 어머니 기도회와의 만남, 그리고 변화

그러던 어느 날, 입학식 날 강성화 전 교장 선생님의 소개로 인연을 맺게
된 학부모 기도회에서 눈물로 기도하게 되었습니다. 그 때 하나님께서는 결
국 이러한 제 마음고생과 아이와의 전쟁이 부모 욕심에서 비롯되었다는 것
을 알게 해 주셨습니다.

2학년 말부터 저는 주말에 학교 기숙사에서 아이가 집에 올 때면 가능한
공부 이야기보다는 예배와 묵상의 환경을 마련해주려고 노력했습니다. 때
가 차니, 학교에서 믿음의 좋은 선생님도 만나고, 믿음이 좋은 생활관 형들
과 만나는 등 좋은 영향을 받도록 환경도 주관하시는 하나님의 손길을 체험

하게 되었습니다. 이를 통해 기도의 응답은, 우리들이 원하는 방식이나 시기가 아닌 하나님의 때에 하나님의 방식으로 주시는 것을 알게 되었습니다.

이제는 아이가 찬양을 좋아하고 매일 말씀 묵상을 통해 하나님께 드리는 시간을 우선하는 것을 보면서 하나님께 진정한 감사를 드립니다. 더 나아가 자신보다 공부 잘하는 친구들의 고민과 신앙적인 문제를 상담하기 좋아하고 주변 친구들을 신앙으로 권면하는 영적 리더가 된 아이를 보면서 좋은 대학과 세상의 출세만이 인생의 주된 목표가 아님을 가족 모두 알게 되었습니다. 아이에게 이러한 방황과 고통의 시기가 귀중한 체험이 되어서, 자신보다 더욱 어려운 환경에 있는 이웃을 돌아보며 하나님께 영광 돌리는 삶을 살 수 있는 불씨가 되기를 간절히 기도하고 있습니다.

■ 하나님의 아이를 위한 어머니의 기도

"여호와여 주는 겸손한 자의 소원을 들으셨으니 저희 마음을 예비하시며 귀를 기울여 들으시고……(시편 10:17)."

날이 갈수록 믿음으로만 이 세상을 온전히 이길 수 있음을 강권적으로 깨닫게 하신 하나님께 영광을 올려 드립니다. 하나님께서는 겸손과 순종, 영으로 간절히 구하는 기도를 들으십니다. 고양외고의 모든 하나님의 자녀들이 하나님께서 부어 주시는 은혜와 우리 학부모들의 합심된 기도를 통해 다른 학생들과 차별되는 하나님의 용사로 발전하기를 기도드립니다. 그리하여 우리 민족을 이끌어 갈 믿음의 지도자가 고양외고에서 구름 떼와 같이 나오기를 소망합니다. 우리 학교의 수많은 믿음을 가진 학부모들께서 아이

를 좋은 학교에 보내려는 노력만큼 학부모 기도회와 학교의 발전, 선생님들
과 아이들의 믿음의 성장을 위해 기도해 주시기를 부탁드립니다.

part. 8

행복하여라

끝없는 문제들을 해결하며 해마다 새롭게 찾아오는
학생들과 학부모들을 그다지 넓지 않은 내 품에 품으며
더 품으려고 애썼던 날들, 수고와 노력을 아끼지 않은
교감 선생님과 부장 선생님을 비롯한 여러 선생님들을
모두 고맙고 안타깝게 바라보던 날들……
후회 없이 사랑하고 내 젊음을 쏟아 부었던 축복의 땅 고양외고!

01

행복한 학생들

"넘치지도 부족하지도 않은 행복은 넘치는 것과 부족한 것의 중간쯤에 있는 조그마한 역이다. 사람들은 너무 빨리 지나치기 때문에 이 작은 역을 못보고 지나친다." -C 폴록

넘치도록 학업에 시달리는 고양외고 학생들, 아무리 노력해도 늘 자신의 부족함으로 만족하기 어려운 우리 학생들에게 나는 지금, 이 순간, 이런 상황에서도 학생들이 조그마한 일상의 일들로 여유를 갖고 행복하기를 진심으로 바란다.

고양외고는 7-11의 고된 하루 일과 중에 아침, 점심, 저녁시간에 여유를 갖도록 영양 있고 맛있는 급식을 제공하도록 애쓴다. 공부로 받는 스트레스를 식사 시간을 통해 조금이라도 해소할 수 있도록 3학년을 위한 푸른꿈식당, 2학년을 위한 비전관식당, 1학년을 위한 신망애식당이 아주 근사하고 전망 좋은 곳에 위치해 있다.

식사는 신체적 건강을 유지하기 위해 필요하지만 마음의 즐거움을

위해서도 맛있는 식사와 분위기 있는 장소가 중요하기 때문에 가정에서도 종종 식구들과 외식을 하게 된다. 하루 세 번 식사 시간만이라도 학생들이 지친 마음과 육신을 내려놓고 친구들과 즐겁게 식사한다면 학생들은 힘을 내어 고된 일정을 마무리 짓게 된다. 그러나 식사가 마땅치 않으면 급식은 잔반통에 버려지고 곧바로 부모님에게 투덜대며 학교에 항의한다.

학부모님들로 구성된 우리 학교 급식위원들은 늘 학생들의 영양 상태와 메뉴, 조리 과정을 정기적으로 모니터링한다. 긴장의 연속이 계속되면 악기의 줄이 끊어지는 것처럼 나는 우리 학생들이 긴장으로 주저앉는 일이 없도록 주의한다.

고양외고의 학생들은 학교에서 지내는 시간만큼은 집중해서 학업의 효율성을 갖고 공부하도록 지도하는 한편 매주 수요일이 되면 3학년을 제외하고 전 교사와 학생들은 저녁식사 전에 귀가한다.

가족의 날(Family night)로 정한 수요일에는 교사들과 직원들을 포함하여 학생들이 가족과 좋은 시간을 갖도록 일찍 귀가한다. 학부모님들께는 자녀들이 일찍 집에 가는 날에는 맛있는 저녁식사를 준비하고 자녀들과 함께 행복한 가정 시간을 보내도록 당부한다.

그런데 일찍 귀가하는 수요일에도 부족한 과목을 위해 학원에 가는 학생들이 많다는 이야기를 들을 때 내 마음이 저려온다. 나도 세 아이를 기르는 어머니다. 두 아이가 이미 대학에 진학했고 멀리 미국으로 유학을 떠났다.

나는 아이들의 학창시절, 공부로 중압감을 느낄 때 공부로 여유가 없는 아이들을 졸라 도너츠나 햄버거를 먹으러 가고, 때때로 시장도 같이 가서 다양한 생필품도 함께 구입하면서 공부로부터 아이들을 떼어놓고 긴장에서 분리되도록 애썼다. 주일날은 꼭 주일 예배를 참석하고, 점심 먹고 돌아오면 아이들은 공부할 시간이 얼마 남지 않았다는 생각에 집중하여 남은 시간을 알차게 보낸다.

어린 아이부터 노인이 될 때까지 인생은 녹녹치 않다. 단계마다 부과되는 과업을 이루며 경쟁 속에서 살아남고 더 나은 위치를 확보하기 위해, 가족을 부양하기 위해, 나아가 자신의 발전을 위해 집중하다 보면 평범한 일을 무시하기 쉬우며 어쩌다 어려운 일을 성취하면 행복과 감격의 순간이 오지만 그것도 잠깐뿐 오래가지 못한다.

지금 여기에서, 지나치기 쉬운 행복을 느끼고 함께 나누지 않으면 나와 우리 가족, 우리 학생들은 늘 경쟁과 긴장 속에서 몸과 마음이 피곤한 삶을 살 수밖에 없을 것이다. 본인이 행복하지 않으면 옆에 있는 사람도 행복하지 못하고 함께 있는 사람들도 불행해진다.

고양외고의 학생들은 1주일 단위 학교생활이 마무리되는 주말, 토요일은 격주로 재량활동시간을 갖고 다양한 동아리나 특별활동에 참가한다. 지도교사와 선배들이 함께하는 특별활동, 동아리 활동 시간은 학생들의 톡톡 튀는 아이디어를 수집하고 함께 활동했던 일을 학문적으로 정리하고, 정리한 것들을 편집하여 작품으로 만드는 시간이다. 어른들이 생각하지 못하는 창의적이고 기발한 생각들을 나누며 학생들은 청소년만이 누리는 특권의 시간을 함께 갖게 된다.

수동적인 학습 시간이 아닌 능동적인 활동 시간을 통해 학생들은 서로 생각을 나누고 함께 공동의 목표를 실천해가며 교과교육에서 얻지 못하는 즐거움과 역동성을 느끼게 된다.

재량활동 시간 후에는 강당에서 전체 학생들을 위한 명사초청강연 시간이 주어지는데 학생들은 학교 안의 교사들과 친구들을 넘어 각계각층의 명사들로부터 삶의 방향을 설정하는데 큰 도움과 도전을 받는다. 그 동안 삶으로 학생들을 감동시키는 수많은 분들이 다녀가셨다.

그렇게 일주일이 지나면 금방 한 달이 지나가고, 5월 중간고사를 마치면 2학년은 수학여행을 다녀온다. 중간고사는 모두에게 스트레스를 주지만 학생들은 결과를 받아들이고 중국과 일본 두 팀으로 나누어 수학여행을 떠난다. 중국어과와 중국어를 선택하면 중국으로, 일본어과와 일본어를 선택하면 일본으로 향하는 수학여행은 학생들이 스트레스를 떨쳐버리고 우정을 쌓고 해외 학생들과 문화와 생각을 교류하는 즐거운 시간이다.

학교에 남게 된 고1 학생들은 중간고사 결과를 갖고 교사와 학부모, 학생의 첫 상담을 실시한다.

3학년 학생들은 꽃피는 계절에도 아랑곳하지 않고 대학 진학을 위해 열심히 공부하지만 이때는 시간을 내어 봄 소풍을 다녀오고 졸업앨범 사진을 찍는다. 모처럼 공부에서 해방된 고3 학생들을 보기만 해도 나는 저절로 행복해진다.

고1 학생들도 긴장된 상담이 끝나면 하루 봄 소풍을 다녀온다. 2학년 학생들이 수학여행에서 돌아오면 5월 마지막 주에 1학년과 2학년은 각 반별로 G-리그 준비를 위해 식사시간과 없는 시간을 쪼개어 운동장을 질주한다.

봄에 열리는 G-리그는 고양외고 학년별, 학급별 축구대회이다. 체육시간과 아침식사시간, 수업 시작 전 오전 8시까지를 대회시간으로 할애하여 1주일간 학교 전체 학생들을 떠들썩하게 하는 고양외고 학생들에게는 잊지 못할 추억이다.

여학생들은 목이 터지도록 응원하고, 남학생들은 바쁜 중에도 학급별로 단합하여 선수복을 맞춰 입고 운동장을 질주하는 G-리그! 바라보는 모든 이들은 맺혔던 가슴이 확 풀리는 것을 느낀다. 고양외고 모든 이들이 젊음을 함께 즐긴다.

G-리그 시간을 교과과정 중에 넣을 수 없어 공부 시작 전 아침 자율학습시간과 아침·점심·저녁 식사시간을 이용할 수밖에 없는 형편이 되자, 선수들은 아침 식사도 거르고 죽을힘을 다해 경기를 치르고, 응원하는 학생들은 열정적으로 G-리그에 참여한다.

나는 밥보다 G-리그를 좋아하는 학생들이 먹는 것도 잊고 열정적으로 참여하는 것이 안타깝지만, 그런 학생들을 응원할 수밖에 없다. 그러나 식당에서는 잔반이 많이 나와 울상이 되곤 한다.

그렇게 5월이 가고 7월이 되면 다시 학기말의 긴장이 학교를 짓누르고, 7월 중순 여름방학이 시작되면 1학년은 해외탐방을 떠난다. 유럽과 미국, 스페인으로 더 넓은 세계를 향해 그동안 공부로 지친 자신을 추스르고 세계의 교육과 문화, 예술을 접하며 함께한 친구들과도 삶을 나누는 9박 10일 해외탐방 여정을 갖게 된다.

고2와 고3 학생들 특히 고3에게는 여름방학이 집중적으로 공부할 수 있는 마지막 기간이다. 나는 여름방학 중에 공부와 씨름하는 고3 학생들을 위해 힘내라고 피자를 사준다. 학생들은 교장이 사 주는 피자를 맛있게 먹고 꼭 부모님께 자랑한다고 한다.

가엾은 고3 학생들, 무더운 여름날에도 공부와 씨름하는 학생들에게 내가 위로해줄 수 있는 방법은 고작 아이들이 좋아하는 피자 한 조각뿐이지만 착한 우리 학생들은 그것을 먹고 자랑한다고 했다.

2학기가 되면 2학년 학생들의 긴장이 높아가고, 1학년 첫 학기를 지낸 학생들은 학교생활에 적응해간다. 2학기 10월 중간고사를 마치면 또 한 번 G-리그가 있는데 이번에는 농구대회이다. 온 학교가 다시 축제 분위기 속에서 중간고사 스트레스를 날리는데, 어떤 때는 쏟아지는 가을비에도 아랑곳하지 않고 농구에 몰두하는 학생들을 보며 청춘의 힘을 느낀다.

2학기 학기말 시험이 끝나면 1학년 학생들은 한 해를 마무리하며 학급별 성가경연대회를 준비한다. 1주일도 안 되는 기간에, 한 학생 한 학생이 자신의 소리를 학급의 소리에 맞추어 하모니를 만들면 그 소리는 비로소 아름다운 선율로 완성된다.

크리스마스 전에 이루어지는 12학급의 아름다운 선율로 고양외고는 품격 있고 행복한 크리스마스 분위기에 휩싸인다. 학생들이 성가경연대회를 얼마나 열심히 준비하고 어찌나 멋진 경연대회가 진행되는지! 이글을 읽는 여러분께도 우리들의 성가경연 축제를 보여드리고 싶은 마음이 간절하다.

2학년 학생들은 1학년 때의 성가경연대회를 떠올리지만, 고3 수능이 지난 시점에서 그때를 생각할 여유도 없이 새롭게 출발한 고3 체제 속에서 미래를 준비해 열공하는 철든 학생들로 변화되어 있다. 고 3학생들은 수능이 끝난 뒤 그 결과를 가지고 교사들과 상담하며 진학할 대학을 심사숙고하여 결정한다.

이렇게 한 해의 마지막은 다이나믹하면서도 차분하게 정리되어가고 12월 마지막 날까지 학교는 꽉 찬 1년 계획을 끝으로 겨울방학에 들어간다. 늦가을 첫눈이 내리면 학생들은 일제히 탄성을 지르며 내리는 눈을 반긴다. 이 또한 우리의 작은 행복의 시간이리라.

고양외고인들의 작은 축제 G-리그

 5월17일부터 시작된 G리그 경기가 뜨거운 열기 속에 드디어 막을 내렸다. G리그는 고양외고 학생 모두가 즐기는 고양외고만의 작은 축제로, 1학기에는 축구, 2학기에는 농구경기가 이루어진다. 1학년과 2학년 각 반들이 팀들로 출전하여 토너먼트 형식으로 경기가 이루어진다. 올해는 G리그 역사상 두 번째로 1학년 팀이 결승에 진출했다. 결승전은 양 팀의 뛰어난 실력에 한시도 눈을 뗄 수 없을 만큼 흥미진진하고 긴장감이 넘쳤다. 경기 중에 부상을 당한 선수가 발생하기도 하였고 소나기가 오기도 했지만 최선을 다해 경기에 임한 모든 선수들과, 열심히 응원하며 즐긴 모든 멋진 우리 학생들에게 박수를 보낸다.

우승 (2학년 3반) 인터뷰

Q) 우승팀인 2학년 3반의 MVP는 누구인가요?
A) 저희 팀은 승부차기로 3게임이나 이겼습니다. 그 말은 즉 골키퍼를 하신 이태훈 선생님의 공이 컸다는 것이고 스트라이커인 저 박은배도 공이 매우 컸다고 생각합니다.

Q) G-리그 경기 연습은 어떻게 하였나요?
A) 아……딱히 G-리그 경기를 위해 연습을 한 것은 아니지만 우선 아이들이 축구를 좋아하고 축구에 대한 기본적인 실력을 갖추었던 것과 무엇보다도 반 아이들의 팀워크가 가장 중요했던 것이라고 생각합니다.

Q) G-리그 경기를 통해 얻은 점이 있다면 무엇입니까?
A) 이번 경기를 통해 반 아이들이 다 같이 손 모아 응원하고 경기를 한 덕분에 반 단합이 잘 되어 선생님 말씀도 잘 듣게 되어 좋았습니다.

Q4) 올해에는 일학년이 결승전에 올라왔는데, 어떤 생각으로 경기에 임했나요?
A) 일단 일학년이 결승전에 올라왔다는 게 너무 놀라웠고, 선배인 만큼 이겨야 된다는 부담감이 컸지만, 후회 없는 경기를 하고 싶었습니다.

Q5) 축구 경기를 하면서 개선되어야 할 점에는 무엇이 있었나요?
A) G-리그 경기를 하면서 느낀 것인데 경기 시간이 너무 짧은 것 같고 우천시에는 경기를 연기하는 것이 좋을 것 같습니다.

↑ 우승팀인 2학년3반의 선수들과 교장선생님

9기 도성현

하나님이 채워주시는 성가경연대회

9기 박윤경

하나님, 감사합니다!

성가경연대회를 준비하는 내내 든 생각이었습니다. 하나님이 정말 내 옆에 계시면 꼬옥 껴안고 이렇게 말씀드리고 싶었습니다. 하나님께 정말 감사하다구요. 성가경연대회라는 자리를 통해 함께 모여 웃고 사랑할 수 있도록 해주셔서 정말정말 감사하다구요..

■ 주 안에 우린 하나

사실 저는 신실한 크리스천이 아닌 터라 기독교 활동에는 별 흥미를 갖지 않았습니다. 성가경연대회에 대해 접했을 때도 마찬가지였습니다. 처음에는 몇몇 학생들만 뭉쳐서 참가해도 되지 않느냐 불평도 했고 만약 모든 학생이 참가해야 하는 대회라면 그저 피해되지 않을 정도로만 방관하면서 적당히 끝내야겠다는 생각도 했습니다. 하지만 성가경연대회는 제 생각과 분명 달랐습니다. 우선 반 친구들과 함께 대회 참가 곡을 정하고 난 후부터 매일 아침 친구들과 찬양을 부르며 맞이하기 시작했습니다. 또 틈날 때마다 이 친구 저 친구 불평하고 수군거리는 것이 아니라 함께 모여 화음을 맞추고 율동을 만들어 하나가 될 수 있도록 노력했습니다.

그러면서 정말 우리는 하나가 되었습니다. 은연중 갖고 있었던 친구들에 대한 미움과 두려움이 사라지면서, 기발하고 재치 있는 여러 아이디어도 쉽게 나오고 함께 성가를 연습하는 시간은 놀랍게도 더욱 소중하고 귀해지는 것이었습니다. 감춰져 있던 미움과 불신은 어디로 사라졌는지, 서로에 대한 사랑과 믿음이 그 자리를 대신하는 교실을 보며 '아, 하나님이 함께 계신다는 것은 이런 것이구나' 깨닫게 되었습니다.

■ 순수함으로 가슴 설레는 추억

경연을 준비하는 과정에서 학기 내내 드러나진 않았지만 분명히 존재했던 갈등이 천천히 해소되고, 또 정말 감사하게도 저희 반이 그 해 대상을 받으며 성가경연대회를 기쁘게 마무리하게 된 데에는 분명 하나님의 사랑이 함께 계셨습니다. 또 친구들과 함께 모여 춤을 추고 노래하며 느꼈던 두근거림은 하나님이 가르쳐주신 복음과 함께 아직도 제 가슴 속에 선명히 남아 있습니다.

이 두근거림은 앞으로 제가 고양외고를 졸업한 다음 사회로 나아가서도 정직한 신앙생활을 이어갈 수 있는 힘이 되어 주리라 믿고 있습니다. 꼭 크리스천이 아니어도 좋습니다. 고양외고를 다니는, 혹은 다니게 될 후배들이 성가경연대회를 통해 순수한 사랑과 믿음의 감정으로 가슴이 뛰는, 그런 귀한 추억을 꼭 만들어 갈 수 있기를 기도합니다.

복음과 우정이 함께 짜인 태피스트리

3기 이희성

성가경연대회를 생각하면 이른 아침부터 반 친구들과 함께 교실에 모여 찬양을 연습하는 모습이 떠오릅니다. 비록 준비 기간은 길지 않았지만 모두 각자의 달란트를 사용하여 성심성의껏 임해 주었습니다. 직접 작사한 랩으로 곡에 의미와 재미를 더해 주었던 친구들, 자진해서 지휘했던 친구, 하나님을 믿지는 않았지만 같이 연습하고 따라주었던 친구들, 기도로 응원을 보태주었던 친구들……. 각자 경연대회를 임하는 자세와 생각은 모두 달랐지만, 우리는 그 안에서 하나가 되었고, 매우 즐거웠습니다.

또한 성가경연대회는 가사를 통하여 전해지는 하나님의 복음과, 친구들과의 재미있고 유쾌한 추억이 함께 어우러질 수 있었던 소중한 시간이었습니다. 이러한 귀한 경험은 제가 추후에 믿음의 길을 걸어가는 바탕이 되었습니다. 앞으로도 이 대회뿐 아니라 여러 모든 행사들이 학교의 전통이 되어 고양외고 학생들이 계속해서 이 소중한 자산을 누릴 수 있었으면 좋겠습니다.

02

어려움을 이겨내는 당당한 선생님들

'사람이 마음으로 자기의 길을 계획할지라도 그 걸음을 인도하시는 분은 여호와시니라(잠언16:9).'

나는 이 성경 말씀을 학교를 운영하며 참 많이 실감한다. 우리 학교는 실력 있고 영성 깊은 교사들을 영입하기 위해서 11월 초부터 교사 임용절차에 들어가 1월말 신임교사연수를 마치면 2월 교과연수, 부서 연수를 통해 철저히 준비하고 3월부터 교사로 근무하게 된다.

교사들은 3월부터 12월까지 아침 7시부터 시작되는 일정 하루하루를 충실하게 보내야만 다른 교사에게 짐을 지우지 않고 자기 짐을 지고 학생들과 함께 자기 몫을 해낼 수 있다.

내 몸은 항상 내 것이 아니라고 생각해왔다. 교장으로 고양외고에 헌신해야 할 사람이고 하나님의 종으로 하나님의 나라를 위해 쓰임 받기 위해서는 규칙적인 생활을 하고, 먹고, 입고, 자는 것도 잘 관리해야 한다고 생각했지만 건강을 지키는 것이 쉬운 일은 아니다.

기존의 선생님들도 1월과 2월에 여러 차례 학년, 교과, 부서연수로 새로운 학기를 철저하게 준비한다. 이렇게 완벽하게 준비해도 막상 3월 새 학기를 시작할 그 순간까지 꼭 한두 선생님의 예기치 못한 개인적인 일로 그 동안의 준비를 수정해야 하는 난감한 일이 생긴다.

첫해와 둘째 해에는 갑작스레 변경해야 할 계획 때문에 스트레스를 많이 받았지만, 해를 거듭할수록 인생이 내가 계획하고 준비한 대로 척척 진행되지 않음을 받아들이고 하나님께 기도하며 빠르게 계획을 수정하고 새로운 출발에 최대한 지장이 없도록 애를 쓴다.

2008년 3월을 불과 1주일 남겨 놓고 생물을 지도하시는 오 선생님이 근심어린 눈으로 나를 찾아왔다. 목이 아프고 목에 무엇인가가 만져져서 병원에 갔더니 갑상선암이라는 것이었다.

나는 순간 아찔했다. 아직 시집도 안 갔는데, 당찬 선생님이어서 올해 처음으로 3학년 담임을 맡겼는데, 정말 열심히 하려고 모든 준비를 다 끝냈는데 이럴 수가 있는가? 그런 생각에 당황하며 걱정스러웠다. 그러나 정작 힘든 분은 당사자라는 생각이 강하게 일었다.

당장 학교가 어려워지는 것보다 더 큰일은 오 선생님이 생각지도 못한 어려움을 당했다는 사실이었다. 나는 학교일보다 선생님이 측은하여 위로했다. 오 선생님은 3학년 담임인 자신이 얼마나 중요한 위치인지, 3학년 담임으로 처음 출발하는 시점에 학교가 겪을 어려움을 생각하여 자신이 그냥 담임을 하고 방학 때 수술하겠다고 말하는 것이었다.

나는 몸이 더 중요하지 그럴 순 없다고 펄쩍 뛰었다. 일단 알았으니 기도하고 생각해 보자며 오 선생님을 보냈다. 정말 고민이었다. 그런데 알고 보니 갑상선암은 제일 순한 암이어서 수술만 잘하면 후유증

없이 완쾌될 수 있다는 말을 여러분에게서 들었다. 참 다행이었다.

당사자는 책임감으로 담임을 하겠다지만 말도 안 되는 소리였다. 워낙 일을 잘 하고 학교에 모든 에너지를 쏟았던 선생님이 과연 병가와 휴직을 하고 치료에만 전념할 수 있을까? 학생을 가르치지 않고 오직 치료에 전념하며 불안해하는 나날이 정말 오 선생님의 정신건강과 치료에 도움이 될 것인가? 나는 그런 생각에 어떻게 이 상황을 잘 해결할 수 있을까 고민하게 되었다.

오 선생님은 막상 교장에게 담임을 하겠다고는 했지만 다른 교사들과 상의하니 선생님들이 말도 안 된다며 펄쩍 뛰었고, 자신도 어떻게 해야 할지 몰라 갈팡질팡했다.

나는 오 선생님께 봄 학기에는 수술하고 치료받는 일에 전념하고, 여름 보충수업부터 조금씩 출근 준비를 하고, 가을에 돌아와 담임으로 학생들에게 못해준 것을 하라고 제안했다. 대신 수업은 최소한으로 하여 정신적·육체적인 건강 회복이 우선되어야 함을 강조했다. 나로서는 정말 위험을 떠안은 결정이었다.

그러나 오 선생님이 여름까지 집과 병원에서 치료하시면 가을까지는 회복될 것이고 그때 정열을 쏟아 다시 학생들을 책임감으로 지도하면 오히려 회복도 더 잘 될 것이라는 확신이 생겼다.

우리 학교에서 내가 가장 신임하는 선생님께 오 선생님을 대신하여 3학년 학급의 담임을 부탁드렸다. 학교의 어려운 사정이 있을 때마다 진심으로 나와 같은 심정으로 이해해 주시고 어떤 어려움도 사양하지 않으시는 류승화 선생님은 교무부장의 중책을 맡으셨음에도 불구하고 이번에도 내 요청을 사양하지 않으셨다.

마침내 수술을 잘 받고 학교로 돌아온 오 선생님은 자신이 맡았던 3

학년 학급 학생들을 별 탈 없이 진학시켰다. 나나 오 선생님이나 서로를 신뢰하고, 할 수 있다는 그런 마음이 통했고 기도를 통해 우리의 믿음이 더욱 강인해지는 것을 경험했다.

더 놀라운 소식이 있었다. 드디어 올드미스 오 선생님이 면사포를 쓰게 되었다. 나는 내 동생이 결혼하는 것 같은 기쁨에 정말 잘 됐다고 진심으로 축하해 주었다. 뜻밖에도 나에게 주례를 요청했으나 나는 아직 연륜도 적고 인격도 모자라서 할 수 없다고 말하고, 여름방학에 가족들과 함께 해외여행을 다녀왔다.

그러나 오 선생님은 내가 해외여행에서 돌아올 때까지 마음을 바꾸지 않고 주례를 부탁했고, 나는 일생 처음으로 개량한복을 입고 첫 주례를 하게 되었다. 오 선생님은 2010년에도 3학년 담임으로 당당하게 경력을 갖춘 실력파 담임의 서열에 들게 되었다.

예수를 믿는 많은 사람들이 깊은 상처를 감추고 있지만 그 상처가 사실은 상처 입은 치유자로 우리를 세우시려는 주님의 섭리 중에 하나라는 것을 한참이 지나서 비로소 깨닫게 될 때가 있다.

우리 학교 선생님들은 학교에서 생활할 때 모두 선교사라 생각하며 기회가 있을 때마다 학생들을 대상으로 선교를 하지만 워낙 신앙이 깊으시니 교회에서도 많은 일을 맡으셔서 주일날 쉬지 못해 오히려 월요일이 피곤한 분들이 계셔서 나는 늘 교사들의 건강을 걱정한다.

그런데 간혹 학교 근처로 이사 오신 분 가운데 교회를 정하지 못한 분이 있으면 조심스레 내가 다니는 교회를 소개하기도 한다. 하루는 불현듯 중국어과에 있는 이 선생님께 교회를 정했는가 한 번 여쭈어야겠다는 생각이 난데없이 드는 것이었다. 마침 그날 이 선생님이 결재 서류를 들고 교장실로 왔다.

▲ 찬양집회

"이 선생님 어디 살아요? 혹시 어느 교회 다녀요?"

나는 결재한 다음 물어보았다. 중국 유학 후 우리 학교 교사로 채용되어 고양시 일산으로 이사 온 이 선생님은 아직 교회를 정하지 못했다고 했다. 나는 잘 됐다 싶어 말했다.

"그럼, 제가 다니는 교회에 나오세요. 목사님 말씀도 좋고 주일날 저와 함께 성가대 봉사하면서 교회에 애착을 갖고 신앙생활을 할 수 있잖아요."

내 권고에 이 선생님은 중국에서 신앙 생활을 할 때 찬양 인도자로 봉사했다고 말해, 나도 이 선생님께 우리 교회이야기를 꺼낸 것이 우연이 아니라는 생각이 들었다. 함께 예배에 참석하고 성가대로 봉사하고 점심식사를 하면서 나는 교장이 아닌 성도로서 이 선생님의 아픈 이야기를 들을 수 있었다.

　　교회에서 점심을 마친 어느 날 이 선생님은 솔직한 심정으로 자신의 이야기를 꺼냈다. 중국에서 유학할 때 남자친구가 있었는데 사귀다 보니 신앙생활을 게을리하게 되었다는 것이다. 그런데 그 남자친구가 그만 교통사고로 세상을 떠났다는 슬프고도 놀라운 이야기를 담담히 나에게 들려주며 이제부터는 열심히 신앙생활을 하겠다고 다짐하는 것이었다.

　　나는 다시 한 번 성령님이 그 아침 왜 나에게 이 선생님을 떠올리며 우리 교회를 소개해야겠다는 마음이 들게 했는지 알 수 있었다. 누구보다 명랑하고 똑똑하고 성실한 분이 그렇게 아픈 상처를 마음에 두고 힘겹게 학교생활을 하셨던 것이다.

　　이 선생님은 고양외고가 자신에게 얼마나 큰 위로와 힘이 되었는지 모른다고 고백했다. 착하고 실력 있는 학생들이 가득한 고양외고가 아니었다면 자신은 이 어려움을 견뎌낼 수 없었을 것이라고 했다.

　　'고양외고 날개 밑으로 날아온 작은 새 한 마리, 날개가 비에 젖어 날 힘이 없지만 고양외고의 크나큰 하나님의 날개 밑에서 쉼을 얻고 다시 날아올라 하나님을 찬양하며 기쁨의 날들을 보내세요.'

　　그런 생각이 내 마음속에서 솟아났다. 그 후 이 선생님은 성경공부를 더 집중적으로 체계적으로 하고 싶다며 제자훈련 프로그램 참석차 1년간 호주에 다녀오셨다. 2011년 고양외고로 돌아오셨고 더 성숙하고 굳센 믿음을 가진 하늘에 소망을 두고 제자들을 양육하며 하나님의 부르심에 준비된 교사가 되어 있었다.

　　나는 이 선생님이 호주로 떠나기 전에 사직서를 제출하도록 지시했다. 고양외고 교사는 이곳이 선교지라고 여기고 학생들의 영성과 지식을 함께 지도하지만 다른 교사나 학교에 부담을 주어서는 안 된다고 늘 교사들에게 강조했다.

이 선생님에게는 미안하지만, 신앙 좋은 선생님들이 신앙훈련을 받겠다고 1, 2년 다녀오면 학교 운영에 어려움이 생기고 그 피해가 학생들에게 돌아갈 것이기에, 선생님 개인적인 일로 학교에 어려움을 주어서는 안 되기에, 단호하게 하나님의 훈련을 더 받기를 원해 훈련원에 간다면 고양외고에는 사직서를 제출하라고 요구했다.

이 선생님이 진심으로 더 깊이 하나님을 알고 싶어 직장까지 포기할 수 있을까? 나는 궁금했고 그 생각을 알고 싶었다. 그런 단호한 내 입장에 이 선생님은 학교 방침에 따르겠다면서 사직서를 제출했고 호주로 떠났다. 1년이 지난 후 다시 돌아왔고 마침 고양외고 중국어과 교사 한 분이 병가를 낼 수밖에 없는 사정이 있어 중국어 교사로 학생들을 가르치게 되었다.

나는 이 선생님이 젊은 시절 상처의 아픔으로 몸부림친 그 고통의 날들 속에 주님의 위로와 은혜가 넘치길 바라며 주님의 치료하심으로 더 깊고 지혜로운 교사로 쓰임받을 수 있게 될 것을 믿는다.

|03|
행복한 교장

총명한 학생들, 지혜로운 교사들, 헌신적인 학부모들과 함께 삶을 나누며 문제를 풀기 위해 하나님께 매달려 죽도록 기도하는 나는 참으로 행복한 교장이었다. 밀려오는 문제를 앞에 두고 우리 학생들과 선생님들과 함께 물러서지 않았다.

내가 문제에서 물러서면 학생들도 교사들도 물러서는 것을 배우리라. 학생들에게 어려운 문제는 풀릴 때까지 맞장을 뜨고 풀라고 당부하던 나다. 문제 학생들을 절대로 포기하지 말고 선생님의 기도와 사랑의 수고로 끝까지 되찾아 올 것을 부탁하는 나다. 우리 아이들에게도 문제는 언제 어디에나 있고 풀 수 있으므로, 문제를 피하지 말고 기도하면서 풀라고 교육시켰다.

그럼에도 불구하고 고양외고는 수많은 문제가 쉴 새 없이 생기고 학

교 전체가 흔들릴 때도 많았다. 나는 학생들이 모두 귀가한 토요일 오
후 여름 어느 날, 조용한 교정을 순회하다 눈부시게 환한 얼굴로 피어
있는 루드비키아 꽃을 보았다.

루드비키아

뜨거운 여름
황금빛 얼굴로 하늘을 우러러
실바람 친구와 함께 땀을 식히네.

강하고 질기며
찬란한 너의 곁에는
다른 꽃들은 감히 가까이 할 수 없어
그 강함에 나는 널 미워했다.

차가운 겨울에도
삶의 희망을 놓지 않고
이 여름 다시 피어 오른
네 모습에 미움은 차라리
슬픔이 되었다.

아무도 모르게 간직한 삶의 노래로
가냘픈 생명이 꿈꾸던 슬픔의 인내는
기어이 작별하는 태양 밑에서도
황홀한 네 자태가 되었다.

(2008. 7. 교정에서)

이 시의 루드비키아 꽃처럼 내 마음속에는 황금빛으로 빛나는 너무나도 강하고 아름다운 나의 제자들이 무리지어 아름답게 피어 있다.

1기 드림팀 졸업생부터 올해 8기 축복의 팀 졸업생까지 그들은 어느 뜨거운 뙤약볕 아래에서도 무리지어 황홀하게 피어날 것이며 차디찬 겨울 땅속에서도 결코 생명을 포기하지 않고 새 봄을 기다리며 싹을 띄울 것이다.

끝없는 문제들을 해결하며 해마다 새롭게 찾아오는 학생들과 학부모들을 그다지 넓지 않은 내 품에 품으며 더 품으려고 애썼던 날들, 수고와 노력을 아끼지 않은 교감 선생님과 부장 선생님을 비롯한 여러 선생님들을 모두 고맙고 안타깝게 바라보던 날들……. 후회 없이 사랑하고 내 젊음을 쏟아 부었던 축복의 땅 고양외고!

2010년 4월 2일 뜻하지 않게 신흥대학에서 나를 필요로 한다는 요청이 왔다. 그해 1월부터 검찰 수사가 계속되는 신흥대학의 위기 상황을 타결하기 위해 부친이신 강신경 설립자와 김병옥 총장님, 오빠이신 강성락 신안산대학 총장이 합의해 나를 신흥대학으로 오라고 요청한 것이다.

아무 준비 없이 갑자기 일어난 문제의 상황에서 나는 지혜롭고 총명한 교직원들과 사랑하는 학부모들과 학생들에게 고양외고를 맡기고 2010년 4월 5일 신흥대학 사무국장으로 자리를 옮겼다.

그런 와중에도 나의 믿음을 저버리지 않고 2010년 행운의 7기 졸업생들의 실적은 서울대 34명 진학 등 역대 최고의 결과로 우리를 들뜨게 했다. 졸업식 날 그 바쁜 가운데 나에게 편지 한 장을 쥐어주는 제자들이 있었다.

강성화 교장 선생님께

선생님 안녕하십니까?

7기 총학생회 부회장이었던 손한민입니다. 졸업을 앞두고 이렇게 감사편지를 드릴 수 있게 되어 무척이나 기쁩니다. 고양외국어고등학교는 제게 있어서 단순히 '내가 다녔던 학교'를 넘어서는 의미를 지닙니다. 지난 3년 동안 고양외고는 제가 성장할 수 있도록 자극해 주고 격려해 주었으며, 제가 가는 길을 든든히 뒷받침해 주었습니다.

그 결과 저는 재작년 선생님께 약속드린 대로 올해 서울대에 합격하여 진학하게 되었습니다. 제게 서울대 진학은 단순히 명문대에 진학한다는 의미가 아닌 제 꿈에 한 발 더 다가가는 매우 큰 보폭의 발걸음과 같은 의미를 지닙니다. 이러한 제 삶의 행보에 고양외고는 잊을 수 없이 값진 추억을 담고 있는 모교로 제 마음의 기억에 늘 남아 있을 것입니다. 이렇게 멋진 학교를 있게 해 주신 강성화 선생님께 진심으로 감사드립니다.

고양외고를 졸업하고 세상으로 나가는 지금, 저는 '고양외고의 졸업생' 혹은 '서울대에 간 공부벌레'가 아닙니다. '고양외고의 Vision'을 이루는 구

성원이 된 것이며 선생님께서는 저와, 또 함께 졸업하는 제 동기들로부터
고양외고의 Vision이 이루어져 나가는 것을 기대하셔도 좋습니다!

그럼 건강하십시오.

고양외국어고등학교 7기 졸업생 손한민 드림

TO. 강성화 은사님

선생님 안녕하세요. 저 정근이에요.~~

선생님은 정말 기쁘시겠어요. 선생님은 저희 모두의 담임선생님 같은 분
이시잖아요.^^ 선생님께서는 저희들 보시면 어떤 마음이 드세요? 고양외고
가 저희의 자랑이듯, 저희도 고양외고의……. 또 선생님의 자랑이 될 수 있
도록 노력하겠습니다!!

선생님께 정말 감사해요. 이렇게 훌륭한, 또 하나님께서 기뻐하시는, 또
열방을 변화시킬 인재들을 길러내는 학교를 세워주셔서요. 하나님께서 선
생님을 얼마나 기뻐하시고 사랑하실지 부럽습니다.~^^ (저도 선생님처럼
하나님께서 크게 사랑하시고 크게 들어 사용하시는 사람이 될 거에요!!!^^
기도해 주세요.)

저는 한 명의 고양외고인으로서, 선생님은 또 선생님의 학교를 향한 비
전을 존경합니다. 또 학생회장으로서 선생님의 비전을 이루시는 과정에 조
금이나마 도움을 드릴 수 있으면 좋겠습니다. (잡스런 일이라도 많이 시켜
주세요~~)

우리 고양외고의 모든 학생들이 세계로 미래로 뻗어나가는 하나님께서
기뻐하시는 글로벌리더가 되길 바라구요. 또 그렇게 될 것입니다. 저희가

커서 각자 위치에서 리더가 되고, 그 자리에서 일어나 빛을 발하며 열방을 변화시키기 위해 다시 만나 교류할 날들을 기대합니다.

물론 그때 우리를 이렇게 이끈 고양외국어고등학교와 강성화 교장 선생님께 감사하고 그분을 사랑한다는 이야기도 하고 있겠죠?^^ 매일매일 점점 더 하나님께서 기뻐하시고 사랑하시는 선생님이 되셨으면 좋겠습니다. 우리들은 하나님을 기쁘시게 하고, 높여드리고, 영화롭게 하는 그 목적으로 인해 만들어졌고 이 땅에서 살아가는 거잖아요?^^

제가 교장 선생님과 여러 선생님들 항상 중보하고 있습니다. 지치실 때마다 하나님께 공급받는 독수리의 날개 같은 힘으로 승리하시구요. 선생님을 존경하구요. 감사하구요. 사랑합니다.^^♡

PS: 입학해서 지금까지의 하루하루가 제 일생에서 제일 행복한 순간들입니다. 저는 고양외고가 아니었으면 큰일 날 뻔했어요.^^

Form. 선생님을 가장, 제일 많이 사랑하는 학생 유정근

나의 큰 아들 현기는 스탠포드대학을 졸업하고 1년간 스탠포드대학원에서 공부한 후 8월 귀국하여 삼성전자 모바일 기획팀에 취직해 수원에서 살고 있고, 둘째 현정이는 버클리대학을 3년 만에 졸업하고 9월부터 하버드대학원에서 교육학 전공 수업을 받고 있다.

내가 신흥대학의 거친 문제의 파도와 싸우는 동안에도 고양외고의 학생들과 나의 아이들은 가슴 벅찬 결실들로 나를 위로해 주고 있었다. 언제쯤 풍랑과 파도가 잔잔해 질 것인가! 뜻밖에 나는 2011년 11월

18일 신흥대학에서 전격적으로 면직이 되었다.

이해할 수 없고 설명할 수도 없는 이 엄청난 현실을 받아들이는데 2개월이 넘게 걸렸다. 현실을 받아들인다고 결과를 받아들인 것은 아니다. 다만 내가 더 이상 신흥대학에 출근할 수 없다는 현실을 인정하게 된 것뿐이다.

그러나 어느 현실도, 어느 문제도 나를 하나님의 사랑으로부터 떼어 놓을 수 없고 불행 속으로 몰아넣을 수는 없다. 영문도 모르게 면직된 상황 속에서 많은 분들이 진심으로 기도해주고 계시고, 지금, 여기를, 항상 중요하게 생각하는 나는 지금 이 상황에서 무엇을 할 것인가를 결정해야만 했다.

어떤 문제도 나를 불행하게 할 수 없다. 기가 막힌 현실이 우리 가정을 우울하게 해서도 안 되며 고양외고의 많은 분들께 걱정을 끼쳐서도 안 된다는 것이 내 원칙이었다. 불안과 근심, 부정적인 생각으로부터 나를 희망으로, 여유로 이끌어 내기 위해 기도하면서 하나님의 깊은 음성에 귀 기울였다.

"아무것도 염려하지 말고 오직 기도와 간구로 너희 구할 것을 감사함으로 하나님께 아뢰라 그리하면 모든 지각에 뛰어난 하나님의 평강이 그리스도 예수 안에서 너의 마음과 생각을 지키시리라 (빌립보서4:6~7)."

"노하기를 더디 하는 것이 사람의 슬기요 허물을 용서하는 것이 자기의 영광이니라 (잠언19:11)."

하나님의 평강과 위로가 내 불안한 현실에 조용히 임함을 느꼈다. 그동안 너무너무 바빠서 소홀히 했던 사랑하는 가족들과 함께할 시간이 생기니 감사했다. 나에게 너무나 잘해 주었던 고양외고 아저씨들과 행정실 직원들에게까지 감사와 미안한 마음이 들었다.

신흥대학으로 옮겨간 후 나는 늘 입으로는 바쁘다고 말하면서 밀려오는 업무를 처리하는 일벌레가 되었지만, 나는 대학의 수레바퀴에서 빠져나올 수 없었다. 아무도 원망하지 말자. 이 일은 하나님이 허락하신 일이고, 기도하며 기다리면 꼭 좋은 일이 생길 거라며 나는 스스로를 위로했다. 몇 해 전 큰 애가 미국에서 보내준 생일 카드를 꺼내 읽어본다.

사랑하고 존경하는 어머님께

생신 진심으로 축하드려요.

올해에 참 많은 역경과 하나님의 시험이 있었지만 용감하고 담대하게 시련 하나하나를 뚫고 나가시는 엄마가 너무 존경스러워요. 하나님께서 엄마의 힘, 기쁨, 그리고 노래가 되기를 간절히 기도해요. 요즈음 하나님께서 제게 '희망'에 대해 많은 것들을 가르쳐 주시는 것 같아요.

제게 많은 힘이 되는 구절을 엄마와 나누고 싶어요.

"여호와를 경외하는 자 곧 그 인자하심을 바라는 자를 살피사 그들의 영혼을 사망에서 건지시며 그들이 굶주릴 때에 그들을 살리시는 도다(시편 33:18~19)."

아, 그리고 감명 깊게 읽었던 시도 있어요.

희망은 한 마리 새

에밀리 디킨슨

희망은 한 마리 새

영혼 위에 걸터앉아

가사 없는 곡조를 노래하며

그칠 줄 모른다.

모진 바람 속에서 더욱 달콤한 소리

아무리 심한 폭풍도

많은 이의 가슴 따뜻이 보듬는

그 작은 새의 노래 멈추지 못하리.

나는 그 노래를 아주 추운 땅에서도

아주 낯선 바다에서도 들었다.

허나 아무리 절박해도 그건 나에게

빵 한 조각 청하지 않았다.

– 사랑하는 아들 현기 올림

　　언제나 어려움과 문제 속에서 애쓰던 나를 내 가족들은 측은히 생각하고 엄마의 부족함을 불평하지 않았다. 모처럼 나에게 주어진 자유 시간들! 기도하고 용서하며, 사랑하고 기다리면 오늘도 행복한 날이 될 것이고 더 큰 행복이 올 것이며 나를 사랑하는 이들에게 아름다운 해피엔딩을 선물로 줄 수 있으리라 다짐하며 나는 고양외고에 관한 두 번째 책을 마무리 할 것을 결정했다.

　　2010년 4월 5일 신흥대학으로 자리를 옮기면서 중단했던 고양외고 두번째 책의 원고를 꺼냈다. 1년 반 이상 내버려두었던 원고, 너무 바빠서 끝낼 엄두가 안 났던 이 책을 완성하겠다는 희망이 생겼다. 그동안 준비했던 글들을 다시 읽으면서 나와 함께 하셨던 놀라우신 하나님의 은총에 감격하게 되었고, 그 하나님이 지금도 나를 도우신다는 확신으로 글을 이어간다.

"사랑은 언제나 오래 참고 사랑은 온유하며 시기하지 아니하며 사랑은 자랑하지 아니하며 교만하지 아니하며 무례히 행하지 아니하며 자기의 유익을 구하지 아니하며 성내지 아니하며 악한 것을 생각하지 아니하며 불의를 기뻐하지 아니하며 진리와 함께 기뻐하고 모든 것을 참으며 모든 것을 믿으며 모든 것을 바라며 모든 것을 견디느니라. 사랑은 언제까지나 떨어지지 아니하되 예언도 폐하고 방언도 그치고 지식도 폐하리라 (고린도전서13:4~7)."

"그런즉 믿음, 소망, 사랑 이세가지는 항상 있을 것인데 그중의 제일은 사랑이라 (고린도전서 13:13)."

고양외고와 벽제중학교 교훈은 '신·망·애, 믿음과 소망과 사랑'이다. 나는 소망 중에 믿음을 갖고 사랑을 실천하며 행복을 선택하기로 결정했다.

7시 아침 기도회–주님의 은혜였습니다.

교사 정영종

고등학교에 다닐 때 저는 매일 예배당에 들러서 기도하고 학교에 갔습니다. 믿음이 깊어서가 아니라 그냥 그렇게 하면 마음이 좋았습니다. 그때를 생각하며 우리 고양외고 학생들이 그런 시간을 가졌으면 하는 작은 바람과 좋으신 하나님을 경험하게 하고 싶은 마음으로 아침 기도회를 시작하게 되었습니다.

매일 새벽 기도회를 마치고 학교로 가 학생들과 아침 7시부터 7시 30분까지 기도하면서 마음이 따뜻해지고 충만해짐을 느꼈습니다. 그렇게 1년, 2년이 지나고 시간이 지날수록 기도회에 모이는 아이들이 늘어가고 기도소리가 깊어갔습니다. 지금까지 약 천여 명의 학생들이 이 자리를 거쳐 간 것 같습니다. 그렇게 3년을 지낸 아이들을 더 큰 바다로 보내길 7년, 국제관강당 그 기도자리를 기억하고 저마다의 자리에서 경건의 훈련을 계속하는 아이들을 볼 때마다 성령하나님의 역사하심을 깨닫습니다.

아이들의 고백

하나님은 고양외고 7시 아침 기도회를 통해서 일하셨습니다. 아이들의 고백이 생각납니다. 아침 기도회를 통해 하나님을 더욱 가까이 만났습니다. 하나님만을 기준으로 두고 살 수 있게 되었습니다. 위로를 받고 삶을 살아가는 지혜를 배웠습니다. 방언기도를 할 수 있었고, 수많은 기도응답과 비전에 대한 말씀을 받았습니다. 많은 사람 앞에서 하나님을 증거할 수 있는 새 노래를 받았고, 주님을 사랑하게 되었습니다. 국제관 2층 계단을 올라갈 때마다 기대됩니다. 고양외고의 선후배간 신앙적 대를 잇는 사랑을 주고받는 자리였습니다. 주님 때문에 내가 독수리인 것을 알았습니다. 제 성품을 돌아보며 회개하게 되었습니다. 예수님을 구원자로 믿고 세례 받았습니다.

그들을 위한 기도

기도하는 이 곳 고양외고 아침 기도회에서, 민족을 이끌 사무엘과 같은 지도자가 나오며, 나라와 세계와 열방 가운데 하나님의 나라를 세울 하나님의 일꾼들이 일어나길 소원합니다. 혼탁한 이 세대 가운데 경건한 주의 사람들이 많이 배출되길 소원합니다. 이제 10년, 고양외고와 7시 아침 기도회에 베푸셨던 하나님의 은혜에 감사하며, 앞으로 또 10년, 겸손한 아침 기도회를 통해 우리 아이들을 세워 가실 하나님을 기대합니다.

모든 영광을 주님께 돌립니다. 할렐루야!

라이즈업 코리아에서 받은 나의 비전은
현재진행형이다

3기 이용수

한 통의 전화로 되살아난 영적 기억

"주 여호와께서 학자들의 혀를 내게 주사 나로 곤고한 자를 말로 어떻게 도와줄 줄을 알게 하시고 아침마다 깨우치시되 나의 귀를 깨우치사 학자들 같이 알아듣게 하시도다."

2010년 한 해를 보내고, 2011년 24번째 새해를 맞는 송구영신예배에서 내가 받은 말씀이다. 2011년 변호사가 되기 위해 로스쿨 입시를 준비하기로 마음은 먹었지만, 여전히 '과연 이 길이 맞을까?' 라는 불안한 마음을 안고 있던 나에게 이 말씀은 하나님의 음성이었다.

나는 2011년 1월부터 8월에 있을 시험을 위해 공부하기 시작했다. 정신없이 8월에 있을 로스쿨 시험을 준비하고 있던 7월 초, 핸드폰으로 전화가 한 통 걸려왔다.

고2 때 담임선생님이셨던 이자연 선생님이었다.

"용수야, 이번에 고양외고 10주년 기념 책자를 발간하는데 거기에
들어갈 '고양외고의 영적 활동'에 네 글을 넣었으면 좋겠어. 예전에
우리가 했던 활동 중에 생각나는 것들을 한 번 써줬으면 좋겠네. 그러
고 보니 네가 지금 준비하고 있는 그 꿈, 고2 때 라이즈업 코리아에서
받은 것이었잖아. 그 때 국제 변호사가 되고 싶다고 했었지. 그런 것들
을 써 보면 좋겠다."

전화를 끊고 나는 잠시 동안 온 몸에 전율이 일어나 공부에 집중할
수가 없었다. 작년까지 치열하게 고민한 끝에 불안해하며 결정했던 나
의 진로가 18살이었던 고2 때부터 24살이 된 지금까지 6년 동안 가지
고 있었던 꿈이었다는 사실이 충격적이었다. 6년 사이에 '내가 잘할
수 있는 것은 도대체 무엇일까? 이 길은 과연 내 길이 맞을까?' 끊임없
이 고민했고, '이것을 해야 할까? 저것을 해야 할까?' 끊임없이 갈팡질
팡했다. 하지만 마지막 선택은 '변호사가 되는 것'이었고, 결국 나는
고2 때 가지게 되었던 그 꿈을 향해 달려가게 된 것이었다.

6년 전 라이즈업 코리아에서 받은 국제 변호사의 꿈

6년이 지난 지금도 그 날의 기억과 느낌은 내 머릿속에 깊이 남아
있다. 2005년 9월초, 이자연 선생님께서 우리가 꼭 가야만 하는 곳이
있다면서 그 곳에 가기 훨씬 전부터 그 곳에 가는 것을 위해 기도해야
한다고 하셨다. 어렸을 때부터 교회에 계속 다녔던 나는 수많은 집회
에 참석해봤기 때문에 그렇게 큰 기대감을 갖지는 않았다. 그래도 기
도해야 한다고 하시니 조금 기도를 했고, 토요일 학교가 끝난 뒤 고양
외고 아이들이 함께 모여서 라이즈업 코리아 집회에 참석하게 되었다.

시청 앞 잔디 광장에는 이미 오후 3시쯤부터 세트가 설치되었고 많은 사람들이 웅성거리고 있었다. 일찍 도착한 우리는 거의 맨 앞에 자리를 잡아 두고, 늦게 도착한 아이들과 연락하면서 정신없이 많은 인파 속에 있다 보니 금방 집회 시작 시간이 되었다. 집회는 저녁시간부터 4시간 정도에 걸쳐서 진행되었다. 그렇게 길지 않은 시간이었지만 수만 명의 사람들이 대한민국 중심부인 시청 앞 광장에서 함께 예수 그리스도의 이름을 부르고, 그 이름을 찬양할 때 느껴졌던 전율은 글로 다 표현할 수 없는 것이었다. 분명 하나님의 임재가 그 자리를 뒤덮고 있었고, 각각의 사람들에게 말씀하고 계셨다.

거기서 눈물 콧물 다 쏟아내면서 찬양하고 기도했던 나는 '세상을 변화시키는 국제변호사'라는 꿈을 갖게 되었다. 그 일이 있은 후 2, 3년 후에는 그 꿈이 세상에 대해 잘 모르던 어린 시절 내가 가졌던 야망이라고 생각했다. 그런데 시간이 흐르고 24살이 된 지금 생각해보니 그 때 분명 하나님께서 나에게 말씀하셨던 것 같다. 나도 모르는 사이에 어떤 불가항력적인 힘에 이끌려 나는 지금 그 길을 걷고 있다.

방황 후 다시 찾은 비전

2006년, 2007년, 대학입시에서 나는 내 인생 처음으로 하늘이 무너지는 듯한 실패를 경험했다. 나는 지옥 같은 2년을 보내며 방황했고, 하나님께 받았다 생각했던 꿈은 내 머릿속에서 희미해졌다. 이후 대학교에서 이곳저곳 부딪혀 보면서 많은 경험을 했고, 4학년이 되면서 고민 끝에 결정한 나의 진로는 또 다시 '변호사'였다. 고양외고 시절 받았던 그 꿈은 결국 이렇게 내 삶을 이끌어가고 있다.

　나에게는 멋진 변호사가 될 능력이 없다. 하지만 지금까지 내 삶을 이끄셨던 하나님께서 나에게 기회를 허락하신다면 올해를 시작하면서 받았던 말씀처럼 나의 혀로 곤고한 사람을 돕는 변호사가 되고 싶다. 나의 혀를 통해 의뢰인의 법적인 고통뿐 아니라 삶의 고통까지 치유하고 회복되는 그 날을 꿈꾸며 나는 오늘도 최선을 다한다.

▲ 라이즈업코리아

2010년 1월 3일, 내가 다시 태어난 날

7기 정용성

안티(Anti) 크리스천

어린 시절 어머니께서 교회에 상처 받고 교회를 떠나시면서, 저도 함께 교회를 떠나게 되었습니다. 그 후로 저는 성장하면서 안티 크리스천이 되었습니다. 종교 자체는 능력도 없고 자기 자신에 대한 확신이 없는 사람들이나 갖는 거라고 생각하였고, 특히 기독교는 어머니께 상처를 주었던 곳이기에 더더욱 싫어하였습니다. 그러한 제가 고양외고가 미션스쿨인지 알지 못하고 진학하게 되었습니다. 저는 고양외고에서 행해지는 모든 기독교적 활동에 비판적이었고 참여하지 않는 아이였습니다. 토요일에 있는 채플에 참석하기 싫어서 교실청소를 자청하고, 목요찬양에 가자는 친구의 권유에 악담을 퍼부었습니다.

내리막길, 그리고 방황

그러던 제게 2학년 당시는 추락의 시기였습니다. 그전까지 저는 굉장히 교만한 학생이었습니다. 중학교 시절부터 전교 1등이었고, 우여곡절이 있긴 했지만 고양외고에서도 성적이 꽤 좋은 편이었습니다. 그러던 제 성적이 갑자기 수직으로 떨어진 것이 2학년 때였습니다. 함께 경쟁구도를 그리던 친구들은 더욱더 성적이 올라가는 것 같은데 저는 한번 폭락한 성적이 좀처럼 오를 기미를 보이지 않았습니다. 사실 성적보다 더욱 힘들었던 것은 제가 좋아하던 여학생이 있었는데 그 아이와 점점 더 멀어지는 것 같았기 때문입니다. 자기 잘난 맛에 기고만장하게 살던 저에게 내가 자랑하던 것들이 다 사라진 느낌이었습니다.

사는 것이 너무 재미없고 의미도 없게 느껴져 삶의 의미를 찾기 위해 여러 가지를 시도했습니다. 술과 담배에도 손을 댔고, 소위 말하는 탈선을 했습니다. 그러는 중에도 저는 본래의 모습을 숨기고 철저히 모범생 이미지를 만들어냈습니다. 하지만 그 탈선은 저에게 어떤 삶의 의미도 주지 못했고, 생각 끝에 철학책들을 탐독했지만 여전히 저의 허전함을 채워주지는 못했습니다. 결국 어떠한 방법으로도 채워지지 않는 허전함에 저는 완전히 지쳤습니다.

"내가 너를 사랑한단다."

그런 제게 놀라운 일이 일어났습니다. 2010년 제3회 비전캠프, 하나님의 인도하심으로 그 자리에 제가 갔던 것입니다. 방언 기도하는 선생님과 아이들, 각종 찬양, 때때로 눈물을 흘리는 아이들. 그 모든 것이

어색하였습니다. 여러 말씀들이 전해지는데 사실 이해가 잘 가지도 않았습니다. 그런데, 어느 순간 한 마디가 제 가슴에 와서 박혔습니다.

"내가 너를 사랑한단다."

눈물이 났습니다. 두 손을 모은 저는 어떻게 기도하는지 모르는 채 눈을 감았습니다. 입에서 제가 하는 말이 아닌 것이 쏟아져 나왔습니다.

"용서해주세요. 그리고 감사합니다. 하나님, 저를 사랑해주셔서."

그 순간부터 제게 비전캠프 3일 동안 지속적으로 하나님이 말씀하셨습니다. 저를 사랑한다고, 내가 너를 사랑하려 지었다고.

돌이켜 보면 그 순간이 제게 하나님이 먼저 사랑을 보여주신 감격스런 시간이었습니다. 성경에서 분명히 약속하셨던 '먼저 찾아와주시겠다' 하신 말씀을 이루셨습니다. 당시에는 다 알고 깨닫지 못하였지만 나 같은 죽을 죄인을 무조건적으로 사랑한다고 말씀하신 시간이었습니다. 비전캠프 1월 3일은 바로 제가 다시 태어난 날입니다.

"믿음의 고향, 고양외고"

5기 김태웅

"불을 내려주소서. 내게 성령의 불을. 죽어진 영혼 살릴 수 있도록……." 모든 교실에서 아침이면 어김없이 찬양소리가 울려 퍼집니다. 이른 아침부터 스쿨버스로 등교하느라 책상에 엎드려 자고 있던 친구들도 찬양소리에 잠에서 깨어 맑은 정신으로 1교시를 시작할 수 있습니다.

흔히 '입시 전쟁' 혹은 '입시 지옥' 이라고까지 불리는 고등학교 3년 시간이 저에게 그렇지 않았던 것은, 이렇듯 고양외고에는 아침 찬양을 비롯하여 하나님의 은혜 가득한 시간과 기회가 많이 있었기 때문입니다. 또한 신실하신 선생님들의 지도 아래, 믿음의 친구들과 더불어 신앙생활을 시작하면서, 내 인생의 목표가 'SKY(시울대/고려대/연세대)' 가 아닌 하늘에 계신 '하나님 아버지', 그리고 그분이 주시는 '비전' 에 맞춰졌기 때문입니다. 고양외고에서의 3년은 복음을 처음으로 접하고, 실제로 역사하시는 하나님을 체험하는 시간이 되었습니다.

1학년 - 복음을 듣고 예수님을 인격적으로 만나다

1학년 때 담임이셨던 이자연 선생님은 '만 명을 먹이는 사람' 이 되라고 항상 강조하셨습니다. 예수님께서 다섯 덩이의 떡과 두 마리 생선으로 오천 명을 먹이셨으니, 우리는 예수님을 본받아 '만 명' 은 먹이는 리더가 되어야 한다는 것입니다. 사실 지금 생각해 보면 고1이었던 당시, 앞으로 만 명의 사람들을 어떻게 먹일지에 대한 구체적인 고민은 없었습니다.

그러나 '대학입시' 이전에 이미 '외고 입시' 를 한 번 겪는 동안, 항상 남들보다 조금 더 높은 점수와 등수를 받기 위해 노력하면서 자연스럽게 '섬김' 이라는 단어보다 '경쟁' 이라는 단어가 훨씬 익숙했던 나에게, 자신을 위해서가 아닌 타인을 섬긴다는 발상의 전환 자체가 굉장히 의미 있는 것이었습니다. 그 후, 점심시간을 쪼개어 친구들과 함께 QT를 하면서 서로의 고민과 삶에 대해 나누게 되고, 라이즈업 코리아 집회에서 친구들과 부둥켜안고 서로를 위해 기도하는 등 일련의 과정을 통해 '섬김' 의 의미를 조금씩 깨닫게 되었습니다.

1학년 2학기는 예수님을 인격적으로 만나는 시기이기도 했습니다. 1학기 초에 담임선생님과 서너 명의 크리스천 친구들을 따라 영접기도문을 외우면서 신앙생활을 시작했지만, 내 마음에는 뜨거움이 없었습니다. 예수님은 좋은 분이라니까, 그냥 그런가보구나 하는 게 전부였습니다. 예배에 부지런히 참여는 했지만 찬양을 해도, 기도를 해도 예수님과 교감된다는 생각도 없이 미적지근했습니다. 그러다가 9월 라이즈업 코리아 집회 준비 기간에 기도실에서 엎드려 기도드리는데, 갑자기 마음이 뜨거워지면서 눈물이 펑펑 쏟아졌습니다.

먼저는 예수님이 나의 주인되신다는 것, 하나님이 천지를 창조하셨다는 것, 예수님이 하나님의 아들되시고, 그분이 나의 죄를 위해 십자가에 못 박혀 돌아가셨다는 것, 그 뒤에 따른 부활의 영광까지. 이 모든 것이 순식간에 믿어지면서 눈물로 회개와 감사의 기도를 드릴 수 있었습니다. 신기한 것은 이 일이 있은 후, 2주일가량은 세상 모든 것이 아름답게 보이고 감사하는 마음으로 가득 찼습니다. 오죽하면 아직도 기억나는 것이, 등교 길에 집 앞에서 하나님이 '창조' 하신 나뭇잎을 올려다보고 한동안 그 아름다움에 감탄했다는 것입니다!

2학년 - 기독부 안에서 자라다

2학년 때, 하나님의 반석 위에 세워진 아이들이라는 의미로 우리 반 기독부 이름을 '반석부' 로 정했습니다. 이후, 9명의 반석부원들이 2~3학년 동안 매일 약 15분의 아침 찬양 시간을 책임졌습니다. 모두 피곤한 아침, 대충 보낼 수 있었던 이 시간을 위해 반석부원들이 참 다양한 시도와 노력을 기울였던 것 같습니다.

새로운 변화를 주면서, 찬양이 낯선 친구들을 위해 영어로 된 신나는 힐송 워십 영상을 보며 찬양을 부르기도 하고, 선곡도 주기적으로 바꾸고, 힘이 되는 성경 말씀도 간단히 준비하는 등 사소하지만 하나님께서는 반석부원들의 그런 정성을 참 귀하게 여기셨을 것이라는 생각이 듭니다.

그래서인지 몰라도 반석부원들의 대학 입시는 소름 돋을 정도로 하나님께서 잘 해결해 주셨습니다! 할렐루야! 고양외고를 졸업한 지 약 3년이 지났고 현재 각자 다른 대학으로 흩어졌지만, 반석부 친구들만큼은 주기적으로 연락하고 만나고 있습니다. 하나님께서 다니엘에게 세 명의 친구를 주셨다면, 저에게는 여덟 명의 친구를 주신 셈이죠!

3학년 - 열방을 품게 되다

"모든 민족과 열방을 향해 가라!"

이는 박성희 선생님께서 정하신 3학년 5반의 급훈이었습니다. 지금 당장 공부하기도 바쁜데 생뚱맞게 모든 민족과 열방을 향해 가라니……. 고3 당시에는 그리 공감되지 않았지만, 칠판 위 급훈 액자에 끼어 있었기 때문에, 좋든 싫든 1년 내내 보면서 살았습니다. 그러면서 이 말씀이 자연스럽게 제 마음 가운데 자리 잡게 되었습니다. 대학에 진학한 후 터키와 요르단으로 두 번의 단기선교를 다녀오고, 전문인선교사의 비전을 품게 되면서, "모든 민족과 열방을 향해 가라!"는 고3 때의 급훈이 왜 그렇게 와 닿던지…….

어떻게 보면 고3 때부터 알게 모르게 하나님께서 암시를 주신 것 같습니다. 너는 중동(터키/아랍)지역에 복음 전하는 선교사의 삶을 살 것이라고! 실제로 현재 외교관, 기업 지사 중 어떤 직업군으로 파견 나갈지를 정하진 않았으나, 중동지역에 하나님의 기쁜 소식(복음)을 전하는 선교사가 되겠다는 비전의 큰 틀은 확고합니다. 그리고 현재 이 비전을 품고 용산 미군부대에서 군종병으로 근무하며 '열매'라는 십여 명의 카투사로 구성된 신앙공동체를 개척해서 섬기고 있습니다.

믿음의 고향 고양외고

가끔 어머니와 함께 고3(8기)인 여동생을 데리러 고양외고에 갈 때면, 옛 추억에 잠기곤 합니다. 예수님을 영접, 체험하고 친구들과 교제하며 선교 비전을 받기까지……. 길다면 길고, 짧다면 짧은 고등학교 3년의 추억이 고스란히 남아있는 곳. '믿음의 고향', 고양외고. 여동생을 통해 종종 모교 소식을 접하면서 아침 찬양, 토요 채플, 라이즈업 코리아, 비전 캠프 등 여러 가지 프로그램을 통해 믿음의 유산과 전통이 기수를 따라 흐르고 있다는 사실에 감사하고 흐뭇합니다.

더욱이 고양외고가 개교 10주년을 맞는다니, 5기 졸업생인 저로서는 감회가 새롭습니다. 지금까지 하나님의 은혜로 그래왔듯이, 앞으로도 더 많은 후배님들이 고양외고에서 3년 동안 예수님을 만나 훈련되고 하나님의 비전을 받으며, 나아가 세계 열방으로 뻗어나가는 리더들이 되시길 기도하겠습니다!

"그러나 내가 가는 길을 그가 아시나니, 그가 나를 단련하신 후에는 내가 순금 같이 되어 나오리라 (욥23:10) : But He knows the way that I take; When He has tested me, I shall come forth as gold (JOB 23:10)."

목요찬양이라는 '벧엘'

2기 원국진

목요찬양의 거룩한 추억

시험과 경쟁의 연속이던 고등학교 시절엔 아무도 없는 사막에 홀로 내동댕이쳐진 기분이 들 때가 많았다. 과도한 스트레스로 인해 몸과 마음이 피폐해져 갔고, 모두가 나 자신에게는 관심 갖지 않고 앞으로 달려가기만을 요구한다는 생각도 들었다. 그렇게 지쳐 있던 나에게 목요찬양은 하늘과 소통하는 사다리였고 삶의 방향을 바로잡을 지침서였다. 나는 그 시간을 통해 나의 외로움을 하나님께 말씀드렸고, 그러면 하나님께서는 내게 말씀을 들려주셨다. 아침 7시부터 밤 11시까지 빡빡하게 돌아가는 일상 속에서도 시간을 내어 우리 손으로, 우리 목소리로 드렸던 목요찬양은 잊을 수 없는 거룩한 추억이다.

야곱과 벧엘 이야기

성경에 보면 믿음의 조상 계보에 이름이 오른 사람 중 야곱에 대한 이야기가 있다. 야곱은 그의 아버지 이삭과 형 에서를 속인 후 도망하여 외갓집으로 가던 중 광야에서 돌베개를 베고 누워 노숙을 하고 있었다. 주위에 아무도 없는 황량한 땅에서 그는 홀로 외로움과 두려움 속에 누워 있었다. 그 때 하나님께서 야곱의 꿈에 나타나셔서, 사닥다리의 꿈과 말씀으로 그를 위로하고 축복하여 주셨다. 야곱은 꿈에서 깬 이후에 그곳을 "벧엘"이라 이름 짓고 다시 힘을 내어 앞으로 나아갔다(창 28:10-22).

목요찬양, 우리 안의 '벧엘'

야곱의 이야기처럼 세상을 살아가는 누구에게나 그만의 '벧엘'이 필요하다. 때로는 삭막하고 우울한 현실 속에서 우리는 누구나 외로움과 두려움을 느끼기 때문이다. 특히 처음으로 인생의 쓴맛을 알고 고독을 느끼게 되는 고등학교 시절에는 벧엘이 절실히 필요하기 마련이다. 하나님과 소통하고 그분의 채우심을 체험하는 자리 말이다. 내가 의지하고 힘을 얻었던 나만의 벧엘이 바로 목요찬양이었다. 얼마 전 학교를 방문해 목요찬양에 참석하였는데, 함께 모여 큰 소리로 찬양하고 기도하는 80여 명의 학생들 모습에 깊은 감동과 기쁨을 느꼈다. 바라건대 목요찬양에 참여하는 그 학생들과, 나중에 그 자리에 나오게 될 모든 사람들이 삶의 위로와 희망을 얻어 갔으면 하는 바람이다. 지친 나에게 목요찬양의 소중한 시간이 벧엘이 되어 주었듯이.

“구하는 이마다 얻을 것이요 찾는 이가 찾을 것이요 두드리는 이에게 열릴 것이니라 (마태복음 7장 8절).”

▲ 목요찬양

생활관에 주신 은혜

교사 조인희

저는 2008년부터 고양외고에서 생활하기 시작했습니다. 낮에는 교실에서 교사로, 밤에는 생활관에서 엄마로 살게 되었는데, 그것은 특별한 고민과 은혜를 경험하게 했습니다. 밤과 낮에 모습을 달리 해야 하는 것과 사랑과 공의의 중간에서 균형을 잡아야 하는 것이 수월하지 않았기에 하나님 앞에 나아가 무릎을 꿇을 수밖에 없었습니다.

성령을 통해 주시는 응답은 기도로 아이들을 양육하라는 것이었습니다. 그리고 제자들의 발을 씻기시던 예수님의 모습을 보여주셨습니다. 하나님께서 알려주신 방법은 바로 아이들을 '섬기는 것' 이었습니다. 예수님 마음을 섬세하게 보여주시는 은혜에 감격하여 방에 'Amazing Grace' 라는 애칭을 붙이게 되었습니다.

각 방마다 성령의 열매(사랑, 희락, 화평, 자비, 양선, 충성, 온유, 절제)에서 이름을 가져와 붙였습니다. 아이들은 방의 이름에 걸맞게 행동하려는 모습을 보이기도 하고 '우린 어메이징 그레이스' 라며 자랑스러워하기도 했습니다.

은혜로운 점호시간

이렇게 생활관 생활이 시작되었습니다. 그 중에서도 점호와 그 이후의 시간에는 특별히 준비된 은혜를 경험할 수 있었습니다. 점호는 여느 곳에서 볼 수 있는 것과는 조금 다른 색깔을 갖게 되었는데, 학교생활에 고단해진 서로의 어깨를 두드리며 또 눈물을 닦아주는 시간으로 가득했습니다. 저와 아이들은 때로는 시를 읽으며 때로는 말씀을 읽으며 위로를 받았습니다.

특별히 시험기간에는 다음 날 보는 과목과 시험시간을 놓고 기도했는데, 아멘소리가 어찌나 크던지, 모두 절절한 마음으로 하나가 되었습니다. 기도하고 시험을 봐서 좋은 결과를 얻었다는 아이들도 있었고, 왜 하나님은 자기 기도는 안 들으시냐며 속상해하는 아이들도 있었습니다. 각 사람에게 알맞은 모습으로 응답해주시고 역사하시는 공의의 하나님을 느낄 수 있었습니다.

점호가 끝난 후에는 더 많은 일들이 이어졌습니다. 아픈 아이를 밤새 간호하며 많은 이야기를 나누는 것, 꿈을 잃어 침대에서 우는 아이에게 귀 기울이는 것, 예수님을 알고 싶다고 찾아온 아이에게 복음을 전하는 것은 생활관에서 일어날 수 있는 보석 같은 일이었습니다.

생활관 아이들과의 세족식

이렇게 일 년을 보내고 나니 아쉬움이 가득했습니다. 하나님의 말씀대로 아이들을 섬기지 못한 것 같았고, 더 많이 사랑해주지 못한 것 같은 마음에 미안함이 컸습니다.

이 부끄러운 마음을 갖고 예수님의 그 모습을 기억하며 세족식을 하게 되었습니다. 아이들은 어색해했습니다. 더러운 발을 차마 선생님께 드릴 수 없다며 큰 소리로 우는 아이도 있었습니다. 모두 진지한 모습으로 기도제목을 적고 나누면서, 서로를 위해 진심으로 울어주고 기도했습니다. '내가 보기에도 사랑스러운데 하나님 보시기에는 얼마나 좋으실까' 하는 마음에 가슴이 뜨거워져 보람을 느끼고 감격스럽기도 했습니다.

생활관의 영성은 아이들이 졸업한 이후에도 계속해서 영향을 미치고 있습니다. 졸업생들을 만나 식사라도 할 때면 점호 때처럼 기도하는 것이 어색하지 않은 관계가 되었습니다. 기도의 힘을 느꼈다고 뒤늦게 고백하는 아이들도 있고, 신앙생활을 열심히 하며 또 다른 제자를 양육하는 교사로 봉사하는 아이들도 있습니다. 한없이 어린아이 같았던 제자들이 이제는 모두 기도를 나눌 수 있는 동역자로 성장했으니, 이 얼마나 놀라운 하나님의 은혜(Amazing Grace)인지요!

이것이 제가 경험했던, 그리고 지금까지도 경험하고 있는 생활관의 은혜입니다. 생활관에 이토록 하나님의 은혜가 풍성했던 것은 생활관을 위한 기도가 수년 동안, 많은 분들에 의해 뿌려졌기 때문임을 고백합니다. 그 기도들이 잘 자라 어려운 때마다 방패가 되어 주었고, 생활관에 사는 당시 하나님은 은혜 안에 거할 수 있게 도와주었습니다. 지금도 많은 사람들에게 영향을 미치는 것을 생생하게 보여주고 있습니다. 앞으로도 은혜의 행보가 계속될 것을 믿어 의심치 않으며 잠시 기도를 보탭니다.

학교에서 세례를 받게 된 이유

8기 이수진

　사람마다 하나님이 계획하신 바가 있어 예수님을 만나게 되는 시기는 다를 수 있으나 한 번 쯤은 그런 시기를 내려 주신다고 한다. 나에게 있어 그 시기는 2학년 때이다. 고등학교에 들어오기 전에는 종교에 대해 특별히 생각해 본 적 없었고 나와는 먼 일로만 느꼈었다. 그런데 학교에 들어와서 아침마다 찬양하고 기도하는 시간을 가지면서 기독교라는 게 무척 친근해졌다. 많은 선생님들과 친구들이 예수님을 믿다 보니 자연스레 듣는 성경구절들은 가끔 내 마음 상태를 잘 표현해서 나를 놀라게 했고, 인간관계 때문에 힘들어 할 때도 말씀은 나에게 큰 위로와 깨달음을 주었다.

　그러면서 나도 모르는 사이 서서히 예수님이 정말 실재하시는 분이고 늘 나를 지켜보고 계신단 생각을 하게 되었다. 그 때까지도 내가 진짜 예수님을 믿고, 교회를 다녀야겠단 생각을 하지는 않았다. 그런 생각을 처음 하게 된 것은 평소 성경공부모임에 참여하고 있던 중에도 언니가 세례를 받을 거라고 얘기했을 때이다.

　그 때 마침 생활관 김현민 선생님께서 다른 친구들과 함께 성경공부를 해보지 않겠느냐고 권유하셨다. 선생님께서는 이어령 박사님의 '지성에서 영성으로' 라는 책을 소개해주셨는데 그 책 내용이 나에게 인상 깊었다. 많은 고난 속에서도 하나님께서 함께 하시니 두려움이 없어졌다는 이어령 박사의 간증이 나에게 의미 있게 다가왔다.

그 책이 계기가 되어 처음에는 성경공부를 할까 말까 망설였던 마음
이 사라지면서 꼭 성경공부도 하고 예수님을 믿어야겠다고 생각했다.

그래서 학교 부활절 예배 때 세례를 받고 나서부터 교회를 다니기
시작했다. 성경공부를 하면서 예수님을 믿는 게 무엇인지, 어떤 게 올
바르게 믿는 것인지, 왜 믿어야 하는지를 배웠고, 친구들과 성경 구절
을 보고 서로 느낀 점과 생활에 적용하는 방법을 나누었다. 선생님과
함께 한 성경공부 덕에 QT를 하면서 가끔씩 구절을 잘못 이해한 부분
을 짚어내고 올바른 방향으로 신앙생활을 할 수 있게 되었다. 또 믿음
이란 거창한 것이 아니라 개인적인 사건으로 받아들이는 것이라는 큰
가르침을 받아서, 학교를 졸업하고 나서도 믿음을 어렵지 않게 지속할
수 있을 것 같다.

▲ 생활관환송예배

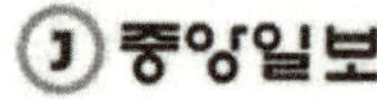

SKY 200클럽에 대원외고·고양외고·상산고·용인외고

외고·자율학교·국제고 39곳
지난해 대학 진학 현황 분석

올해 SKY 대 입학 상위 고교 (단위:명)

순위	학교	서울대	고려대	연세대	합계
1	대원외고	75	93	83	251
2	고양외고	31	68	124	223
3	상산고	47	69	97	213
4	용인외고	57	72	78	207

자료:중앙일보·하늘교육, 각학교 취합

대원외고와 고양외고·상산고·용인외고가 2012학년도 대학입시에서 SKY대(서울대·고려대·연세대) 합격자를 200명 이상 배출했다. 이른바 'SKY 200클럽'을 달성한 것이다. SKY대 합격 상위 10개교 중 외고가 아닌 곳은 상산고가 유일했다. <관계기사 8면>

이번 입시에서는 SKY대 합격생 5명 중 1명이 외고 출신으로 나타나 외고 강세가 여전했지만 진학 실적은 지난해보다 떨어졌다. 2009년 28.4%, 2010년 32.2%, 2011년 33.4%로 매년 증가해 왔던 외고 출신의 3개 대학 합격률이 올해(31.3%) 하향세로 돌아선 것이다.

전문가들은 수시모집이 확대되고 수능이 쉬워져 대입에서 외고생 메리트가 줄어들었기 때문이라고 분석한다. 본지는 하늘교육과 공동으로 외고·국제고·자율학교 등 학생 선발권을 가진 39개 고교의 지난 6년간 SKY대 진학 현황을 조사했다.

성시윤·윤석만 기자

리더십 향상을 위한 캠프 훈련

　본교는 2006년에 입학한 5기 신입생부터 매년 리더십 향상을 위한 캠프 훈련을 시행하고 있다. 신입생들은 3월 입학 직후 2박 3일 일정으로 총 27시간의 리더십 훈련 캠프활동에 참여하게 된다.

　리더십 캠프는 미래의 지도자를 육성한다는 본교 교육 방침에 부합하는 학생으로 거듭나기 위한 첫 번째 관문이기도 하다. 본교의 위탁을 받은 한국리더십센터 주관으로 신입생들을 8~10개 정도 학급별로 나누어 '성공하는 10대들의 7가지 습관' 이라는 주제 하에 강의와 체험 활동을 실시한다.

　리더십 훈련은 아래와 같은 7개의 주제로 구성되어 있다.

차 시	주 제	부주제
습관 1	자신의 삶을 주도하라	내가 바로 내 인생의 주인공이다.
습관 2	끝을 생각하며 시작하라	자신의 운명을 스스로 컨트롤하지 못하면 다른 사람이 컨트롤 할 것이다.
습관 3	소중한 것을 먼저 하라	할 일과 안 할 일 구별하기
습관 4	승(勝)-승(勝)을 생각하라	삶이란 모두가 배불리 먹을 수 있는 뷔페와 같다.
습관 5	먼저 이해하고 다음에 이해 시켜라	우리는 귀가 둘이고 입이 하나다.
습관 6	시너지를 내라	더 좋은 방법 : 1+1 〉2
습관 7	끊임없이 쇄신하라	나를 위한 시간

리더십 향상 프로그램의 진행 장소는 아래와 같다.

학년도	참가기수	실시 장소	참가 대상	비고
2006	5	파주시 소재 순복음영산수련원	신입생 전원	
2007	6	파주시 소재 순복음영산수련원과 송추유스호스텔		강의실 확보를 위해 이원화 운영
2008	7	일산동구 소재 증가수양관과 송추유스호스텔		
2009	8	양평군 소재 한화리조트		
2010	9			
2011	10			

한편, 리더십 향상을 위한 프로그램은 2010학년도부터 본교 자체적으로 소정의 과정을 마련하여 운영하고 있는 'GYFL 인증제'의 필수 이수 프로그램이 되었다.

교직원 연수 자료

연번	연수일자	연수 주제	담당자
8-1	2008.01.25	논술, 어떻게 출제되었고, 어떻게 변할 것인가!	김태회
		교과서 학습활동을 통한 토론 및 논술 -자료 : '사고의 지평을 넘어서'	정경덕
8-2	2008.02.29	• Dream Challengers(4기) 대입 현황 • 2008학년도 대입 전형 결과 분석 및 　2009학년도 대입 전형 변동 사항 • 2009학년도 수능 등급제 폐지의 영향	이용철
		영어수업연구발표	정다향
8-3	2008.04.28	Living and Studying English in Boston	이학주
		학습공동체의 길	박성은
		프랑스의 문화, 예술, 교육	김대진
		3학년 모의고사 분석	이용철
8-4	2008.07.01	서울대, 연세대, 고려대 입시요강 분석	진로상담부장
		1학년 모의고사 분석	1학년부장
		2학년 모의고사 분석	2학년부장
8-5	2008.08.16	우리는 교사입니다.	박성은
		내 수업에 특별한 것이 있다.	이항로, 임성진, 박성은
		1, 2학년 수시준비는 이렇게 해야 한다.	최성철
8-6	2008.10.06	논술수업에 관하여	나민정
		실지 수업과 논술수업에 연관하여 (10월 동료장학수업을 모델로)	송민희
		영재교육원에 관하여	김대진
		제2외국어에 관하여	김학수
		초중등교육기관의 정보공시 범위, 횟수 및 시기	이항로
8-7	2008.12.15	수행평가에 관하여 • 수행평가의 시기와 양의 적절성 • 진학과의 관계성	이정호
		토론식 계발활동 시연	전천석
8-8	2009.02.02	5기 수시, 정시 결과분석	이용철
		7기 1, 2학기 성적 변화 분석	허웅범
		중국연수 결과 발표	이햇님
		SKY의 대학별고사와 AP에 관하여	최성철

연번	연수일자	연수 주제	담당자
9-1	2009.02.26	통합논술에 대하여	강성화 교장님
		서울대, 연세대, 고려대 입시 설명	이용철
9-2	2009.04.27	지필평가가 아닌 수행평가 내용에 대한 분석발표	이정호
		'김수환 추기경의 장기기증이 사회에 끼친 영향'에 관해	정인용
		'TALC(탈크)'	오정민
		14일 시행된 1, 2, 3학년 모의고사 분석	각 학년 부장
		2, 3학년 서울대반 학생들 성적분석	이항로, 정경덕
9-3	2009.07.01	사스와 신종인플루엔자의 비교 분석	하종근
		수행평가 분석	이정호
		성적이 향상된 학생의 관리(서울대반처럼)에 관한 분석	정경덕
		고대 세계인재전형, 연대 글로벌리더전형 모집요강 비교 분석	최성철
		고대와 연대 수시 지원자들의 성적 및 비교과 영역 분석	정준
9-4	2009.10.05	입학사정관제에 관하여	최성철
		대수능 9월 모의평가고사에 관한 분석	김학수
		유학반, 국제반에 관하여	박성희
9-5	2009.12.11	SKY대 입시경향	최성철
		에코그린스쿨에 관하여	박성희
		공릉천 습지에 관한 연구	이성아
9-6	2010.02.01	심층토론수업의 이론과 실제	이정호
		서울대 입시전형 현황 발표 및 논술문제 분석	이용철
10-1	2010.02.25	2010학년도 학교경영방침 및 신임교사 소개	교장님
		국제청소년성취포상제	정영종
		NIE수업의 실제	이햇님
		2010학년도 입시결과	김학수
		2010학년도 상위권 고교 진학현황 및 학교운영 현황	박정미

연번	연수일자	연수 주제	담당자
10-2	2010.04.27	생활기록부 기재요령	이용철 교무무장
		UNIV 활용방법 및 2011 연세대 입시요강	정경덕 진로상담교사
		2011 본교 입시요항	박정미 입학사정관
		교원능력개발평가 안내	허웅범 연구부장
10-3	2010.06.30	계발활동 1인1주제탐구보고서 지도 안내	이정호 교과부장
		2011학년도 서울대,연대,고대 입시 요약 정리	최성철 진로상담부장
		교원능력개발평가 및 학교평가 안내	허웅범 연구부장
		교사의 자세	강찬구 교장님
10-4	2010.09.14	자기주도학습 전형에 대한 안내	박정미 입학사정관
		3학년 모의고사 성적 추이 분석	류승화 3학년부장
		2학년 모의고사 성적 추이 분석	이대희 2학년부장
		1학년 모의고사 성적 추이 분석	한태봉 1학년부장
		교원능력개발평가 안내	허웅범 연구부장
10-5	2010.12.10	2011학년도 신입생 선발 현황	박정미입학사정관
		창의적 체험활동 안내	이용철 교무무장
		2011신입생 지도 방향	임성진 1학년기획
		각교과별 학력증진 방안	전천석(국어) 박성희(영어) 김일기(수학) 정찬형(사회) 오정민(과학)
11-1	2011.02.25	2011학년도 입시결과 분석	최성철 진로부장
		창의적체험활동 운영 안내	전천석 창체부장
11-2	2011.04.26	신형 인쇄기 사용법 안내	해당 업체 담당자
		이것이 수업이다 (-울림에서 어울림으로 수업을 노래하라-)	박성은 수석교사
		학교생활기록부의 정성적 해석	전천석 창체부장
		정기고사 출제 기준 안내	이용철 교무부장
		2011 교원능력개발평가 안내	허웅범 연구부장
11-3	2011.07.01	학교생활기록부 작성 매뉴얼 안내	이용철 교무부장
		10년사 편찬 작업 안내	허웅범 연구부장

대외 수상 실적

연도	분야	수상 실적
2006	외국어	• 중국교육부상 한국 제5회 대회 고등학생 A부 금상 노지희(3학년) • 제7회 국제 영어대회 IET 금상 이성애 외3명(3학년) • 제11회 전국 영어/수학 학력 경시대회 영어 장려상 방지영 외3명(3학년) • 제17회 전국 중,고등학교 외국어경시대회 영어부문 은상 임희윤(3학년) • 제18회 전국 중,고등학교 외국어경시대회 일본어부문 장려상 고범창 (3학년) • 제7회 전국 일본어 말하기 대회 토론부문 동상 고범창(3학년)
	논술	• 마티스와 불멸의 색채화가들 전시 감상문 현상공모전 은상 조혜은(2학년) • 2006 WISE 인천경기과학축제 실험경연대회 대상 신주경 외3명(2학년) • 2006년 논술경시대회 늘품미디어 대상, 금, 은상, 최우수상 오 찬 외 다수 • 제6회 전국청소년 호수예술제 백일장 부문 동상 박서영 외2명(3학년) • 제4회 전국 고교논술경시대회/HET 장려상 최재훈(2학년) • 2006년 논술경시대회 대상 유한아 외 다수(2학년) • 나라사랑 문예백일장 논술부문 최우수 안선미(2학년)
	수학·과학	• 제20회 한국수학올림피아드 1차시험 고등부 장려상 임동건 외2명(2학년) • 제10회 전국고등학교 수학경시대회 금상, 은상 김태완, 임동건(2학년) • 제14회 한국생활과학탐구올림픽 경기도대회 장려상 변수영 외2명(2학년) • 제13회 한국수학경시대회(KMC) 장려상 홍영기 외2명(1학년) • 제11회 전국 영어/수학 학력 경시대회 수학 장려상 전홍기 외2명(3학년) • 제13회 한국수학경시대회(KMC) 장려상 박기태 외8명(3학년) • 2006 학생 천체관측대회 동상 김스란(1학년)
	학력	• 제16회 SK전국고교생 대입학력 경시대회 외국어영역 만점상 원종진 (3학년) • 경기도 교육감 학업상 표창 백가연(3학년) • 2006년 전국 중고등학교 일본어학력경시대회 고등부 최우수상 홍성표 (2학년)
	특별활동	• 제2회 장애인 인식개선 및 사회통합을 위한 표어대회 대상 이영환(2학년) • 제12회 KSC 한국학생특기 경시대회 한자부문 은상 정익섭(2학년) • 2006년도 제7회 전국지리올림피아드 경기지역대회 동상 최유광 외5명 (3학년) • 전국 고등학생 디자인 실기대회 및 영상 콘텐츠 입선 이희원(3학년) • 제4회 고양시장기 우리얼 잇기 풍물 4-H 경연대회 장려상 어울림(동아리) • WATCH 21 교육연구 프로그램 대상 이현경 외8명(2학년) • 제4회 전국 고교 증권 경시대회 우수상 김지훈 외2명(2학년)

연도	분야	수상 실적
2007	외국어	• 제12회 대한민국 학생 영어 말하기대회 최우수상 원서현(1학년) 외 다수 • 2007년도 전국 중,고등학교 일본어 학력경시대회 우수상 윤설아(3학년) • 제12회 해외고교생에 의한 일본어스피치 컨테스트 심사위원특별상 이설아 (3학년) • 제11회 전국 청소년 외국어 발표대회 영어부문 특상 박소현(3학년) • 제4회 국제 영어경시대회 영어논술시험 은상 고성민(2학년) • 7th IYF English Speech Contest 특별상 남태현(2학년) • 한국 고등학교 영어토론대회 단체 준우승
	논술	• 제4회 중앙일보, 대교논술솔루니 논술능력시험 최우수상 허수정(2학년) • 제3회 청소년 시장 경제 글쓰기대회 우수상 권범준(3학년) • 제4회 전국 청소년 통일 논술 토론대회 평화상 이진영(3학년) • 제7회 전국 고등학생 토론 및 논술대회 우수상 김나연(1학년) • 제50회 고양시 4-H 경진대회 백일장 금상 정승연(2학년)
	수학·과학	• 제21회 한국수학올림피아드 2차시험 고등부 장려상 김태완 외 다수(3학년) • 제8회 전국 수학경시대회 고등부 대상 고혜수(2학년) • 제15회 한국수학경시대회(KMC) 은상 홍창민(1학년) 외 다수 • 제4회 화학탐구 프런티어 페스티벌 우수제안상 김태한(3학년) • 제13회 전국 영어/수학 학력 경시대회 수학부문 장려상 김연태(3학년) 외 다수 • 2007년도 한국화학 올림피아드(Kcho 2007) 동상 문성원(1학년) • 제2회 청소년 메시아 천체관측대회 단체 장려상
	특별활동	• 제4회 KBS 신세대 VJ컨테스트 최우수상 목진솔 외4명 • 한국 국제정치포럼 주최 KIPF ESSAY CONTEST 우수상 김지훈(3학년) • 한국 장애인 기업협회 봉사활동 표창 고현수(2학년) • 청소년 자원봉사 캠프 소감문 컨테스트 3위 김재훈(2학년) • 제8회 전국 지리올림피아드 경기지역대회 동상 이슬아(3학년) • 제7회 PISAF 전국 고교 만화 애니메이션 대전 입선 박나영(1학년)
2008	외국어	• 제8회 금호아시아나배 전국고등학생 중국어말하기대회 최우수상 윤하진 (1학년) • 고려내학교 영어토론대회 1등 박민주(1학년) 외 다수 • 제19회 전국 중고등학교 외국어 경시대회 금상 김지훈(3학년) 외 다수 • 제9회 국제 영어대회(IET)금상 조수경(1학년) 외 다수 • 제9회 국제통역사절단 선발대회 및 외국어 경연대회 금상 권지윤(1학년) • 제12회 전국 청소년 영어발표대회 특상 박민주(2학년) 외 다수 • 제5회 국제 영어경시대회 은상 남태현(3학년) 외 다수 • 제13회 대한민국 학생 영어말하기대회 우수상 안예하(3학년) • 제15회 전국영어 학력경시대호 장려상 김하영(1학년) 외 다수

연도	분야	수상 실적
2008	논술, 토론, 글쓰기	• 한국청소년보호연맹 논술경시대회 대상 안예하(3학년) • 제10회 2008 한국종합예술대회 글짓기부문 대상 강원산(2학년) • 고교 논술 경시대회 최우수상 배재호(3학년) 외 다수 • 전국 논술모의고사 최우수상 이택규(3학년) 외 다수 • 제8회 전국고등학교 토론논술대회 금상 김강연(3학년) • 제10회 경기도 학생 백일장 특선 강형욱(1학년)
	수학 · 과학	• 제15회 전국 수학학력경시대회 은상 김규진(1학년) 외 다수 • 제11회 한국물리올림피아드 동상 한재중(2학년) • 제2회 노벨과학에세이대회 화학부문 동상 안해인(2학년) • 제12회 한국생물올림피아드 장려상 한상훈(2학년) • 제17회 한국수학경시대회(KMC) 장려상 심우광(3학년) 외 다수 • 제22회 한국수학올림피아드 장려상 홍영기(3학년) • 제3회 전국 청소년과학경시대회 장려상 홍석빈(3학년) 외 다수 • 제5회 화학탐구 프런티어 페스티벌 우수제안상 조현정(2학년) 외 다수
	특별 활동	• 제5회 대한민국 청소년 미술대전 특선 박나영(2학년) • 제2회 청소년 행복나눔 자원 봉사대상 우수상 박상희(1학년) • 제9회 한국지리올림피아드 동상 김호중(3학년), 임채빈(3학년) • 제2회 한공우주 주니어에세이 컨테스트 입선 남태현 • 제30회 고양시 학생예능 경진대회 사물놀이부문 장려상 박정우(2학년) 외 다수 • 제1회 한양대학교 사회봉사 경진대회 장려상 정재욱(1학년) • 제6회 전국고교증권경시대회 우수상 권순현(2학년) 외 다수

2009	외국어	• 2009 YTN-HUFS Youth English Debating Championship Champion
		  - 강석준, 김재성, 강수현(2학년)
		• Korea Univercity Debate Championships Best Speaker - 박선엽(2학년)
		• Highschool English Debate Workshop&Tournament SEMi-FINALIST
		  - 표예인(2학년)
		• Korea International Model Congress Top Committee Delegate Award
		  - 강석준(2학년)
		• International Awareness Seminar ACWW Academy Award 김아남(2학년)
		• 제10회 국제영어대회(IET) 금상 나새이(1학년)
		• 제7회 국제영어경시대회 영어논술시험 은상 조수경(2학년)
		• 중국교육부상 한국 제8회 중국어경시대회 은상(2위) 복아름누리(2학년)
		• 제11회 전국 고등학생 중국어이야기 대회 은상(2위) 변보선(1학년)

	논술, 토론, 글쓰기	• 제40회 한민족 통일문예제전 통일부 장관상 이성빈(1학년) • 제13회 우수문학도서 독서감상문 대회 대상 태예진(2학년) • 2009 다문화 체험 수기 공모 최우수상(1위) 조경진(1학년) • 전국 고등학생 토론/논술 축제 금상 소서희(3학년) • 전국 고등학생 토론/논술 대회 은상 이보미(3학년)

 축복의학교 ✽ 행복한 교장

연도	분야	수상 실적
2009	수학·과학	• 제19회 한국수학경시대회(KMC) 최우수상(1위) 권순현(3학년) • 전국 고등학교 수학경시대회 은상(2위) 한재승(3학년) • WATCH 21 교육연구프로그램 연구과제 최우수상(1위) 강혜진 외3명 (2학년) • 국제실용수학자격검정시험 준2급 최우수상 이무성(1학년) • 제12회 한국물리올림피아드 고등1부 장려상 허정우(1학년)
	특별활동	• 전국지리올림피아드 전국대회 은상(3위) 류지호(3학년) • 2009 대한민국 환경문화대상 조아라(1학년) • 한국모의범죄수사대회 1등 김재훈(3학년) • 세계습지의 날 기념 제3회 청소년 습지연구공모전 2위 고석현 외2명(2학년) • 2009 청소년 헌법 학당 최우수 모둠상 박수정(1학년) • 제6회 대한민국 청소년 미술대전 특선 김평순(3학년) • 제5회 코리아오픈 국제태권도대회 1st Place(플라이급) 탁유미(3학년) • 2009년도 전국종별 태권도선수권 대회 1위(플라이급) 임종학(3학년)
2010	외국어	• 한국외국어대학교 주최 제21회 전국 중·고등학교 외국어경시대회 금상 외 다수 • 코리아 헤럴드 주최 IET-RC 영어독서대회 은상 외 다수 • 코리아 타임스 주최 영어능력시험 은상 • 제11회 국제영어대회(IET) 은상 외 다수 • 성균관대학교 주최 제20회 전국 중·고등학교 영어학력경시대회 은상 외 다수
	논술, 토론, 글쓰기	• 경기도 논술능력평가 최우수상 외 다수 • 한국경제신문 주최 논술대회 장려상
	수학·과학	• 제22회 한국수학경시대회(KMC) 동상 외 다수 • 성균관대학교 주최 제20회 전국 중·고등학교 수학학력경시대회 은상 외 다수 • 한국여성공학기술인협회 우수상
	특별활동	• 경기도 교육감 표창(봉사) • 고양시장 표창(봉사) • 대한적십자사 경기도지사(봉사) • 경기도 호국교육원 표창
2011 (1학기)	외국어	• 세계예능교류협회 영어말하기대회 대상 외 다수 • 성균관대학교 주최 제21회 전국 중·고등학교 영어학력경시대회 동상 외 다수 • 코리아 타임즈 영어능력시험 동상 외 다수

연도	분야	수상 실적
2011 (1학기)	외국어	• 세계예능교류협회 영어말하기대회 대상 외 다수 • 성균관대학교 주최 제21회 전국 중·고등학교 영어학력경시대회 동상 외 다수 • 코리아 타임즈 영어능력시험 동상 외 다수
	논술, 토론, 글쓰기	• 유한 재단 전국 청소년 글짓기 대회 은상 외 다수
	수학 · 과학	• 제23회 한국수학경시대회(KMC) 동상 외 다수 • 성균관대학교 주최 제20회 전국 중·고등학교 수학학력경시대회 동상 외 다수
	특별 활동	• 선플달기 운동본부 봉사상 외 다수 • 국제 학생 창의력 올림피아드 은상 • 한국청소년 지도자연맹표창(모범상) • 경기도 교육감 표창(봉사)

일본으로의 짜릿한 일탈

25일 여행 첫째 날 낮 12시, 동경 나리타국제공항에 도착했다. 서민들의 수호사찰이었던 아사쿠사 관음사를 탐방한 뒤, 오다이바에서 자율적으로 석식을 해결하며 비너스포트, 팔레트타운, 후지TV, 자유의 여신상을 탐방하였다.

둘째 날, 에도 박물관, 황거를 관광하였다. 하라쥬쿠의 다케시마 거리에서 두 번째 자유시간을 가졌고 긴자로 이동하여 장난감 백화점과 신도청 전망대에 다녀왔다. 이 날 저녁에는 학생들의 장기자랑 시간이 주어졌고 12반 학생들의 'NU 예삐오', 2반 학생들의 '너 때문에 미쳐', 10반 학생들의 '루팡'이 각각 1,2,3등을 차지하였다.

셋째 날, 하코네에서 아시호수 유람선을 타보았고 오와쿠다니에서 한 개를 먹으면 7년을 더 산다는 쿠로이타마고(검은 계란)도 먹어보고 신칸센을 타고 도요하시로 이동했다.

넷째 날, 나라로 이동하여 동대사와 사슴공원에 가보고 오사카 학교에서 국제 교류를 실시하였다. 그리고 도톤보리에서 자유시간이 주어져 각자 석식을 먹고 오사카의 거리를 구경한 뒤 일본에서의 마지막 밤을 보냈다.

마지막 날, 교토에 있는 금각사, 청수사, 이총의 귀무덤을 탐방하고 짧게만 느껴졌던 4박 5일간 일본 여행의 아쉬움을 뒤로한 채 돌아왔다.

2011년 일본 수학여행을 갈 9기에게 전하는 8기들의 여행 TIP

☞ 우리나라와는 달리 110V 콘센트를 사용하는 일본에서 핸드폰, 디카, MP3, 아이팟 등 전자기기를 충전하려면 일본 여행에서 돼지코는 필수 품목!

☞ 환전은 미리미리! 일본 가는 당일날 환율이 100엔 당 무려 1400원 대를 넘어서 미리 환전해놓지 않은 학생들은 꽤나 손해를 보았다.

☞ 샴푸, 린스, 수건, 드라이기 등은 구비되어 있지 않은 호텔이 없고 주변에도 편의점들이 굉장히 많아 굳이 챙기지 않아도 된다.

☞ 중국과 달리 일본은 치안이 잘 되어있기 때문에 자유시간이 많이 주어진다. 자유시간을 어떻게 활용할 것인가는 각자의 몫! 막상 충분할 것 같던 시간도 밥을 먹고 구경하다보면 금방 지나가버린다. 그렇기 때문에 자유시간이 되기 전 미리 어디서 밥을 먹고 식당의 위치가 어디인지, 어느 쪽으로 가서 무엇을 구경할 것인지 정해둘 것.

☞ 사람이 많은 곳은 대체로 영어나 한국어로 된 메뉴판이나 간판들이 있다.

☞ 편의점과 자판기 적극 이용! 아이스크림, 우유, 인스턴트 음식 등 자판기에 없는 것이 없다.

☞ 일정이 끝나고 호텔로 돌아가는 시간은 보통 저녁 8시~9시 정도로 생각보다 이르다. 이 때 헛되이 보내지 말고 후회 없을 정도로 놀아라. 4박 5일 꼬박 밤새도 더 놀지 못한 것에 아쉬움이 남는 게 수학여행이다.

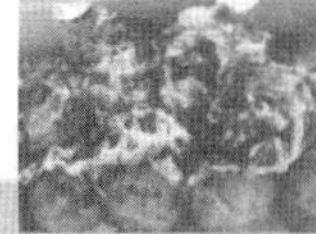

8기 이환비 임혜연

중국수학여행 알차게 즐기기

1일 인천공항을 출발하여 약 1시간 30분의 비행 후에 베이징 공항에 도착했다. 점심으로는 한국식 된장찌개를 먹고 곧바로 천안문 광장으로 갔다. 공항처럼 엑스레이검사를 통과해서 들어가니 거대한 자금성이 펼쳐져 있었다. 9999개의 방을 자랑하는 자금성은 눈으로 보기만하면서 걷는데도 두시간 이상이 걸릴만큼 규모가 대단하다. 자금성 투어를 마친후, 북해공원에서 잠시나마 휴식을 취한 후 북경잡기단 서커스를 관람했고, 석식으로 중국식을 먹었다. 원래 4일 째에 갈 예정이었던 왕푸징 거리를 잠깐 들린 다음, 호텔로 들어갔다.

2일 조식으로 호텔 뷔페를 이용한 후 버스를 타고 북경대학으로 향했다. 강당에 모여 북경대를 소개하는 영상을 본 후 학생 대표들이 소개를 해 주었다. 기념으로 북경대 뱃지를 받았고, 북경대 학생이 학교 건물을 소개해주며 같이 다녔다. 점심으로 중국식을 먹고,만리장성에 갔다. 만리장성 계단은 다소 가파른데 올라갈때보다 내려올때가 더 힘들고 아찔하다. 그 후 용경협으로 가 용모양의 거대한 에스컬레이터를 타고 올라간 후, 시원한 바람과 주변의 아름다운 경치를 즐기며 배를 탔다. 석식으로 샤브샤브를 먹고 호텔로 돌아갔다.

3일 셋째 날은 수학여행의 꽃이라고 할 수 있는 중국학생들을 직접 만나서 교류하는 시간을 갖는 날이었다. 베이징에서 약3시간 가량을 달려 승덕에 도착해 점심을 먹고 학교로 향했다. 승덕학교는 정말 중국의 학교라는 느낌이 들게 마치 대학 캠퍼스처럼 매우 컸다. 짧은 환영식을 가진 후, 피서산장으로 이동해 관광을 하고 마침내 승덕학교 친구들과 만나 조를 짜서 교류의 시간을 가졌다. 친구들과 함께 저녁을 먹고, 중국의 거리를 자유롭게 걸으며 친구들이 안내해주는 중국의 곳곳에서 즐거운 시간을 가지고 짧은 만남을 뒤로 한 채 호텔앞에서 헤어졌다. 많은 학생들이 중국 친구들과 가진 시간이 가장 즐겁고 소중한 추억이 되었다고 말했다.

4일 중국을 둘러보는 마지막날이 된 4일, 승덕에서 다시 베이징으로 이동해 점심식사를 한 후, 차박사를 방문해 중국의 차문화를 체험하고, 중국의 몇가지 차들의 효능에 대해서 알아보고 차를 직접 시음하는 시간을 가졌다. 그 다음 서태후의 여름 별장인 이화원으로 향했다. 이화원은 아주 큰 규모를 자랑했다. 서태후가 얼마나 대단한 사람이었을 지를 짐작할 수 있었다. 이화원의 풍경은 무척이나 아름다웠다. 그리고 국자감과 공묘로 향했다. 갑자기 비가 오는 바람에 대충 둘러보고 나온 것이 아쉬웠다. 마지막 천단공원에서는 비가 그쳐서 관광을 잘 마칠 수 있었다. 석식으로 베이징의 유명한 음식인 베이징 카오야를 먹고 호텔로 향했다. 호텔에서는 마지막 밤을 장식할 학생들의 멋진 장기자랑 시간이 있었다. 모두들 학교에서는 숨겨두었던 멋진끼를 마구 발산했다.

5일 아침식사 후 바로 공항으로 향했다. 마지막날은 관광일정이 없었기 때문에 모두들 아쉬운 마음을 뒤로 한채 바로 인천공항으로 향하는 비행기에 올라야 했다. 그동안 공부로 지친 심신을 재충전 할 수 있었던 즐거운 시간이었다

Tip! tlp! tiP!

의 우리가 수학여행을 가는 때의 중국은 한국보다 훨씬 더운 편이다. 그러므로 시원한 옷을 준비해 가고 혹시 오들 날씨에 대비해서 얇은 가디건이나 겉옷을 준비해 가는 것이 좋다. 또한 비가 오는 것에 대비해서 작은 우산이나 우비를 가져가도록 한다. 햇빛이 매우 강하므로 썬글라스나 챙이 넓은 모자도 준비한다.

식 중국의 현지 음식은 매우 기름지므로 입맛에 맞지 않는 경우가 많다. 입맛에 맞지 않을 경우를 대비해서 고추장이나 김같은 것을 챙겨가는 것이 좋다. 또한 거부감이 드는 음식은 먹지 않는 것이 좋다. 배탈이 나거나 알려지가 날 수 있다.

주 우리가 묵게되는 호텔은 5성급 호텔이므로 시설이 좋다. 그러나 호텔 방안의 시설물을 다른 방에 놓거나 잃어버리는 경우 배상을 해주고 체크아웃 시간이 길어지게 되므로 주의한다.

8기 김지후 문예빈 강수련

 축복의학교 ★ 행복한 교장